増補新版

風よ 鳳仙花の 歌をはこべ

関東大震災・朝鮮人虐殺・追悼のメモランダム

編著 ほうせんか

関東大震災時に虐殺された朝鮮人の遺骨を発掘し追悼する会

一般社団法人 ほうせんか

ころから

刊行にあたって

本書は2部構成になっている。

第Ⅰ部は、一九九二年に出版した『風よ　鳳仙花の歌をはこべ』（教育史料出版会）の再録である。この本は、私たちが一〇年にわたり掘りおこした延べ一五〇人の証言が収録されている。すでに品切れとなっており入手困難なため、この機会に版を改め再録した。一九二三年に関東大震災を体験した人たちが存命されていた一九八〇年代にしか聞くことのできなかった証言であり、後世に伝える責任を感じている。なお、増補新版に際し、地図など図版のすべてを改め、本文についても明らかなミスを修正し、必要な語句については、脚注を補った。

第Ⅱ部は、新たに書き下ろした。『風よ　鳳仙花の歌をはこべ』出版後の約三〇年間の関東大震災時に虐殺された朝鮮人の遺骨を発掘し追悼する会・一般社団法人ほうせんかの活動報告である。第Ⅰ部の舞台である東京・墨田での追悼碑建立をめざす地域での活動が主な内容になっている。また、巻末には旧版にはなかった年表および索引を付している。

本書の刊行にあたり、「教育史料出版会」と「ころから」の皆さまには大変お世話になった。この場を借りてお礼を申し上げたい。そしてなによりも、多くの証言者、会の運動を支えてくださった多くの仲間の皆さんにこの本を捧げたい。

関東大震災時に虐殺された朝鮮人の遺骨を発掘し追悼する会
一般社団法人　ほうせんか

目次

第Ⅱ章 河川敷での建立を目指して 218

第Ⅲ章 土手下の追悼碑 233

凡例

・証言、引用文献には、「鮮人」など差別を助長する用語・表現が見られるが、時代背景を考慮し、また史実を伝えるという本書の意図に鑑み、伏せ字や修正を行わず掲載している。

・文献からの引用に際して、漢字および送り仮名の表記を一部現代的に改めた個所がある。

・文献からの引用に際して、誤りと思われる個所について、そのまま表記し「ママ」とのルビを振っている。

・文献等の発表時に検閲により伏せ字とされた個所は××など初出時のとおり表記している。

・地名、省庁名、肩書きなどは当時のものを表記している。ただし、必要に応じて現呼称を補った。

執筆者

◉第Ⅰ部
絹田幸恵
落合博男
桑山修平
矢野恭子

◉第Ⅱ部
落合博男
愼民子
西崎雅夫
矢野恭子

第Ⅰ部

荒川河川敷に探して

『風よ　鳳仙花の歌をはこべ』
（1992年｜教育史料出版会）

はじめに（1992年版）

私たちが関東大震災のとき虐殺された朝鮮人の追悼と、証言の聞きがきをはじめてから、一〇年がたとうとしている。

いつもは憩いの場所となる荒川放水路★の河川敷。しかしお年寄りたちは、ここで軍隊の機関銃が火をふき、民衆も竹槍や刀で朝鮮人を殺していったという。なにより驚いたのは、いまも遺骨が埋まったままではないかという話を聞いたことだ。遠い昔のことと思っていた事件は、まだ終わってはいなかった。

一九八二年、遺骨発掘の呼びかけには、多くの人の心が寄せられた。しかし、私たちは遺骨を掘り出すことはできなかった。お年寄りの、「あの仏さんたち、よっぽどていねいにお弔いしないとうかばれねえな」という言葉は、宙にういてしまった。これが私たち、「関東大震災時に虐殺された朝鮮人の遺骨を発掘し追悼する会」の出発点となった。

それから私たちは追悼式をつづけ、新たな証言をもとめて歩きはじめた。聞けば聞くほど朝鮮人の殺された場所は増えつづけ、にもかかわらず、その遺体のゆくえはわからない。聞きがきを続けるかたわら、私たちは四次にわたって韓国を訪れた。犠牲になった人の側

★**荒川放水路** 一九一〇年の荒川大洪水を期に、一九年をかけて北区岩渕から東京湾河口まで約二四kmの放水路を開削した。関東大震災は工事中におきた。一九六五年、名称を荒川に変更

の体験も、聞くことのできるうちに集めたいと思ったからだった。

私たちは、この事件に思いをよせる、多くの人の協力にささえられてきた。けれど残念なことに、当時を知る人はますます少なくなってきている。本書を読まれて証言者の多くが仮名であることに驚かれるだろう。一〇年のうちに故人となられたり転居先が不明となった方も多い。また、まだこの事件を口にすることはばかられる風潮もある。公表をみあわせた証言もあった。本人やご家族の意向を尊重した結果である。いたらなさを感じている。

でも、このまま忘れていってしまうには、あまりに大きく、深刻な事件だった。軍隊や警察も虐殺を行なったが、民衆の殺害もまたすさまじかった。それほどに「朝鮮人暴動」などの流言は信じられた。一つの民族を支配★★すれば、かならず抵抗運動★★★はおこる。こうした時代のなかでは、普通の人たちも、支配する国の一員であることから自由ではなかった。その恐ろしさを教える事件だった。

記録するのもつらい証言だが、やはり私たちは忘れてはならないし、世代をこえて伝えていかなければならない。すさまじい証言をつらねることに迷いはあるが、ありのままを受けとってもらえたらと思う。私たちがこの事件を風化させたとき、遺骨のゆくえすら分からぬ人に、さらに無念を重ねさせてしまう。

それとともに、この本では、証言者をはじめ、この事件を掘り起こすあいだに出会った多くの人たちを紹介したい。私たちはこの方がたに教えられ、追悼することの意味を豊かにしてくることができたからだ。

そしてもう一つ。この本を多くの人に届けることで、追悼の仕事をより広い人たちとすすめたいと思う。私たちは七〇周年にあたる来年★★★★、発掘現場となった旧四ツ木橋跡に追悼碑を

★★ 民族を支配 日露戦争は朝鮮半島・「満州」権益をめぐって戦われ、勝利した大日本帝国は憲兵が普通警察・行政警察まで担う憲兵警察制度を整えた後、一九一〇年「日韓併合」条約で大韓帝国を完全な植民地とし、「朝鮮」に改称した

★★★ 抵抗運動 解散させられた韓国軍人も抗日義兵闘争に加わり全国的に拡大した。が、「日韓併合」を前に日本軍は増強され、一九一四年には朝鮮内の武力闘争は鎮圧された。一部は「満州」等へ出て、独立軍となって抗日戦争を継続した

★★★★ 七〇周年にあたる来年 第Ⅱ部参照。結果的に、一九年後の二〇〇九年八月、旧四ツ木橋上手の堤防下の私有地に、追悼碑を建てた

建てよう、という呼びかけをはじめている。一年に一度、仮の祭壇をおくのでなく、いつ出かけても花を手むけ、くり返さないとの思いを深めることのできる場所がほしいと願ってきた。河川敷に建造物を建てるのはむずかしいという。けれども多くの人が知恵と志をもちよったとき、花を手むける場所がつくれるだろう。それを行なうことのできる、七〇周年の時代であってほしいと願う。

どうぞ、関東大震災朝鮮人虐殺殉難者追悼の、協同の仕事に力をおかしください。

一九九二年七月　　六九周年の追悼式をまえに

関東大震災時に虐殺された朝鮮人の遺骨を発掘し追悼する会

戰場の如き江東
平澤氏等と共に燒いた
〇〇〇體百個
古森龜戸署長談

支那人が二百名近く

龜戸署

一例を

右に就き

平井伍長は殺害の現場に居なかつた
再豫審は廿日終る

廿二日

漢字を制限する
總會を來月初めに
今は國語革新の好時機として
委員保科孝一氏は語る

力士達

宿所を

名古屋

戦場の如き江東
平澤氏等と共に焼いた〇〇〇體百個
古森亀戸署長談
読売新聞・1923年10月21日・2面

一〇回目の追悼式

一九九一年九月七日、朝から気温はぐんぐんあがり、厳しい日差しが照りつける。五年前の追悼式のさなかにはげしい夕立に見舞われた日のことを思い出す。夕立がこなければいいが……。今年はテントを三張用意したから、なんとか大丈夫だろうなどと考える。

私たちが荒川の河川敷で追悼式を行なうようになって、まる九年、一〇回目の追悼式である。震災からは六八年の月日がすぎている。

震災時にかかっていた旧四ツ木橋はいまはなく、現在は木根川橋《きねがわ》がかけられている。その下手は少年野球のグラウンドになっていて、子どもたちの声がひびきわたっている。

暑い盛りをすぎた午後三時とはいえ、草いきれがむっとする熱気である。河川敷の一隅に並ぶ白いテントに囲まれるように設営してある祭壇。手作りで、折りたたんで持ち運びできるようになっている祭壇は、毎年毎年河川敷に運ばれて、近年いたみがひどくなった。

この祭壇から五〇メートルほどはなれた草むらのなかに、数十本の鳳仙花《ほうせんか》が咲いている。まわりの草に負けずに、赤、ピンクの愛らしい花を晩夏にひっそり咲かせている。この鳳仙花は私たちが行なっている追悼式の象徴となっている花である。

一九八八年の追悼式のときに、一人の在日のオモニ《お母さん》が鳳仙花の苗を持ってこられて、河川敷に植えていった。異郷の地で無念のうちに殺された同胞に、せめて故国《ふるさと》の花〝鳳仙花〟を捧げたいと。こうして私たちは、翌八九年から河川敷に鳳仙花の種まきをするようになった。九月の追悼式に故国の花が咲くようにと願いながら、毎年毎年続けてきた。

三時近くになると、この河川敷の祭壇に向かう人びとがしだいに増えてきた。この日の参席者は一二〇名をこえ、受付には長い列ができている。

今年は用意した花が足りなくなりそうだ。区報に追悼式の案内がのったのがよかったのかな、一日に横網町《よこあみちょう》公園★・朝鮮人犠牲者追悼碑前での追悼式典（事務局・日朝協会東京都連合会）で、チラシを配らせてもらったのがよかったのかな。そんなささやきをかわしながら、お年寄りにはテントのなかで休むようすすめる。篠塚さん、浦辺さんをはじめ、証言者も来てくれた。当時の話に熱がはいる。

はじめて新宿区からきてくれた宗《ジョン》さんは、慶尚《キョンサン》南道《ナムド》金海《キメ》郡★★の出身。やはり親戚四人が帰ってこなくて、故郷では九月一日を命日として供養を続けていたという。宗さんは八三歳ながら、九月一日に横網町公園の追悼式典に参加し、私たちの追悼式を知ってここへも出かけてきてくれた。

一九八四年の追悼式から協力をいただいている、近隣四カ寺のご住職が到着される。今年はさらに、三つの教会の牧師さんたちの参席もえられた。

西日が照りつける河川敷のテントは日陰が少ない。若い人たちは、お年寄りに日陰をゆずり、

河川敷での追悼式［1991年9月］

★ **横網町公園** 墨田区横網二―三―二五。震災時、三万八千人もの犠牲者を出した被服廠跡の公園。遺骨を納める震災慰霊堂が建てられた。後に東京空襲犠牲者の遺骨も合葬され、東京都慰霊堂となった

★★ **慶尚南道金海郡** 釜山広域市に隣接する内陸部の郡。穀倉地帯として有名

テントに囲まれた祭壇を前にたたずんでいる。車椅子の友人とともに来てくれたロックバンドの人たち。ひたと祭壇を見つめつづける、地元の朝鮮初中級学校の生徒たち。若い世代が多い。祭壇にはいつもの何倍もの供物がそなえられた。在日のオモニたちの手作りの料理やお菓子である。

祭壇の正面には「関東大震災朝鮮人殉難者之標」と書かれた白い布。両脇に震災時の写真が手作りの大きな額に入れて掲げられている。供物の両どなりに二束の花。証言者のご子息のやっている花屋さんが、毎年花束を河川敷まで届けてくれる。花束には近所でわけてもらう朝鮮の花、むくげが添えられている。★

この九年、私たちはこの地で殺された朝鮮人殉難者を悼む場所を提供してきたにすぎない。酷暑のなかなので、例年、三、四〇分で終える追悼式である。このために毎年集まる顔ぶれがあり、はじめて来てくれた人たちがいて、それぞれの思いがある。

私たちが作った簡素な祭壇に、これだけの人たちが毎年参列してくれる。この思いを形に表わす追悼碑を建てようと、この年、碑建立の呼びかけを行なった。

黙祷、会からのあいさつのあと、追悼碑建立の賛同人となってくれたお寺さんを代表して、江東区亀戸《かめいど》の浄心寺、野村盛彦住職からあいさつをいただいた。

「ここ数年来、お志にあわさせていただいて、ささやかながら近隣のご住職四人でご回向《えこう》をさせていただいておりました。時がみのりまして追悼の碑を建立するという、具体的な計画が始まりまして、ただいまから実現に向けて一歩、歩みをすすめようとしております。どうぞ一つ、この志がみなさまがたのお力を結集いたしまして、心から無事に完成をされ

★むくげの花が添えられ 韓国の国花。夏から秋にかけ、白・桃・紫などの一重・八重の花が次々に開花する。韓国では、「無窮花《ムグンファ》」と呼ばれる

ますことをご祈念いたします」

ソプラノ歌手の李松子《リソンジャ》さんが追悼のうたを歌ってくれた。朝鮮の童謡「ふるさとの空」につづいて、「鳳仙花《ボンソンファ》」にあわせて献花を行なう。日本でもよく知られた歌だが、この歌の背景には三・一独立運動★★があるという。冬がきても春にはかならず蘇生する鳳仙花に、民族の願いがこめられている。植民地時代には歌うことを禁止され、それでも歌いつがれてきた「鳳仙花」。透きとおった朝鮮語の、ゆるやかなメロディが風にはこばれる。

垣根の下に咲く鳳仙花よ
おまえの姿が哀しそう
長い長い夏の日に
美しく咲くとき
愛らしい乙女たちが
花をつみ黒髪に飾るよ
（編者訳）

献花の人の列が思いのほか続き、くり返し、くり返し、李さんは歌う。民族のちがいをこえて、隣りあわせて暮らす私たちが、二度と傷つけ、傷つけられることがないように……。

最後にやはり賛同人のひとり、東駒形教会の雨宮栄一牧師から、追悼碑建立の呼びかけをいただく。雨宮牧師は仕事柄、アジアの国ぐにを訪ねることが多い。そのさいできるだけ植民地支配の傷跡、戦争であたえた苦しみの跡を見てまわるようにしている。それによって平和や非戦の思いを自分のうちに確かめるのだという。沖縄の碑★★★、ソウルのパゴダ公園の碑★★★★、シンガポールの碑★★★★★を紹介しながら、次のように語ってくれた。

★★ **三・一独立運動** 一九一九年東京で朝鮮人留学生らが二月八日に独立宣言を発し、続いてソウルで三月一日民族代表が独立を宣言し朝鮮全土にデモが波及した。が、憲兵警察のほか正規軍も鎮圧にあたり多くの犠牲者を出した

★★★ **沖縄の碑** 住民を巻き込む地上戦となった沖縄県では、糸満市平和祈念公園内ほか数百の戦没者を悼む碑がある

★★★★ **パゴダ公園の碑** 韓国・ソウル市にある公園。三・一独立運動の起点となり、顕彰碑がある

★★★★★ シンガポールの碑 戦争記念公園にある日本占領時期死難人民記念碑。一九四二年日本が占領したとき、抗日の中心となった華人犠牲者を記念する。「血債の塔」とも

「私たちが朝鮮人殉難者をおもう思いであるとか、さまざまな運動も、歴史の荒波のなかで風化していくものであります。碑というのは風化を妨《さまた》げる、風化を許さない唯一のものです。碑というのは一度できあがりますと、どのような嵐のなかでも雨風に耐えて残るものであります。

私たちはここに集まりまして、追悼する思いをもっておるのでございますが、このことはやはり碑としてつくりあげる。そして亡くなった方がたの哀しみであるとか、そのときにおかした日本人のあやまちというものを風化させてはならない。そのためには碑として、そのことが残されなければならないと思うのでございます。

祈念碑の建立の計画が進められつつありますが、互いに力をあわせて努力しようではありませんか。そしてここに、どんなことがあっても、雨にも嵐にもけっして風化することのない碑をおいて、そして、これらの方がたの痛みや哀しみ、日本人の罪責というものを、われわれは覚えていきたいと思います」


力強い言葉だった。

この追悼式が始まったのは、荒川の旧四ツ木橋の河川敷を発掘したことに端を発している。小学校の教師をしていた絹田幸恵が学校の教材作りのために聞きがきをしていたとき、聞いた話がきっかけだった。関東大震災のとき、殺された朝鮮人が河川敷に埋められた、しかも、骨はまだ埋められたままではないだろうかという証言をもとにして、河川敷を発掘することになったのがそもそものはじまりだった。

荒川河川敷に入れられたスコップ

一〇年前の一九八二年九月一日、関東大震災から五九年目にあたるこの日、荒川河川敷にスコップが入れられた。震災時に、軍隊・警察・民衆によって殺され、埋められたという朝鮮人の遺骨を掘り出すために。

この日、河川敷はいつもと変わらぬ朝を迎えていた。五九年前、ここで惨劇が起きたことを知る人は少ない。ゆっくりと川をさかのぼっていく舟、散歩を楽しむ人……。午前八時三〇分、ワゴン車が到着し、静かな河川敷はにわかにあわただしくなった。テント、スピーカー、机、イスがつぎつぎとおろされる。テントが張られる。テーブルに白布がかけられ、花が供えられる。「旧四ツ木橋の下手、堤防の上から十間《けん》★」という証言にもとづき、震災時よりある「質屋」の位置が確認され、堤防からの距離が測られる。それを中心に杭が打ち込まれ、テープで囲う。「関東大震災時に虐殺された朝鮮人の遺骨を発掘する9・1現地集会」と大書された垂れ幕が張られる。

堤防上には、通りすがりの人、近所の人たちが集まってくる。じっと見つめている人、立ち話をする人、話の中心になっているお年寄り、熱心にそれを聞く若者。河川敷では準備する会員があわただしく動いている。

この発掘の呼びかけ人となった絹田が始業式を終えて到着したときには、約二〇〇名くらいの参加者が集まっていた。そして、絹田のあいさつから集会は始まった。

★ **十間** 長さの単位で、一間は約一・八メートル

「荒川放水路は一九一一(明治四四)年から一九三〇(昭和五)年にかけて、一九年間工事してできた人工の川です。子どもたちは荒川放水路が人工の川であることを知りません。そのことを社会科のなかで教える資料として、地域を歩いて、古い方からお話を聞いたり、写真を集めたりしていました。いまから五年くらい前です。

そうしているうちに、『大正一二年、関東大震災のとき、トロッコの線路がまだ工事中の河原にあったとき、デマのためにたくさんの朝鮮人が殺され、旧四ツ木橋の下手に埋められた』『たいへん気の毒なことをした』『ちゃんとしたことができたら』とたくさんの人から聞きました。五年間かかって、やっとここまで来ることができました。この他にもまだ知っている方もおおぜいいらっしゃると思います。どうぞ声を大にして、安心して当時の話をしてください。そしてここにおられるみなさんは、勇気ある証言をしてくださるこれらの方がたをどうぞ守ってあげてください。

今回は試掘ですので、あるいは遺骨が出ないか

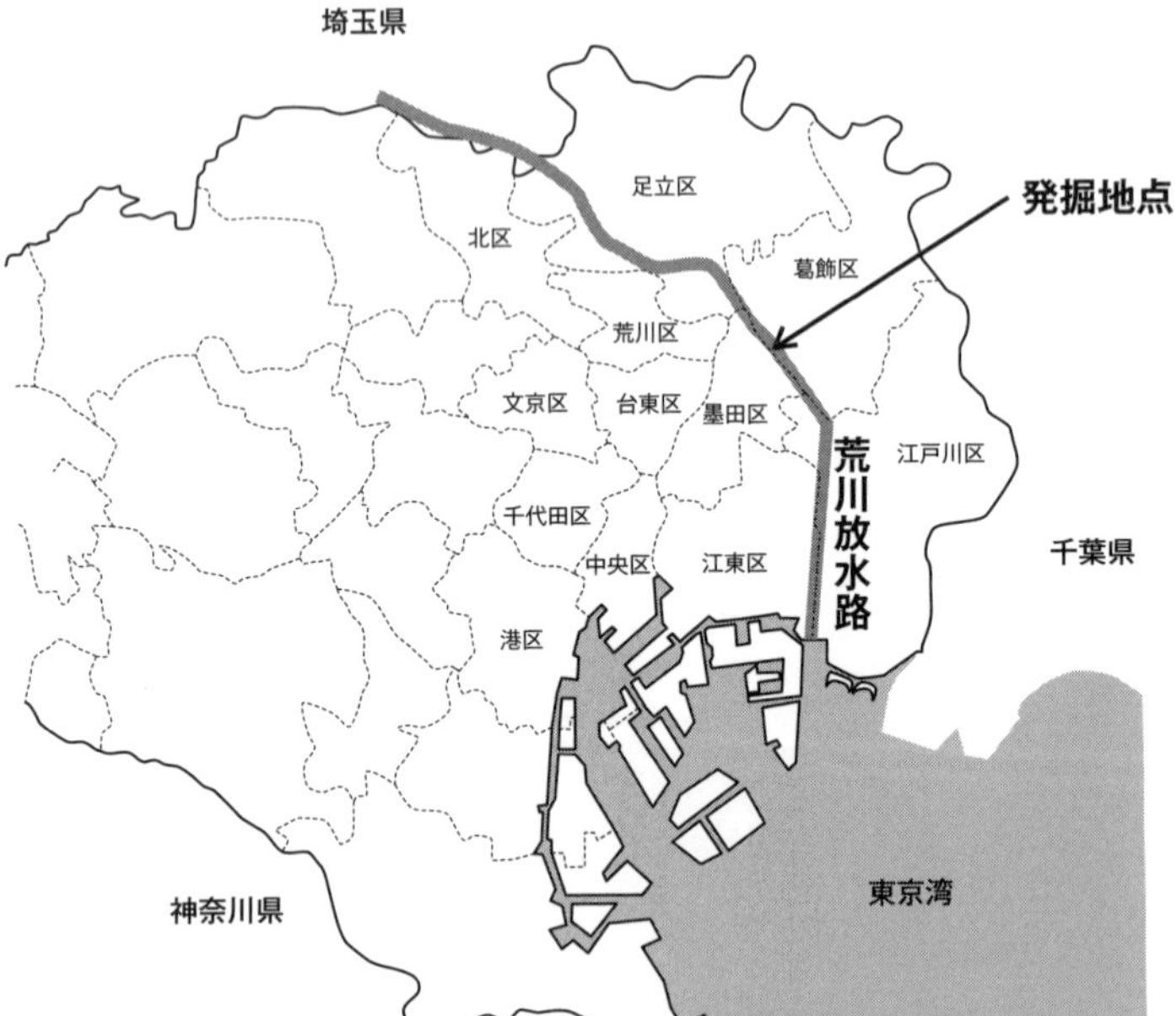

発掘地点

もしれません。でも遺骨だけが目標ではありません。隣りあって暮らしている私たち、そのなかでも名もない庶民が殺されたり、殺したりしないで幸せに暮らしていくためにはどうしたらいいのか、国を越えて、考えの違いを越えて、人間の命はだれも同じように大切なんだ、ということで集まってくださったのだと思います。

これからも長い道のりになるかもしれません。新たに参加してくださった方がたもどうぞよろしくお願いします」

次に申鴻湜《シンホンシク》氏★（朝鮮奨学会代表理事）の来賓あいさつが続く。氏はこの事件の体験者で、九死に一生を得ている。

「歴史と時代の前に、人は無責任であってはならない。国民にひもじい思いをさせること以上に、政治の罪があるとすれば、それは国民に恥の行為を強いることにある。上からの強いられた恥の行為に手をくだす下手人にならないための闘いにこそ、より頑強でなければならない。

永遠にぬぐうことのできない恥辱にほぞをかむ、心ある日本人が、内なる恥部にメスを入れ、人間の敵を痛烈に告発する行為に立ち上がっていることが、あのいまわしい惨事の多くの犠牲者・遺族の慰めになるであろう。

教科書問題★★が提起されている今日、自分の国の歴史、とくに朝日関係史を全面的かつ根本的に、一度きちんと見直してみることが、われわれにとって切実な歴史的課題ではないか。

終わりにいま一度、犠牲者の霊に安らかにとは申せませんが、どうか目をつぶってくだ

★ **申鴻湜**　震災後習志野収容所に入れられ、自治活動を行ったため危うく殺されるところだった

★★ **教科書問題**　日本の歴史教科書においてアジア侵略を「進出」としていたことが一九八二年に国際問題化したことを指す

さいと心から念じます」

スピーカーの調子が悪くときどき中断されるが、辛抱強くしかも力強く語られた。チマ・チョゴリ姿の朝鮮初中級学校の生徒たちが、手に手に花を持ち、じっとうつむきかげんに聞いている。

すべての犠牲者に一分間の黙祷が捧げられる。

むくげの花が花瓶に差してある。その両脇で参加者全員による献花が始まった。花を捧げ、手を合わせる。頭を下げる。花一輪にさまざまな想いを託して。

会の仮代表となった山田昭次教授（立教大学・日本近代史）により試掘声明が読み上げられる。そして、絹田と勇気ある証言をしてくれた二人のお年寄りによって、試掘予定地へ第一歩を示すスコップが入れられた。土盛りされた予定地に、花がつぎつぎと敷きつめられていく。こうして、試掘作業は開始された。

放水路工事の聞きがきから

荒川放水路は人の手で掘られた人工の川である。その名のとおり荒れる川だった荒川★から、東京を守るため放水路は掘られた。

証言者の手でスコップは入れられた

絹田は小学校の社会科の教材作りのため、この放水路工事の話を聞きがきしていた。毎年夏になると、上流から下流へと、沿岸に住む昔を知るお年寄りから、放水路にまつわるいろいろな話を聞いて歩いた。墨田区、葛飾区から江戸川区あたりでは、震災の話も出た。そのなかにこういう証言があった。

「旧四ツ木橋の下手の川原では一〇人ぐらいずつ朝鮮人をしばってならべ、軍隊が機関銃でうち殺したんです。橋の下手に三カ所くらい大きな穴を掘って埋めた。ひどいことをしたもんです。いまでも骨が出るんじゃないかな」

どのようにしてこの大きな川を掘っていったのか、工事のことを知りたいとばかり思っていた絹田は、家に帰ってやっと気がついた。大変なことを聞いたのだ。

放水路工事は一九一一(明治四四)年から一九三〇(昭和五)年までかかっている。関東大震災は一九二三(大正一二)年の九月一日だった。つまり放水路工事中に起きた大地震であり、そのときの朝鮮人虐殺はこの工事中の土手や河川敷でも行なわれたというのだ。流域の人たちは、開削工事も、立ち退きも、震災時の怖かった話も、ともに放水路の歴史としてとらえていたのだ。絹田は自分が荒川放水路の成り立ちを「大洪水と工事」という狭い見方で見ていたことに気がついたのである。

放水路の話を聞くにつれ、震災のとき体験した話も増えていった。墨田区の井伊さん(仮名)は土地を買収されて立ち退いた話といっしょに、習志野から来た騎兵隊が旧四ツ木橋の下手の土手で、朝鮮人を機関銃で撃ち、自分は死体を埋める穴掘りをさせられたと体験を語ってくれた。

★荒れる川だった荒川 奥秩父に源をもち埼玉県内を蛇行し県内の低地と東京都との境を流れ、北区岩渕からは現在の隅田川として東京湾に注いでいた。たびたび流域に洪水をもたらし、「荒ぶる川」と呼ばれ、名称となったお年寄りたちは、「お線香の一本でも、花の一つでもあげてあげれば」と言う。けれども全体のようすがわからない。絹田は、いったいどんな事件だったのだろうか、なんとかお弔《とむら》いはできないだろうかと考えるようになった。お坊さんに「供養する方法はないでしょうか」と相談したり、新聞社にも「貴社で調査してもらえないか」と聞いたりした。しかし、どれもだめだった。

こうしたとき出会ったのが元江戸川区議会議員の故高野秀夫さんだった。高野さんは、「大切な問題なので調査してみようではないか。私たちの先輩が犯したあやまちに対して、なんらかの形で償いをすることができればと思っている」と言ってくれた。

この高野さんとの出会いによって、埋められたままの遺骨をなんとかしたい、事実を明らかにしたいという絹田の思いは急速に実現に向けて動きだしたのである。

一九八二年六月一三日、この思いを知った人たちが集まり、「絹田先生を囲む会」を開き、放水路が作られた歴史と、その工事のさなかに起きた事件の話を聞いた。まだ埋められたままになっているかもしれないという話は、聞く者には大きなおどろきだった。「なんとか掘り出せないものだろうか」という人たちの気持ちが発掘へと向かう運動のスタートとなった。

そして七月一八日、「関東大震災時に虐殺された朝鮮人の遺骨を発掘し慰霊する会★」準備会は結成された。

当日朝の新聞報道もあり、準備会は八〇余名で発足した。学生、教師、主婦、労働者、公務員、研究者、フリーカメラマン、イラストレーター、そして在日韓国人・朝鮮人や震災体験者など、さまざまな人の集まりでの出発だった。会は「発掘」「慰霊」「事実の掘りおこし」をめざして活動を開始した。

試掘地点の決定と建設省★★との交渉

これまでの絹田の聞きがきのなかで、埋められた場所についての証言者は四名。この四名の証言からいって、埋められた場所は、二カ所明らかになっていた。

一カ所は、旧四ツ木橋の下手の穴を掘って埋めた地点で、この地点の目撃者は三名。しかし、この地点は現在は堤防の下にかかるため、堤防に手を加えないと、すなわち堤防を壊さないかぎり、発掘できないので、不可能と判断せざるをえなかった。

もう一カ所は右の地点よりさらに下手(現木根川橋の下手)で、証言者自身が死体を埋める穴を掘らされた場所である。証言者は一名だったが、震災当時からある質屋の蔵が真横にあり、目印になる。体験者自身の証言でもあり、場所は試掘ができる可能性のある河川敷である。こうした点から、この場所を試掘場所と決定した。証言をしてくれたお年寄りも、何度かその場所に来て説明をしてくれての決定だった。

河川敷を掘っていいという許可を求めるため、建設省との交渉にはいった。出水期(五月一日~一〇月三一日)の工事はいかなる場合も基本的に認めないという原則があるなかでの交渉となった。

他の工事関係者の意見も聞いてみたが、「出水期は無理、許可はおりない」と言われた。しかし「たんに渇水期を待てば発掘できるとは考えられない」という意見も出て、「出水期であっても、世論の関心が集中する九月一日に向けて試掘許可を申請し、最大限譲歩しても渇水期の試掘が確実にできるよう努力しよう」という方向で交渉を進めることにした。

★ **慰霊する会** 当時の名称。その後に「追悼する会」と改称。詳しくは第I部「あとがきにかえて」204ページ参照

★★ **建設省** 現在の国土交通省。本書では、当時の呼称で表記している

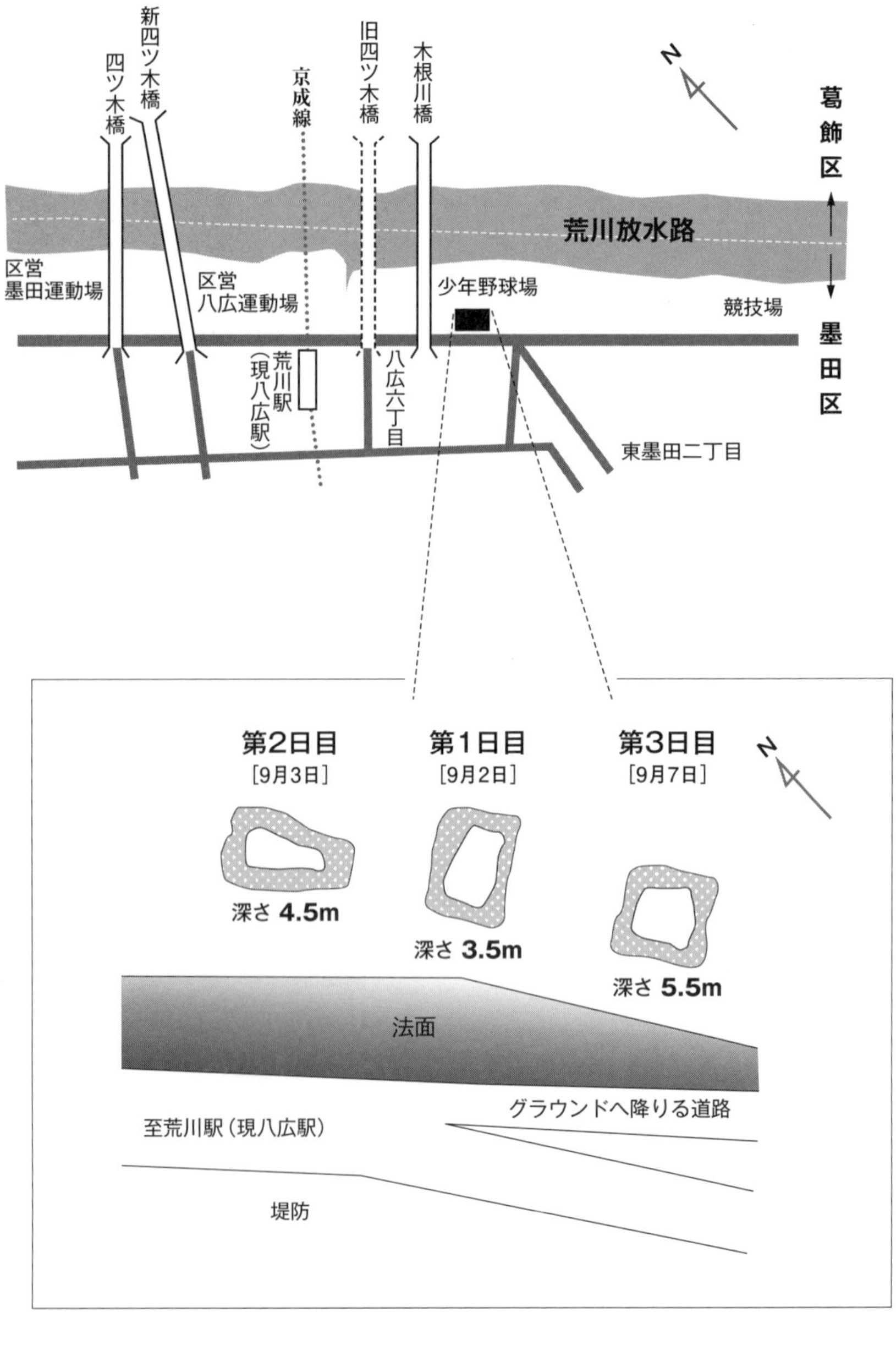

現地略図 (1982年当時)

予備交渉ではむずかしいという回答だったのが、八月上旬になると、一転して、出水期における試掘を認めてもよいという方向になってきた。

当時は、第一次教科書問題が表面化していた時期だった。歴史教科書の検定で、「侵略」を「進出」と書き変えさせるなどの文部省の指導が批判され、大韓民国・朝鮮民主主義人民共和国をはじめ、アジア各国からも厳しい指弾を受けた。このことが一つの要因となったのだろうか、一転して許可するという建設省の回答となったのである。金も力も不十分だったというのが実状ではあったが、建設省がOKするなら実施しようと力が入る。

さっそく、M建設を訪れ、実状を説明したうえで協力を求めた。「素人にはとても無理」というのが第一声だったが、「盆にこんな話を持ち込まれたんじゃ断わるわけにはいかない」「できるだけ協力しましょう」と言ってくれた。

こうしていつ試掘許可がおりても実施可能の体制をととのえつつ、八月一九日、建設省小名《おな》木川《ぎがわ》出張所に「河川敷一時使用願」を提出する。二〇日にはあっさり「許可したい」旨の電話が入り、「一日一カ所掘って埋め戻す」「試掘個所は三カ所のみ」との条件つきではあったが、ついに試掘実現に向けてのスタートは切られた。

試掘開始

●九月二日㈭快晴　試掘第一日目

午前七時三〇分。ユンボがうなりを上げ、シャベルのツメが土にくい込んでいく。八メートル×四メートル四方の穴を、九時ごろには深さ三メートルまで掘り下げてしまった。

堤防上では、TVニュースを見た人などが、すでに一〇〇人くらい集まっていた。

近所に住んでいるという六三歳の男性は、「いまから掘るのはいいことだね。いまちょうど教科書問題でごちゃごちゃしてるし、人間的にこういうことをするのはいいことだね」と話しかける。

「三メートルじゃ出ないよ」とか、「その場所ではなく、土手のなかだよ」といろいろな意見がでる。しかし現状では堤防までは崩せない。九時すぎになると、試掘の総指揮をとる岡本勇先生(立教大学講師・考古学)をはじめ、発掘作業の担当者が揃ってきたので、四人一組の班を編成し、一〇時ころから、穴の底へ下りて手掘りを開始した。

いかにも発掘作業をしているという感じは充分だが、不慣れな泥土をこねくり回しているばかりで、作業は思うように進まない。それでも底からつぎつぎに陶器片、キセル、酒びん、木の端などが出土し、そのたびに、みんなで穴の縁に駆け寄る。この日はじめて会に参加したという人も多く、作業員は全体で九班、三五人以上にふくれ上がっていた。

堤防上は、試掘を見にきた人で鈴なりの状態で、「骨は出たのか」と会員に聞く人や、震災を体験したお年寄りも来ていて、「俺は見たんだよ」と熱にうかされたように、ポンポンと証言がとびだした。

穴は5.5メートルまで掘られた

「錦糸町のほうから避難する途中、避難先の雨宮ケ原に逃げたときのことです。九月一日の真夜中、朝鮮人騒ぎがありましたよ。『オーイ、オーイ』と呼びあって、逃げないように取り囲み、丸太ん棒や鉄棒で殴り殺していましたよ。九月一日の夜からです。どんどんそんなことが始まったのは」

「朝鮮人がモスリン★の女工さんに絡《から》まったとか、泥棒をしたとかデマが飛んで、避難している原っぱで、朝鮮人を竹槍で殺したんだ」

わざわざ試掘現場のテントまできて話してくれた人もいる。

「旧四ツ木橋の下流の土手下で、軍が機関銃で殺した。一梃か二梃の機関銃であっというまに殺した。みんな見ていたんだ」

こうした証言がどんどん出てくるのも、試掘行動が与えた衝撃の大きさを表わすものだろう。掘った穴はしだいに湧水し、これ以上の掘り下げが困難になってきた。穴のなかで崩落する危険を感じながらも、壁を削って震災時に掘った土層の落ち込みを懸命になって探したが、出るのはヘドロばかり。結局三時まで続けて、この日の結論を出した。「三・二メートルの状態では、掘った跡がない。当時の地表だったと判断できる物は出ているが、チョコレート色の層の下とは考えにくい」。

翌日別の位置を掘るということで、埋め戻すことにした。穴の底へ、めいめいが無念の思いを込め花を投げ入れて第一日目は終わった。

★モスリン　薄手の毛などの平織物。北十間川の北側に、東京モスリン吾嬬工場・亀戸工場など織物工場があり、大勢の女工が働いていた

●九月三日㈮曇りのち雨　試掘第二日目

この日は朝から、どんよりした曇り空で、台風の接近が伝えられていた。

湧水のため平面的に掘るのはむずかしいので、四メートルまでユンボで一気に掘り、そこから壁を削りながら、当時の地表面は三・二メートルという昨日の結論にもとづいて、遺骨を埋めた穴を探すことにした。ところが、掘ってみると三・五〜四メートルの土中からビニールやナイロンの靴下など明らかに戦後の産物がつぎつぎと出てくる。作業開始後約二時間で、早くも昨日の結論を否定されてしまった。

そこで会員が穴の底に降りて、手掘りを始めるかたわら、岡本先生の指示で、測量班を編成し、グラウンドの地表と、堤防の外の人家の地表(当時から変わっていないはず)との比高を測った。その結果、河川敷は堤防の外の地面より約四・四メートル高いという、予想をはるかに越える値が出た。この日使っていたユンボは小型で、四・四メートルまでしか掘れない。あとはしゃにむに掘り下げるしかない。しかし、四・五メートル付近は水を含んだ重い粘土とヘドロで、ようやく掘っても、周囲の壁がつぎつぎと崩れ、埋め戻されてしまう。バケツリレーで水をかき出しつつ重い粘土層との格闘が続く。

午後からは穴の底にベニヤ板で一間《けん》×半間の土止めをし、そのなかに入って掘り下げた。範囲が狭すぎてうまく進まない。さらに、いまだ四・五メートルの底からビニールが出てくる始末。二時ころから雨がパラつき出し、台風の接近を感じさせる。二時三〇分すぎにこれ以上の作業を断念する。次回の試掘を九月七日に設定し、台風に備え、テントなどすべてを撤去した。全員のあいだに疲労と焦燥の色が浮かんでいた。

●九月七日㈫快晴　試掘最終日

この日は、ユンボを大型のものに替えて、五・五メートルまでの掘り下げが可能になった。五メートルも掘れば壁が崩落することは目に見えており、最悪の場合は会員が生き埋めになる可能性もあったので、掘る面積をひろげた。すると底広く、五・二メートルあたりからマガキの貝殻がいっぱいに詰まった層が出現し、これで震災時の地表面の下限が割り出せた。北半分を半分埋め、南半分を一気に五・五メートルまで掘り下げた。岡本先生をはじめ数人が底へ降りて、土層を調べた。

その結果、震災時の地表面は、ビニールが出る下限の四・五メートルより下で、海だったことを示すマガキの層（五・二メートル）より上の約〇・七メートルの幅の土層のどこかにある。しかしその層には葦《よし》の根や茎などがいっぱい詰まっており、当時、ここは葦の密生した低湿地であったと考えられる。おそらく遺体はもっと堤防寄りに埋めたのではないだろうかというのが結論であった。

三日間の試掘のなかで、遺骨は掘り出せなかった。震災当時と比べ、河川敷も土手も変わっていた。長い年月を経て、変わっていった河川敷のゆえに、六〇年の年月を掘り返すように、深く大きな穴を掘らねばならなかった。

この試掘を通じ、多くの人が現地を訪れた。ここ旧四ツ木橋であやうく殺されかけ、九死に一生を得た曺仁承《チョインスン》さんもその一人である。

旧四ツ木橋を渡った対岸で消防団につかまった曺さんら一四名は、九月二日朝、寺島警察署へ連れていかれるため、ふたたび旧四ツ木橋を渡った。

「旧四ツ木橋は死体でいっぱいだった。おれの足にもトビが打ちこまれたよ」

鳶口《とびぐち》で打たれた足を今もひきずりながら、ゆっくりと穴のまわりを歩いて、穴の縁から無言で底を見詰める厳しいまなざし。何度も握りなおす手に力が入る。

「骨が出たらうれしいけど……、出なけりゃ悲しいよ。骨が出たら会の人が迎えにくると言ったけど、じっとしてられなくてね」と淋しそうに話す。

午後から、日本の小学校の生徒たちが先生に引率されてくる。穴の前で幾組かに分かれて、会員から虐殺事件とその背景、会のこれまでの活動経過を説明され、神妙な顔で聞いていた。

「何も罪がないのに……。早く骨が見つかるといいと思う」

「近くの朝鮮学校の子どもと遊んだことあるよ」

「もし、これからこんなことが起きたら、僕は朝鮮人の友だちを守ってみせるよ」

小学五年の子どもたちの心に、この穴がどう映ったことだろう。また、朝鮮初中級学校の生徒たちも、マイクロバスで来た。会員がこれまでの経過を説明したあと、穴のなかに日朝両校の生徒たちの手によって献花が行なわれた。

さまざまな波紋を残して試掘は終わった。

試掘の反響

このときの試掘結果は、震災当時の地表面が四・五メートル以上も下にあり、もっと堤防寄りに埋められたのではないかということであった。もっと堤防寄りを掘りたかったのだが、堤防に近づくと堤防を崩す恐れがでてくるため、建設省の許可は得られていなかったのである。再度の試掘を行なうためには、かなりむずかしいことがわかった。

しかし、試掘のとき訪れた在日韓国人・朝鮮人の声は、私たちに事件の真相を明らかにしてほしい、そして遺骨を掘り出してほしいと願うものだった。こんな声もあった。

「とてもありがたいことだ。でもあまりに遅すぎる」

きびしい叱責である。

また、「震災のとき、父親はゆくえ知れずになった。どこで死んだかもわからない。だからまだ墓を建てていない」という在日韓国人からは、墓の費用にと貯えておいたお金を寄付された。あまりに多額のため、辞退する私たちに、「次の発掘の費用にしてくれ」と無念の思いを託された。震災下の事件は過去の歴史上の一つの事件ではなく、いまも深い傷を残していることを示すできごとだった。

地元の人たちにとっても、この試掘がもたらしたおどろきは大きかった。堰《せき》を切ったように体験を語る人たち。試掘のあわただしさと同様に、体験者の話を聞く者も目のまわるような三日間だった。新しい証言がつぎつぎと出てきた。しかし試掘の波紋がおさまっていくにつれ、ふたたび口をつぐんでしまう人たちもでてきた。

証言をするとき、「こんなことを言っていいのかどうか……。でも事実だから」と言って語り出す。証言してくれたお年寄りにとっては、いまでも語りにくい、語ってはならないことだった。試掘はそのタブーを一時的にこわしたのだろう。

試掘を行なっている最中から、会には多くの激励の手紙や電話が寄せられた。

「毎日新聞で皆様の行動を知りました。何もできない市民の一人ですが最近の社会情勢を恐ろしく感じております。歴史の持つ重みを正しく知り、正しく子供に伝えたいと願う気持で一杯です。『臭いものに蓋』でなく、事実を事実として受けとめ、再びこの様な不幸が起きないよう、日本人全体で考えるべきですね。

ナチスを責めて、ドイツ人はひどいと思っていましたが、無知であったことを恥じます。同封のお金、少額ですが役立てて下さいませ。世界の平和を願うばかりです」［横浜・一市民］

このような励ましを数多くもらった。しかし一方で、私たちの行動に対する非難の手紙も寄せられた。ここにいくつか紹介してみたい（仮名づかいも含めて原文のまま）。

「関東大震災時、私は芝の三田に居住して居りました。小学校三年生の私にも、街中が地獄と化した、街中のことは、頭からはなれません。朝鮮の人々は、多く川崎に居て、東京には一つ一つの部落を作って生活をしていた様です。日頃、子供達も、朝鮮人に対しておびえて居りましたが、東京の地獄絵さながらの極致に、何かがおきるとマア感じて、自警団が組織され、槍、刀などで、伯父達が武装して警備にあたっていたのを、覚へて居ります。今新聞に出ている荒川河川敷の虐殺の事は、当時の殺バツたる空気の中では、起こりがちであったろうと思われます。現在、その死者に対しての慰霊追悼は、誠に結構であると、私も合掌を致します。

しかし、今教科書問題が韓国と日本との国交上、平和解決に努力している時に、何も、六十年も昔の古傷を掘り起こしさわぎたてる馬鹿がいると思うと、なさけない。日本人なら愛国心があるはず。ちなみに、中国の教科書問題にしても、侵略を進出としたと云々されているが、日本人ならばこそ、その考えの出てくる所以ではないのか、歴史をさかのぼって明治二十七、八年の戦役から、大東亜戦争に到るまで、日本人兵隊が、中国の侵略のため、大虐殺のために戦ったのなら、そのために靖国神社にまつられた、多くの犠牲者は、全くうかばれない。涙もおさへ難い。どうか、真の愛国心を、持ってほしい」　　　［一都民］

「今、日本は教科書問題で国を上げてなやんでいる最中に、何をして国をさわがせる事をされるのか見当がつかないのです。一口で言えば申し訳ないことでも戦争には我が国に限らず悲惨なことはつきものです。それなら同時にシベリヤ《(ママ)》で他界した父のことをソ連に、終戦後、引揚げ者に対する中国や朝鮮の日本人虐殺で兄妹を亡くしている我々経験者はどうしてくれますか。貴方は平和な日本にいるからこのようなことができるのです。

子供達の将来を考えてくださるなら世間をさわがせるようなことはやめて下さい。戦争の悲しさを本当に知っている人は皆、黙って平和を祈って生きているものです」［一主婦］

「虐殺六千人とは、何を基本に公表したのか、嘘言、偽数字は事件を大きくするのだ。

河川敷で六百人埋めたとは大嘘、私の叔父は首謀者的存在であったらしいが、三人を切ったが後は気が弱って切れなかったと言った(六人位でやったから十数名だけと私は思う)。

数百名埋めたと嘘言を言った人々を報せて下さいませ。抗議致します(住所氏名お頼み致します)。

現日本は鮮人に占領されているのであるのにお気付になっておりませんね。日本名又は日本婦人名でも駅前飲食店は内実は全部鮮人ですぞ。密造酒を売る、便所掃除したフキンでテーブル食卓をふく、困ったレベルの者達に寄生されました。日本人は人好の馬鹿者」

［東京・Ｉさん］

会への非難だけでなく、一部の証言者にはいやがらせがあった。

私たちに証言を寄せてくれた人たちは、自分の見た事実をそのまま語っている。むごい事実をあえてそのまま語ることによって、「ひどい」「かわいそうに」と思った気持ちを表わしたかったのだろう。

しかし非難の声を前にすると、事実を語るという行為すら人びとを緊張させてしまう。最初の手紙の方は、出征したまま帰らなかった肉親がいるのだろうか。二番めの手紙の方もシベリアでお父さんを亡くされ、引き揚げのときには兄妹を殺されたという。

戦前、日本が国をあげて暴走した結果、多くの日本人家庭に不幸をもたらした。「お国のため」「聖戦」、そうした言葉は、敗戦後、ふたたび惨禍をくり返すことがないようにという平和への祈りのなかで否定されてきた。けれども遺族のなかには、そうした当時の必死の思いをふりすてしまえば、肉親の死の意味が宙に浮いてしまうという、冷えた心のしこりのようなものを残す人もいるのだろう。

しかし、日本が植民地の民衆に与えた傷が明らかにされると、日本の民衆が受けた不幸は意味を失ってしまうのだろうか。日本という国が犯した過ちで犠牲となった人は報われなくなってしまうのだろうか。日本の民衆を不幸にしたのは、けっして朝鮮や中国の民衆ではなかったはずだ。日本の民衆が加害の歴史をも背負わされてしまったことを、克服していく道はないのだろうか。隣りに暮らす民族へのいらだつ心は、そのよってくるところを深くほりさげなくてはなるまい。私たちは「戦争に悲惨はつきもの」という、あきらめのなかでは生きていけないと思う。どの無念の死も、風化にまかせてはいけないのではないか。

このようなことを話しあいたいと思い、非難や抗議の手紙をくれた人びとに対しては、氏名、住所のわかる人には手紙を出したり、訪ねて行ったりした。しかし連絡はとれなかった。

地震の恐ろしさは語りつがれても、朝鮮人虐殺の事実は語りつがれることなく、体験者の胸にしまわれていた。それが語られようとしたとき、もう一度その口を封じてしまうもの、それが震災から五九年、戦後四〇年近くたった一九八〇年代にあった。私たちが掘らねばならない穴は、関東大震災の時代であると同時に〝いまの時代〟でもあるのだろう。

私たちは「語れない歴史」を一つひとつ、聞いて記録することの大事さを感じたのだった。

聞きがきに歩いて

私たちは荒川河川敷試掘のあと、さらに証言をもとめて聞きがきを始めた。

再度の発掘に向け、埋められた地点の証言をもっと集める。どんな事件だったのか、一つひとつの事実を聞いて記録していく。こうした積み重ねによって、事件の姿を明らかにしていけるだろう。これが時間の経過にたえられる証言として厚みをましていくことになると考えたのだ。

またそのときには、これが事件を直接体験者から聞く最後の機会になるだろうということも感じていた。震災当時一五歳の人でも七五歳になろうという高齢である。元気でいる人もしだいに限られたものになる。事実、聞きがきを続けたこの一〇年のあいだに鬼籍《きせき》に入られた方は少なくない。

私たちはとりあえず試掘を行なった旧四ツ木橋周辺から聞きがきを始めた。試掘のときに証言をしてくれたお年寄りを訪ねて、もっとくわしい話をしてもらう。そして当時のことを知るお年寄りを紹介してもらって、新たな証言者に話をしてもらう。こうして、聞きがきの数は少しずつ増えていった。

日曜日になると、聞きがきを担当する会員が集まって、お年寄りの家を訪問した。二人か三人ずつの組に分かれ、一人が聞き、残りが記録をする。

人びとがいちばんのんびりする日曜の午後である。なかには玄関先ですぐにことわられる家もあったが、家の中に招き入れ、夫婦で話を聞かせてくれるお年寄りもある。公園でくつろいでいるお年寄りに声をかけ、話を聞いたこともあった。また一〇〇〇人をこす七〇歳以上のお年寄りにはがきでアンケートを送り、話を聞かせてくれる人をさがすというようなことも行なった。

こうして集まった聞きがきは、おもに一九八二年から八五年に集中している。話を聞かせてくれた方は他の地域の証言も含め、一〇〇名をこえた。二度、三度と訪ねた方もあり、それらを含めるとおよそ一五〇回の聞きがきだった。

本書ではこうして集めた証言を、南葛飾郡西部★を中心に、地域に分けてⅡ～Ⅳ章にかけて紹介していきたいと思う。断片的な証言が多いため、まとまった証言をもとにしつつも、刊行本の資料や先達《せんだつ》の調査の成果も多く借りている。また、総武線より南側はほとんど調査できていない。聞くことのできなかった事実が多くあったろうことを考えれば、事件の全体像にふれるのはむずかしい。遅すぎた調査である。ただ、とくに総武線の北側については、虐殺事件の実態がある程度リアルになったと思われる。

歴史の空白が少しでも埋められることを願って。

★**南葛飾郡西部**　南葛飾郡のうち、荒川放水路より西側の隅田町・寺島町・吾嬬町・亀戸町・大島町・砂町・小松川町をさす

又も荒川放水路で死體發掘の怪行爲

警官隊が變裝して秘密に三ヶ所

引取人の来る前に深夜密かに平澤以下の遺骨を發掘して署内に持ち運んださうから却つて虐殺當時の状況に不審の眼を注がれて来た亀戸署では何を感じてか十四日午後一時より平澤等を

▲埋めた現場 である荒川放水路四ッ木橋下手町の附近三ヶ所に現に埋てある死體を又もや發掘して何れへか搬入した此日亀戸署では高等係主任中村警部補以下巡査十九名を特に人夫に變裝せしめて現場に派し附近一帯は亀戸寺島署の警官六十名が四ッ木橋上より荒川堤上に至る間を一間置きに警戒線を張り一切の

▲通行を遮斷 して中村警部補以下の發掘作業に便を與へた右發掘を耳にした平澤川合等數名の遺族は前日と同じく手に手に香花を携へて同所に來り禮拜と供養を願ひ出でたが古森署長は厳として許可せず強ひて現場附近に佇立するならば容赦なく檢束すると言ひ渡したので一同は餘りのことに其儘現場附近に泣き崩れてゐた掘り出した死體は既に白骨と化したのもあれば半ズボンを着たまゝ腐爛したものもあり甚だしきに至つては傷口から内臓が露出してゐるものもあつたが全部一纏めにして

▲十三箇の棺 に納め三臺のトラックで現場から運び去つたが發掘した跡には砂を俵に詰めて埋め地均しを施した尚ほ布施辯護士…なつた

遺骨取片附から發見した死體だ

それが誤り傳はつた

右に關し警視廳の白上官房主事は曰く「警察が世間に隠れて死體の處分をしてゐる様に思つてゐる者もあるが警視廳としては何も隠しだてして死體の處分を行つたのではない實は平澤一派の遺骨は既に他の遺骨と分けて亀戸署に安置してあるから他の白骨處分を急ぐ爲め昨日(十三日)私は亀戸署へ何とか早く處分する様に命令したので亀戸署では十四日殘餘の白骨を内の共同墓地へ埋葬したが其際役場とも正式に相談をして人夫を雇ひ現場を掘り返すと未だ半焼の腐爛した死體が現はれて來たので之れを同署管内の火葬場に搬入して荼毘に附したのであるが之を警察などへ運んだように誤り傳へられたのであらう」

又も荒川放水路で
死体発掘の怪行為
警官隊が変装して秘密に三ヶ所
国民新聞・1923年11月15日・3面

避難民であふれた荒川土手

旧四ツ木橋はいまはない。京成線八広駅★を降りると、すぐ目の前が荒川放水路の堤防である。駅のすぐ南に旧四ツ木橋はかかっていた。いま、その場所に立つと、綾瀬川に沿って高速道路の高架が見える。左手上流には京成線の鉄橋が昔のままの姿でかかっている。右手には旧四ツ木橋の代わりにかけられた木根川橋があり、河川敷には釣り舟屋が舟をつないでいる。

震災の前年に渡り初《ぞ》めをした旧四ツ木橋は荒川放水路の開削にともなってかけられた木橋で、震災によってもこわれなかった。荒川放水路と平行して流れる綾瀬川には本田《ほんでん》橋がかかっていて、この橋と旧四ツ木橋はつながっていた。旧四ツ木橋は地震のあと、焼けてしまった東京の浅草区や本所区と、避難先の南葛飾郡東部や千葉県などを結ぶ重要な橋となった。

はげしい火災に追われ、人びとは余震におびえながら、「大正街道★★」や「曳舟川沿い」や「中居堀沿い」などの道を通って避難していった。これらの道はいずれも火災地域から旧四ツ木橋へ向かう道であった。着のみ着のままであったり、大きな荷物を背負ったり、大八車に家財をつんだりした避難民で、これらの道はごった返していた。

『民族の棘《とげ》』(日朝協会豊島支部編、一九七三年)に、震災の体験をのせている島川精さんは、大八車に荷物をのせて、本所区の業平橋の方から曳舟川沿いに避難した。そのときのようすを引用してみよう。

「商売をやっていた関係で、うちには大八車★★★があったんで、こわれた家の荷物をのせて曳

★ **京成線八広駅** 関東大震災当時は荒川駅の名称だったが、一九九四年に八広駅に変更した。一九九一年京成線鉄橋に船がぶつかる事故があり、駅舎も高架にし二〇〇二年橋梁掛け替え工事完了

★★ **大正街道** 大正道路・大正通りとも呼ばれ、白鬚橋と寺島町玉の井をつなぐ

★★★ **大八車** 人が引く、荷物運搬用の木製二輪車

舟川に沿って親戚へ逃げてゆきました。この川は幅一〇メートル位ですが、いまは埋め立てられてないです。曳舟川上流には避難民が列をなしていたです。上流には当時工事中だった荒川放水路があり、ここに逃げて行ったのが四時か五時(九月一日午後　編者注)で、そこから下町一帯をみると火の海でした」

こうして荒川放水路の土手は、避難民でたちまちいっぱいになった。空からは火災による熱風で燃えた畳や布などが降ってきて、いつ火災がひろがってくるかと人びとを不安にした。

一日夜から朝鮮人を虐殺

流言はこの一日から早くも流れだした。「津波が来る」「朝鮮人が襲ってくる」「朝鮮人が井戸に毒を入れた」というデマである。このデマは、人びとの口から口へ伝わり、何度も何度も流れた。

南葛飾郡大畑に住んでいた富山さん(仮名)はこのとき二一歳。セルロイドの人形を作る職工だった。一日は、勘定をもらいに行こうと思いながら、友だちの職人と飯を食べているとき地震にあった。一日の夜「津波だあ」というので旧四ツ木橋の土手近くの原っぱに避難した。そしてその夜から朝鮮人への殺害がおきたという。

震災当時のようすを残す旧四ツ木橋

「**その原っぱに一晩いたとき、朝鮮人騒ぎで大変だったんだ。『男の人たちはハチマキして、皆出ろ』とね。けがでもしたらつまらないことになると思い自分は出なかった。あくる日、土手に行くとおまわりが立っていた。殺された朝鮮人はずいぶんいた。二、三〇人ほども殺されていただろうか。殺したのは一般の人だった。鉄砲のある人は鉄砲、刀《かたな》のある人は刀を持ってたから。あくる日あたりでもおまわりなんか手が出せないもの。警察が手を出すとあべこべにやられるほどみんな殺気だっていた。このとき、土手にいた在郷軍人★とおまわりが『朝鮮人がわざと津波のうわさを出して、家を空けたところを、どろぼうしているから家を空けるな』と言っていた**」

［**富山〈仮名〉**］

やはり九月一日夜の朝鮮人殺害について証言している人がいる。旧四ツ木橋への道である中居堀近く（現東墨田二丁目）に住んでいた増田マツさんである。増田さんは九月一日、暗くなってから「井戸に毒を入れた」という流言が流れて、近所の人たちと近くの倉庫に逃げた。一三歳だった増田さんは、朝鮮人が殺しにくるという流言を聞いて恐かったという。

「**倉庫には朝鮮人の婦人も隠れていた。一日の夜中、一時か二時だったでしょう。余震のあるころ、朝鮮人さわぎがおきたんです。自分は見なかったが、二〇人ぐらいの朝鮮人が竹槍で殺されたということを倉庫のなかで聞きました**」

［**増田マツ**］

富山さんや増田さんの証言によると、一日の夜から流言がとび朝鮮人虐殺が始まっていることがわかる。

★ **在郷軍人**　兵役をはなれ一般社会生活を送っている予備役など。有事・訓練の時は、軍隊に戻る

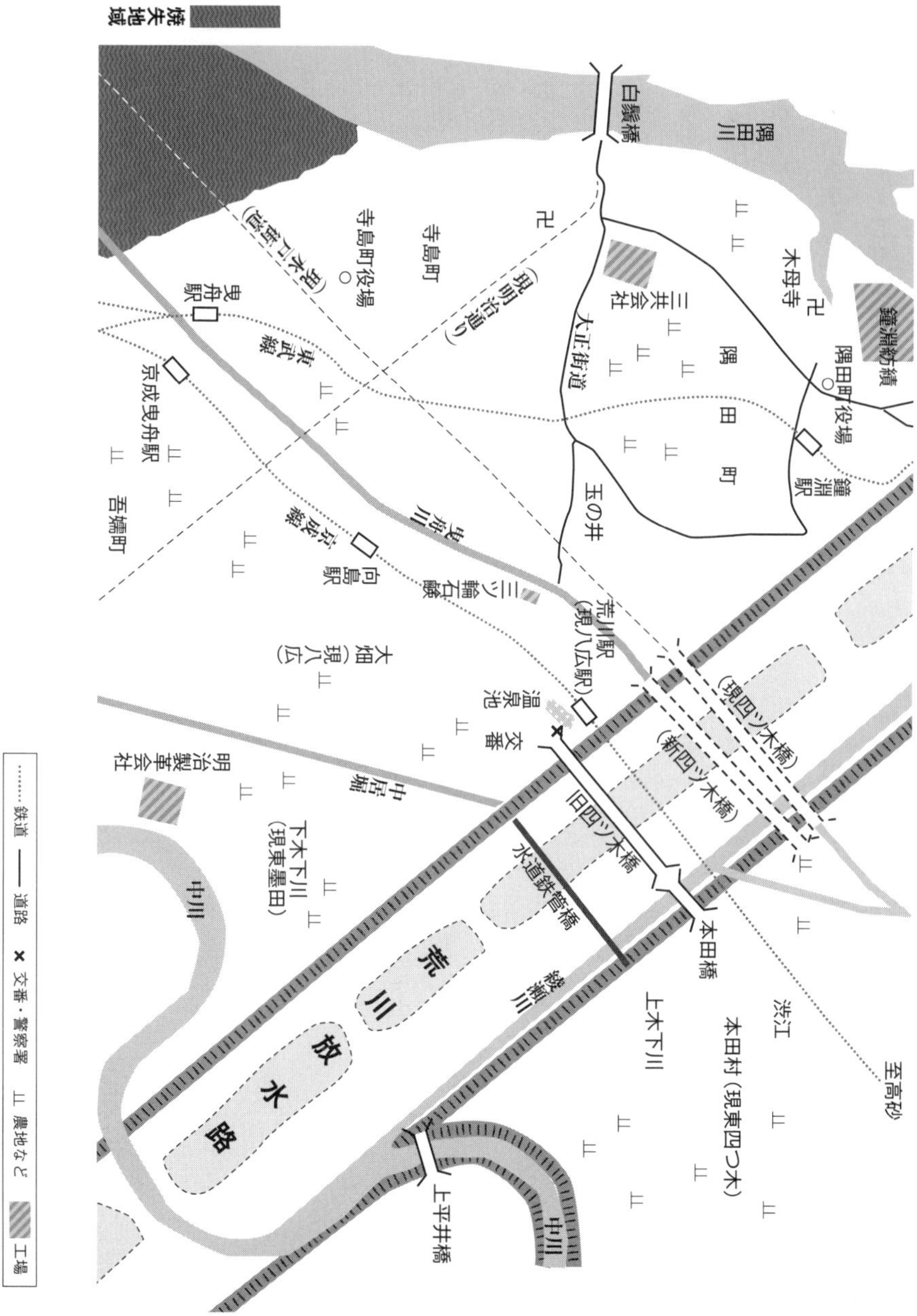

震災当時の旧四ツ木橋付近

この朝鮮人虐殺が始まったとき、旧四ツ木橋で消防団につかまり、かろうじて助かった人がいる。曺仁承《チョインスン》さんである。曺さんは『関東大震災における朝鮮人虐殺の真相と実態』(朝鮮大学校編、一九六三年)などに体験記を寄せた人で、試掘の時には、矢もたてもたまらず、かけつけてくれている。私たちの聞きがきと朝鮮大学校編の体験記とは自警団に拘束された人数など細部に若干の違いはあるが、ここでは試掘のときに聞いた証言を紹介する。

曺さんは一九二三年震災の年の正月に釜山《プサン》から船に乗って大阪まで来た。あちこちを転々として、東京にはその年の八月三日に上京してくる。

「押上、大畑あたりに兄貴が家を借りていて、ゴム会社に勤めていたの。私は土方をしていた。八月の三一日は仕事がなくなって仲間もみんな休んでいたんだよ。それで、翌日が九月一日だ。

午前十時ごろすごい雨が降って、あと二分で一二時になるというとき、グラグラときた。『これ何だ、これ何だ』と騒いだ。故国《くに》には地震がないからわからないんだよ。それで家は危ないからと荒川土手に行くと、もう人はいっぱいいた。火が燃えてくるから四ツ木橋を渡って一日の晩は同胞一四名でかたまっておった。女の人も二人いた。

そこへ消防団が四人きて、縄で俺たちをじゅずつなぎに結わえて言うのよ。『俺たちは行くけど縄を切ったら殺す』って。じっとしていたら夜八時ごろ、向かいの荒川駅(現在の八広駅・編者注)**のほうの土手が騒がしい。まさかそれが朝鮮人を殺しているのだとは思いもしなかった。**

翌日の五時ごろ、また消防団が四人来て、寺島警察に行くために四ツ木橋を渡った。

そこへ三人連れてこられて、その三人が普通の人に袋だたきにされて殺されているのを、私らは横目にして橋を渡ったのよ。そのとき、俺の足にもトビが打ちこまれたのよ。橋は死体でいっぱいだった。土手にも、薪の山があるようにあちこち死体が積んであった」

［曺仁承］

九月二日以降もこうした虐殺は続いた。試掘のとき、朝鮮人が殺され埋められた場所を証言してくれた井伊さん（仮名）は二日の晩から流言が流れて、自警団が猟銃を持ってきて朝鮮人を撃ち殺したという。

「今の京成荒川駅の南側に温泉池という大きな池がありました。泳いだりできる池でした。追い出された朝鮮人七、八人がそこへ逃げこんだので、自警団の人は猟銃をもち出して撃ったんですよ。むこうへ行けばむこうから、こっちへ来ればこっちから撃ちして、とうとう撃ち殺してしまいましたよ」

［井伊〈仮名〉］

当時このあたりには猟銃組合があったということを話してくれた人がいる。井伊さんの見た猟銃はこの組合のものだったのだろうか。当時旧制中学三年だった川喜田さん（仮名）はこう言っている。

「当時は猟銃組合か何かあって、猟銃なんか集めて、河川敷には蓮田がありましたけど、そのなかに朝鮮人がもぐっているといっては、蓮田に向かって威嚇射撃をやったりす

ることもあった」

［川喜田〈仮名〉］

当時かぞえで一五歳だった青木さん（仮名）は、四ツ木橋の土手ですさまじい虐殺を見た。九月三日昼だったという。

「たしか三日の昼だったね。荒川の四ツ木橋の下手に、朝鮮人を何人もしばってつれて来て、自警団の人たちが殺したのは。なんとも残忍な殺し方だったね。日本刀で切ったり、竹槍で突いたり、鉄の棒で突きさしたりして殺したんです。女の人、なかにはお腹の大きい人もいましたが、突き刺して殺しました。私が見たのでは、三〇人ぐらい殺していたね。荒川駅の南の土手だったね。殺したあとは松の木の薪を持って来て組み、死体を積んで石油をかけて燃やしていました。今は川の底に埋められたけど、水道鉄管橋（当時は橋脚を組んで川の上を通していた。現在は川の下を通っている　編者注）**のあたりですね。大きな穴を掘って埋めましたよ。土手のすぐ下のあたりです」**

［青木〈仮名〉］

浅草から避難する途中、やはり水道鉄管あたりで朝鮮人の死体を見たという松田春雄さんは当時一二歳だった。

「一日は津波が来るというので四つ木のほうへ避難する途中、荒川にかかっていた水道鉄管のあたりで、朝鮮人が一二、三人殺されていた。そのなかに女の人二人がいた

のをはっきりこの目でみた。

三日の朝、真っ暗なうちに、津波も来ないからというので旧四ツ木橋を渡って親戚の家へ行く途中、京成の線路の上で五〇人ぐらいの人が、警察官のような人にまとめられていたのがみえた。いっしょにいた人が『静かにしなさい。あれは朝鮮人だ』と言った」

［松田春雄］

当時、寺島町の白鬚橋近くに住んでいた永井仁三郎さん（当時二〇歳）はこう話してくれた。

「震災のときは朝鮮人が焼き打ち事件を起こしているとデマがとび、警防団が『山』『川』と日本人と朝鮮人を分ける暗号を吹聴してまわった。朝鮮人を殺しはじめたのだろう。槍を持って四つ木の土手に行った人を知っている。四ツ木の橋のむこう（葛飾側　編者注）から血だらけの人を結わえて連れてきた。それを横から切って下に落とした。旧四ツ木橋の少し下手に穴を掘って投げ込むんだ。橋から四、五間下流の土手下の穴に三、四名くらい入ってるかな。雨が降っているときだった。四つ木の連中がこっちの方に捨てにきた。連れてきて切りつけ、土手下に細長く掘った穴に蹴とばして入れて埋めた。槍や刀をもって朝鮮人を殺していた人はあとで死んじゃっているんだ。朝鮮人を殺して埋めたから、あとで木根川橋（新四ツ木橋の誤り・編者注）を作ったとき、事故が起きた。前から何かたたりがあると言っていたんだ」

［永井仁三郎］

旧四ツ木橋の東側、つまり葛飾区側でも虐殺が目撃されている。南葛飾郡本田村（現葛飾区東四つ木）に住む横田さん（仮名）は、「四ツ木駅のそばで、逃げる朝鮮人に鳶口を打ちこむ」のを見ている。同じ東四つ木の浅岡重蔵さんも村のなかで切りつけられている朝鮮人を見たことを語っている。

「村のなかでも切りつけられて死んでいました。映画で見るのと同じですよ。『助けてくれ』と言って逃げるのに、追いかけて刀で切りつけたのを見ました。その人が両手で後頭部を押さえているのに切りつけたので、指が切れて血が吹き出しました」

［浅岡重蔵］

殺された死体を見たという証言はあちこちにある。これらはこのあと述べる軍の出動による虐殺なのか、民衆が殺したものなのか、日時もはっきりしていないものが多い。おそらく軍と民衆両方の虐殺なのであろう。

聞きがきを進めるなかで、体験者のお年寄り数人に集まってもらって、みんなで語りあってもらったこともある。旧四ツ木橋の葛飾区側に住む、写真愛好家の座間銀蔵さんもそんなときに集まってもらった一人だ。座間さんは当時七歳だった。当時四ツ木駅を作るための堤防工事で、朝鮮人がトロッコを押して働いていたことを覚えているという。震災時に、お母さんに連れられて旧四ツ木橋を渡ったときのことをこう語っている。

「おふくろにつれられて歩いていて、旧四ツ木橋を吾嬬町《あづままち》のほうへ橋を渡ったとき、橋のそばにある交番の付近に放置されていた、ひどいかたちの虐殺された死体を見た」

葛飾区細田に住んでいる池田さん(仮名)は、上平井橋での目撃を話してくれた。上平井橋は葛飾区側の中川が荒川に合流する手前にかかっており、旧四ツ木橋の下手にあたる。

［座間銀蔵］

「朝鮮人が殺されていた場所は、上平井橋の下といまの木根川橋の近くだった。上平井橋の下が二、三人でいまの木根川橋近くでは一〇人ぐらいだった。朝鮮人が殺されはじめたのは九月二日ぐらいからだった。そのときは『朝鮮人が井戸に毒を投げた』『婦女暴行をしている』という流言がとんだが、人心が右往左往しているときでデッチ上げかもしれないが……、わからない。気の毒なことをした。善良な朝鮮人も殺されて。その人は『何もしていない』と泣いて嘆願していた」

［池田〈仮名〉］

流言と自警団

流言が信じられていったようすをリアルに証言してくれた人がいる。自分自身も朝鮮人とまちがえられて殺されそうになったという長谷川さん(仮名)である。長谷川さんは当時二二歳で東向島駅近くの寺島五丁目(現東向島四丁目)に住んでいた。

「一日夜から流言蜚語《りゅうげんひご》がとびかった。ボカンと音がしたら爆弾を投げているとか。火事なんだから石油缶なんかが破裂しても音がするわけだ。井戸に毒を入れたとか、避

難民が集まれば津波が来るとか言っていた。

二日ごろ、警察が毒物が入っているから井戸の水は飲んではいけないと言ってきた。それでもぼくらは飲んでいたけどね。そのうち大勢の人が言うから、自分ひとり否定するのは心細くなった。でも信憑性のある話は今考えると一つもなかった。実際に見たものはなかった。みんな人から聞いたことだった。朝鮮人が集団で追っかけてきて逃げたという話も、よく聞くと、追いかけられた朝鮮人の前を歩いていてそういう状況になったということだった」

〔長谷川〈仮名〉〕

この章のはじめで証言している富山さんの話にもあるように、流言を在郷軍人や警察官が口にすることによって、より真実味が加わって広まっていった。この津波の流言すら朝鮮人のせいにされたという話はあちこちで聞いた。震災の年の一一月に出版された『帝都震災　遭難から長崎まで』(中島碧川、国絲之友社出版部、一九二三年)にもこの流言が描写されているので紹介してみる。

中島碧川氏は旧四ツ木橋近くの土手に避難した。九月二日七時半ごろ、津波だという流言を聞いてあわてて逃げようとした。

「其内に此の海嘯《つなみ》は或者の流言であったが、是が其海嘯よりも怖しい事件の襲来の前提でありました。其の事件の内容は私には茲《ここ》に書き現すの自由が許されて居らないのです」

流言が広まっていくのと時を同じくしながら、自警団はつぎつぎとできていった。場所によってできた日時はちがうようだが、一日の夜からできたようである。

高田さん（仮名）は当時三一歳、大正元年兵★で在郷軍人の役員をしていた。高田さんの家は南葛飾郡大畑にあった農家で、そのころは蓮田を作っていた。高田さんは、震災のときは在郷軍人として、このあたりの朝鮮人を警察や亀戸駅まで送ったことがあるという。私たちが聞きがきをしたとき、すでに九一歳の高齢であったが、しっかりと話してくれた人である。

「夜中から燃えはじめました。津波が来るというううわさがたったが、自分はそのとき、荒川の土手のほうへは行きませんでした。朝鮮人騒ぎは燃えている最中から始まったですよ。四ツ木橋の方で朝鮮人殺しがあった。あっちのほうはみな気が荒かったからね。自警団ができたのは早かったです。たしか一日の晩だったです。自警団は自然にできました。四ツ木のほうも同じころできました。五人から八人で警戒しました。朝鮮人が悪いことをしたわけではないのですが……。『どこに行く』と尋問していました。そう、日本人も間違ってずいぶんやられましたよ。みんな気が立っていましてね」

〔高田〈仮名〉〕

長谷川さんも自警団について語っている。

「二日ごろ避難してきた人たちを加えて自警団ができた。自分も自警団に引っぱり出されたが、在郷軍人会だからというわけではなかった。警察は自警団について歩いて

★ **大正元年兵** 徴兵検査を受けて、一九一二年に現役兵になった人いるようなもので、なんの役にもたたなかった。このあたりでは、朝鮮人が蓮田のなかに入ったといって、自警団の連中が追いまわしていた。玉の井★のいまでいう暴力団の連中が先達《せんだつ》でずいぶん切ったという話も聞いた。自分の親戚の家も朝鮮人を使っていて、そいつを逃がすのにえらい苦労をしたと聞いている。かくまっていることがばれたらやられる。なんせ警察で保護するといっても、警察に踏みこんでやっちゃうんだからどうしようもない」

［長谷川〈仮名〉］

警察も手を出せないような自警団について、前出の富山さんはこうした状態も兵隊が来てからしずまったという。

「軍隊が来て吾妻橋を渡るとき、兵隊が棒を取り上げた。それでしずまった。刀、鉄砲を持っている人は兵隊が来て取り上げ、やっとおさまった」

［富山〈仮名〉］

万歳で迎えられた軍隊

軍隊が出動した日時は、私たちの聞きがきでははっきりした証言がないが、二日から三日ごろだったようだ。どの部隊かということについても、騎兵だったという人や、徒歩できたという人もいてわからない。部隊はいろいろ交替したのだから、はっきりしないのだろう。

この軍の出動によって、殺された朝鮮人の数は急激に増えた。機関銃を河川敷にすえての殺害である。朝鮮人が襲ってくると信じていた民衆は、軍隊の到着を大歓迎で迎えた。

★ **玉の井** 震災前から浅草区の私娼街が道路建設計画地にあたり、市外の寺島町に転居してきた。いっそう栄えるのは、昭和以降。東武線玉の井駅は震災の翌年に開業。現在の東向島駅葛飾側での虐殺を証言してくれた横田さんは、「軍隊が来たときは、みんな守りにきてくれたと思って『万歳！　万歳！』と大歓迎でした」と言っている。

また前出の高田さんも、軍隊が朝鮮人殺害を始めたときの民衆のようすを語っている。

「憲兵はあくる日国府台から来ました。あくる日あたりではなかったでしょうか。軍隊が来たのは早かったですよ。四ツ木橋は習志野の騎兵でした。習志野の兵隊は馬で来たので早く来ました。なんでも朝鮮人がデマを飛ばしたそうで……。それから朝鮮人殺しが始まりました。兵隊が殺したとき、みんな万歳、万歳をやりましたよ。殺されたところでは草が血でまっ黒くなっていました」

［高田〈仮名〉］

兵役から帰ってきたばかりの長谷川さんは戒厳令下の町での兵隊のようすも含めて、軍隊の虐殺について証言している。

「軍隊は二日あたりから来ていた。いきなり戒厳令★★で町角町角に歩哨を立てていて、夜、町を歩いていると『だれか』と言っていた。初年兵ばかりを使っていた。

二日か三日ごろ、軍隊が荒川の葦《よし》のところに機関銃を撃ちこんで、危なくて近づけなかった。

旧四ツ木橋に兵隊を連れた将校が先達で来て二三人射殺したという話を聞いた。殺されたのは共産系の人だという話もあった。旧四ツ木橋あたりは死体がゴロゴロしていた」

［長谷川〈仮名〉］

★★ 戒厳令　戦時・内乱等に際し、軍隊に行政・司法の権限を集中させ統治の危機を克服しようとする制度。関東大震災時は、戒厳令の第九条一四条が部分適用された機関銃での大量虐殺を見ていたというのは大川さん(仮名)、当時二四歳だった。試掘の時、河川敷に来て、話してくれた一人である。

「二二、三人の朝鮮人を機関銃で殺したのは旧四ツ木橋の下流の土手下だ。西岸から連れてきた朝鮮人を交番のところから土手下におろすと同時にうしろから撃った。一梃か二梃の機関銃であっというまに殺した。それからひどくなった。四ツ木橋で殺されたのはみんな見ていた。なかには女も二、三人いた。女は……ひどい。話にならない。真っ裸にしてね。いたずらをしていた。朝鮮人を連れてきたのはむこう岸(葛飾側　編者注)の人だった。寺島に連れていかれる前に四ツ木橋の土手下で殺された。兵隊は震災から二、三日してきたが、歩きで騎兵ではなかった」

［大川〈仮名〉］

やはり、軍の虐殺を見ていた田中さん(仮名)の証言がある。田中さんは二一歳で青年団の役員をしていたので、朝鮮人の遺体を焼くとき、憲兵といっしょに立ち会ったという。

「一個小隊くらい、つまり二、三〇人くらいいたね。二列に並ばせて、歩兵が背中から、つまり後ろから銃で撃つんだよ。二列横隊だから二四人だね。その虐殺は二、三日続いたね。住民はそんなもの手をつけない。まったく関知していない。朝鮮人の死体は河原で焼き捨てちゃったよ。憲兵隊の立ち会いのもとに石油と薪で焼いてしまったんだよ。それは何回にもおよんでやった。だから四ツ木橋のところを掘っても骨は出ないですよ。自分は防護隊に所属していたため、憲兵隊といっしょに何回も立ち会っているから知っている。

大震災の騒動のときは、青年団の役員をしていた関係で憲兵隊がずいぶん家に来ていろいろ聞いていた。このあたりには朝鮮人がけっこういた。彼らの素行、日常の行動はどういうふうかずいぶん調べて歩いていた。自分は決して彼らの悪いことは言わなかった。なぜかというと、当時は名前は忘れたけど、朝鮮の木浦《モッポ》から中学を出て日本に来た朝鮮人とつきあっていたからね。その人は大阪から来て本州製紙〈現江戸川区　編者注〉に入社したが、朝鮮人ということで差別され、賃金も安く、震災前にほかに行ってしまった。ずいぶん朝鮮人のこともかばったけれど、『君らにはそういう権限はない。俺たちは軍の命令でやっているんだから』と憲兵に言われた。自分たちの意見はぜったい通らなかった」

［田中〈仮名〉］

旧四ツ木橋周辺の河原は、朝鮮人の遺体の集積所にもなったようだ。殺された朝鮮人をトラックで運んできたと証言してくれたのは、前出の浅岡重蔵さんである。

「四ツ木橋の下手の墨田区側の河原では、一〇人ぐらいずつ朝鮮人をしばって並べ、軍隊が機関銃でうち殺したんです。まだ死んでいない人間を、トロッコの線路の上に並べて石油をかけて焼いたですね。そして、橋の下手のところに三カ所ぐらい大きな穴を掘って埋め、上から土をかけていた。

二、三年たったころ、そこはくぼみができていた。草が生えていたけどへっこんでいた。

きっとくさったためだろう。ひどいことをしたもんです。いまでも骨が出るんじゃないかな。

兵隊がトラックに積んで、たくさんの朝鮮人を殺したのを持ってきました。そう、河原で殺したのもいます。ふつうのなんでもない朝鮮人です。手をしばって殺したのも日本人じゃなくて朝鮮人だと思ったね。むこうを向かせておいて背中から撃ったね。軍隊が機関銃で撃ち殺し、まだ死なない人は、あとでピストルで撃っていました。

水道鉄管橋の北側で昔の四ツ木橋寄りに大きな穴を掘って埋めましたね。死体は何百だったでしょう。九月はじめだから、町中にたおれている死体もくさって、においはひどかった。本当にひどいことをしたもんです」［浅岡重蔵］

この機関銃の音は旧四ツ木橋周辺にひびいた。そして死体を焼くにおいもあたりをただよった。旧四ツ木橋の少し下流に住んでいた大滝トラさんは、当時二三歳。追悼式にも何回か足を運んでくれた人である。当時は家から土手が見えたという。

「九月二、三日ころだったと思いますが、荒川の土手の方からポンポンという音が聞こえました。そして土手のほうから、火葬場で死人を焼くのと同じにおいがただよってきたのです。『死んだ人を若い者がみるものじゃない』と言われたので、見に行ったわけじゃないけれど、旧四ツ木橋の水道鉄管のあたりだったと思う。人の話では線路のレールを渡して、その上に人を置き、燃えやすくして焼いたといいます」［大滝トラ］

軍は虐殺した死体を焼いて、河川敷に穴を掘って埋めた。この穴を掘らされたのが、前出の温泉池での虐殺を証言してくれた井伊さんである。試掘のときは、この証言をもとに掘る場所を決定した。

井伊さんの家は農家で、軍の駐屯所になった。上官は農家に泊り、一般兵士は荒川駅（現八広駅）の南の原っぱにテントを張って野営したという。

「荒川駅の南の土手に、連れてきた朝鮮人を川のほうに向かせて並べ、兵隊が機関銃で撃ちました。撃たれると土手を外野《そとや》のほうへ転がり落ちるんですね。でも転がり落ちない人もいました。何人殺したでしょう。ずいぶん殺したですよ。

私は穴を掘らされました。あとで石油をかけて焼いて埋めたんです。よく焼けないままでした。それに他から集めてきたのもいっしょに埋めたんです。いやでした。ときどきこわい夢を見ました。

その後一度掘ったという話を聞いた。しかし完全なことはできなかったでしょう。いまも残っているのではないかなあ」

［井伊〈仮名〉］

当時の本所区業平町（現墨田区横川）に住んでいた篠塚行吉さん（当時一五歳）は震災のとき、一升ビンに水を入れ、手ぬぐいを二本もって逃げてきた。火や煙にまかれながらも、一升ビンの水と手ぬぐいのおかげでやっと九月三日の朝、四つ木のおじさんの家に着いたという。

「九月五日、一八歳の兄といっしょに二人して、本所の焼けあとに行こうと思い、旧

四ツ木橋を渡り、西詰めまで来たとき、大勢の人が橋の下を見ているので、私たち二人も下を見たら、朝鮮人一〇名以上、そのうち女の人が一名いました。兵隊さんの機関銃で殺されていたのを見て驚いてしまいました」

［**篠塚行吉**］

篠塚さんは試掘のときのテレビのニュースを見て、絹田の学校までわざわざ訪ねてきてくれた。そして、当時の橋のようすを、絹田のメモ帳のうしろのほうに略図を書いてくれた。

「あれは本当のことだということを言いたくて、ここをさがしてきたんです」。それから毎年、追悼式にはバイクに乗って来てくれる。一九九一年の追悼式のとき、李松子《リソンジャ》さんの『鳳仙花《ボンソンファ》』の歌に感動した篠塚さんは、「来年は『アリラン』をいっしょに歌いましょう」と握手をして、細身の体をバイクにのせて、「来年もまた来ますから」と帰っていった。篠塚さんはいつもしみじみと言う。「人びとのデマで死んだこと、くやしかったことでしょう」。

軍は当初の公然とした殺害をしだいに隠そうとしたようだ。近藤源太郎さんは九月の六日か七日ごろ、虐殺された遺体が多数あるといううわさを聞いて、旧四ツ木橋に見に行っている。

「ところがその現場の周辺はポリス、憲兵、船橋《ママ》騎兵一三連隊などが取り囲んでいて見られませんでした。入れてくれなかったのです。四ツ木橋から水道鉄管のあたりまで囲んでいました。私は橋中央に行ってもう一度見ると、数十名の遺体がありました。いまの木根川橋と旧四ツ木橋の中間あたりでした」

［**近藤源太郎**］

近藤さんは吾嬬町にあった帝国輪業（現文花三丁目）につとめていた。後述の亀戸事件★で殺さ

★**亀戸事件**　劇作家で労働運動家だった平澤計七や南葛労働会会員らが亀戸警察署に拘束され、九月四日から五日の未明にかけて警察署内で、習志野騎兵第一三連隊によって殺害された事件

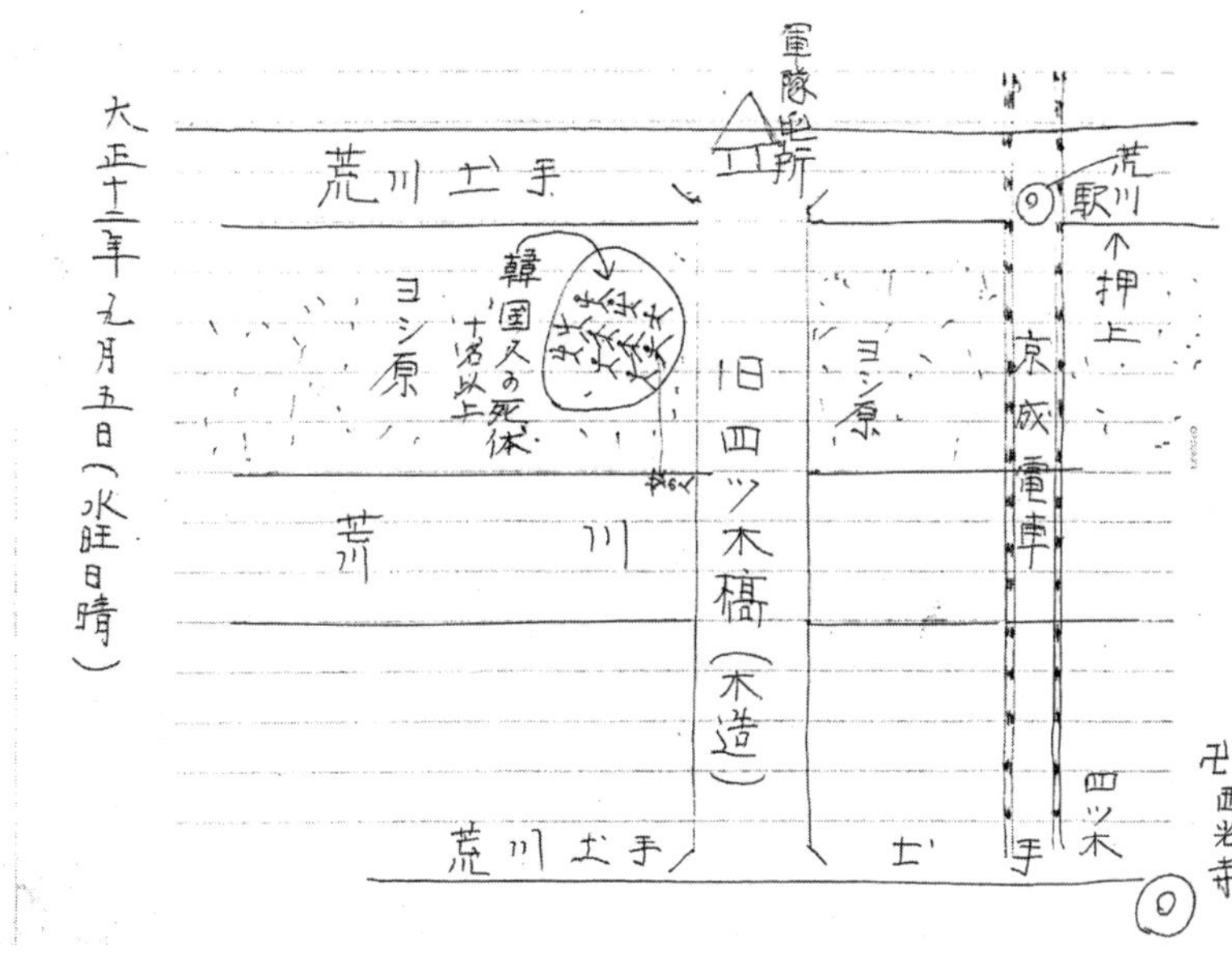

篠塚行吉さんによる略地図

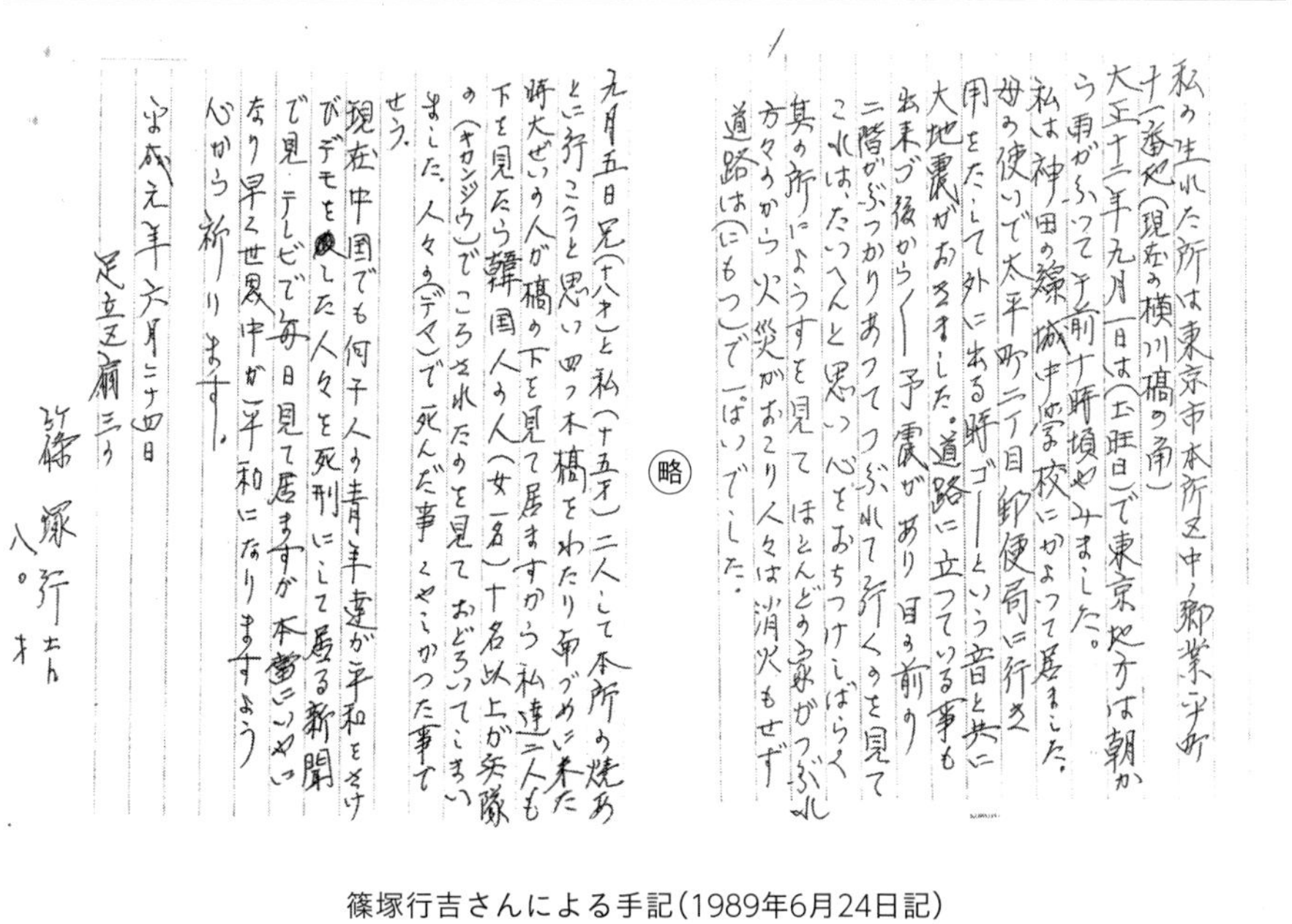
私の生れた所は東京市本所区中ノ郷業平町
十一番地（現在の横川橋の南）
大正十二年九月一日は（土曜日）で東京地方は朝か
ら雨がふって午前十時頃やみました。
私は神田の錦城中学校にかよって居ました。
母の使いで太平町二丁目郵便局に行き
用をたして外に出る時ゴーという音と共に
大地震がおきました。道路に立っている事も
出来ず後から／＼予震があり目の前の
二階がぶつかりあってつぶれて行くのを見て
これは、たいへんと思い心をおちつけしばらく
其の所にようすを見て　ほとんどの家がつぶれ
方々から火災がおこり人々は消火もせず
道路は（にもつ）でいっぱいでした。

略

九月五日兄（十八才）と私（十五才）二人して本所の焼あ
とに行こうと思い四ッ木橋をわたり南づめに来た
時大ぜいの人が橋の下を見て居ますから私達二人も
下を見たら韓国人の人（女一名）十名以上が兵隊
の（キカンジウ）でころされたのを見ておどろいてこわい
ました。人々の（デマ）で死んだ事くやしかった事で
せう。
現在中国でも何千人の青年達が平和をさけ
びデモを起した人々を死刑にして居る新聞
で見、テレビで毎日見て居ますが本当にかわい
なり早く世界中が平和になりますよう
心から祈ります。

平成元年六月二十四日
足立区扇三ノ
篠塚行吉
八〇才

篠塚行吉さんによる手記（1989年6月24日記）

れた南葛飾労働会の山岸実司や吉村光治も帝国輪業で働いていて、同僚である近藤さんは南葛労働会のシンパだった。社会主義者は当時「アカ」だときらわれていたが、青年層にはけっこう共感があったと語ってくれた。

遺骨の持ち去りと虐殺の隠蔽

これらの証言は、軍の虐殺のすごさをよく示している。遺体は「殺して埋めた」「焼いて埋めた」などいろいろな目撃談があるが、虐殺の規模の大きさをものがたっている。旧四ツ木橋は、殺しただけでなく、遺体をあちこちから運んで集めた場所となったため、証言を整理しても、殺された人の数を確定することができない。旧四ツ木橋から二〇〇メートルぐらいのなかのあちこちで殺されたという証言がある。これほどの遺体、遺骨をどうしたのだろうか。「焼いて埋めた」という証言のほかに「蒸気ポンプで火葬場に運んだ」という証言がある。高田さんはこう語っている。

「河川敷に遺骨は今はないでしょう。吾嬬町にあったポンプ自動車で、火葬場のほうに運んだですよ。ポンプ自動車は消防車のようなもので、消防隊が使うやつです。当時消防車は花王石鹸のところにあった。その後この車を使うときはみんないやがったですよ。そのポンプ車で死体を運んだものだから……。死体をのせたところは黒くなっていました」

［高田〈仮名〉］

また、その後掘り返したという話もある。前出の井伊さんはその後掘り返したということを聞いたことがあると言っている。

Ⅲ章で紹介する元寺島警察署員だった田幡藤四郎《たばたとうしろう》さんも、掘り返した話を同僚の警察官から聞いている。

「自分は震災の年の一二月ころ、旧四ツ木橋の交番勤務になった。そのとき、同僚から亀戸警察から七、八人の共産主義者を留置所からもってきて、そこへ埋めたという話は聞いた。朝鮮人は別だと思うね。しかしあとで掘り出したと聞いている」

［**田幡藤四郎**］

この話に対応する記事が当時の新聞にのっている。旧四ツ木橋の下手で、警察官らが遺骨を掘り返したという記事である。

戒厳令のもと、亀戸警察署のなかでは、検束していた日本人労働運動家、社会主義者らを軍隊が殺害するという事件もおきていた。「亀戸事件」といわれる事件である。当時、南葛飾郡西部は工業地として発展しつつあった。震災のころはメーデーすら警察官のサーベルで規制される時代だったが、この地域で活発に労働運動をすすめていたのが、純労働者組合と南葛労働会だった。南葛労働会には前年に非合法で創立された日本共産党のメンバーもおり、また、全《チョン》虎岩《ホアム》という朝鮮人を同志にむかえている。この二つの組合のメンバーが、亀戸警察署に検束されたのは九月三日の夜。そして四日の夜から五日の未明にかけて、南葛労働会の川合義虎《かわいよしとら》ら八名、純労働者組合の平澤計七《ひらさわけいしち》ら二名の計一〇名が、亀戸署のなかで騎兵第一三連隊の田村春吉少尉らに殺されたのである。このほか同署では砂町の自警団員四名も殺されているし、小村井に避難していた武術師範も殺された。

一〇月一〇日、ようやく亀戸事件などの報道が解禁された。自警団員と労働運動家ら十四人の遺体について、古森亀戸警察署長は「七日四つ木橋の荒川放水路で一般民を火葬している所へ」高木警部に命じ、人夫に運ばせ火葬に付したという（『東京日日新聞』一九二三年一〇月一一日）。古森署長は九月十七日から十月九日まで赤痢で休暇を取っていたので、火葬を命じたのは九月七日だろう（『読売新聞』同年一〇月一一日）。

その現場へ、東京地方裁判所の塩野検事が視察に来た時の写真がAである。京成電車を荒川（現八広）駅で降りて右に行くと旧四ツ木橋が見え、その四ツ木橋から右、つまり下流に約一丁（一丁は約一〇九メートル）という場所だった（『時事新報』同年一〇月一四日）。

戒厳令下の軍隊による日本人殺害に対し、亀戸警察署は遺族や労働団体・弁護士らから追及を受け、それを新聞各社も報じた。各地に殺された朝鮮人の遺体はあっても、それらはほぼ報道されていない。旧四ツ木橋下手の朝鮮人犠牲者だけは、日本人遺族らの追求があったから、その報道の端々で新聞各紙に残ることになった。

遺骨引き渡し交渉のなかで、亀戸署長らは次のような説明に終始した。「死体は荒川放水路堤防に於て焼死溺死者や〇〇死体百余名と共に火葬しているから、どれが誰の遺骨ともわからぬ」（『報知新聞』同年一〇月一五日）。「〇〇死体百余名」の伏せ字には当時の朝鮮人の蔑称、「鮮人」が入るのだろう。同日の『読売新聞』は、一緒に埋められている遺骨について、布施辰治弁護士が「日本人ですか」と尋ねると、亀戸署長が「いや他国人のもある」と答えたことを報じている。

一〇月二〇日には、自警団裁判で起訴された朝鮮人虐殺事件の一部が、朝鮮人による「犯罪」

★**朝鮮総督府** 天皇に直属した総督は陸海軍大将から選任され、司法・立法・行政を掌握し、憲兵が司法・行政警察の機能も持ったと抱き合わせで報道解禁された。翌日の『読売新聞』は、「戦場の如き江東　平澤氏等と共に焼いた○○○○体百個　古森亀戸署長談」（伏せ字、「朝鮮人死」体か、編者注）のタイトルで、自警団員や平澤計七らと「共に焼棄した百名余の死体中には之等○○○○○く」（伏せ字、「鮮人数多」くか、編者注）と、朝鮮人遺体が共にあることを報じている。

その後、亀戸事件の遺族らは紆余曲折をへて、同年の一一月一三日、日本労働総同盟代表者や自由法曹団の弁護士らとともに、荒川放水路の現場に遺骨を掘りおこしにいくことにした。いっしょにある朝鮮人の遺骨は、布施弁護士が朝鮮総督府★出張所の立ち会いを求めたが、「朝鮮人の遺骨は亀戸ばかりじゃない、諸所にあるから特に一箇処ばかり引取る訳には行かぬ」（『国民新聞』同年一一月一三日）という、にべもない返事だった。

ところが一三日、平井駅にメンバーが集まり、午後一時すぎに現場へ行こうとしたところ、亀戸署に交渉にいっていた布施弁護士が「遺骨はもう亀戸署にある」と意外な報告をもって帰った。亀

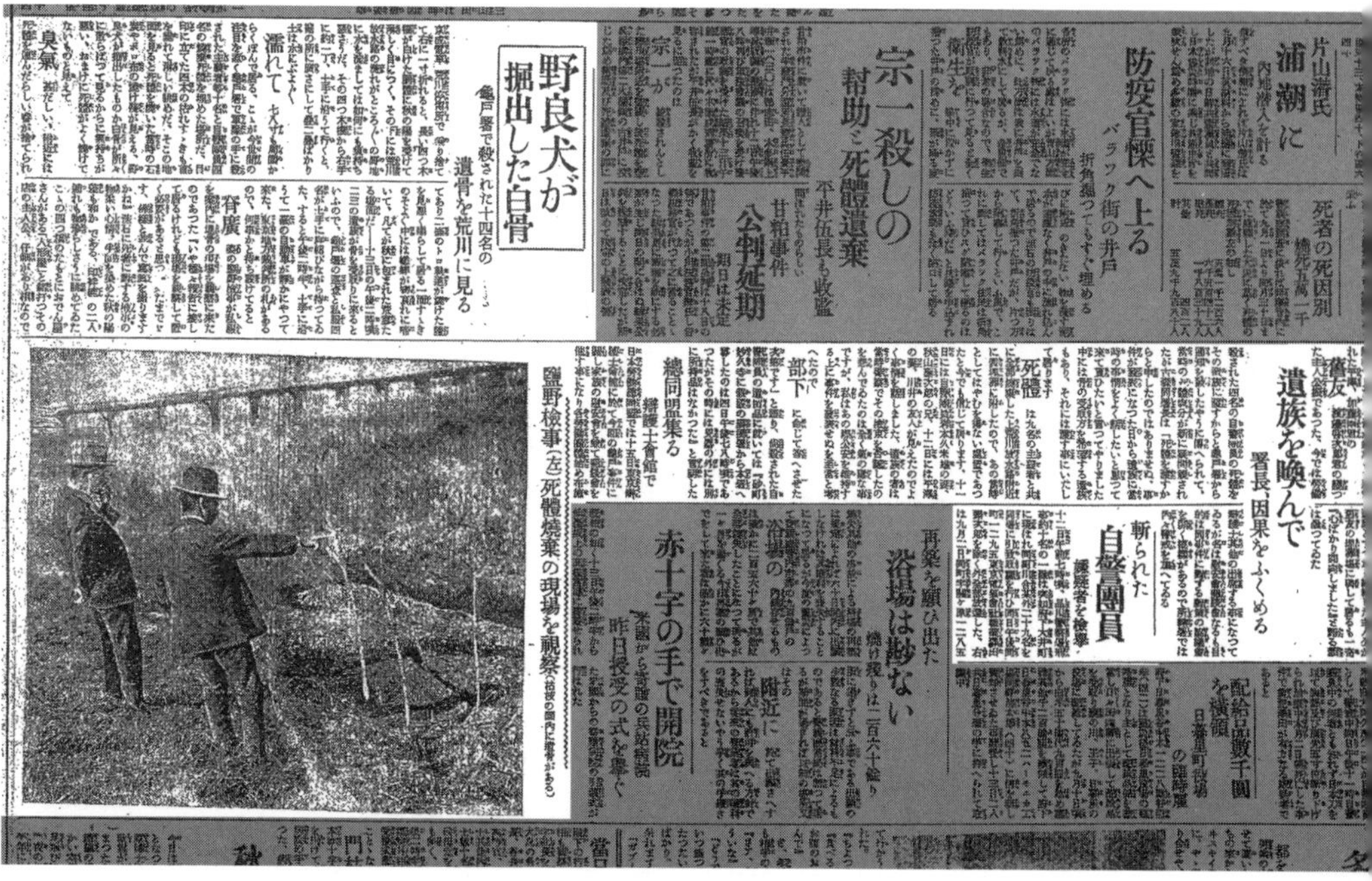
野良犬が掘出した白骨
亀戸署で殺された十四名の遺骨を荒川に見る
臨野検事（左）死體燒棄の現場を視察
宗一殺しの幇助と死體遺棄
平井伍長も收監
甘粕事件 公判延期
浦潮に
遺族を喚んで
署長因果をふくめる
斬られた自警團員
赤十字の手で開院

A（『時事新報』1923年10月14日）

戸署が前夜に掘りかえしたというのだ。一同はいきどおりつつ、現場の旧四ツ木橋に向かった。新聞各紙で細部にちがいがあるが、その一例を紹介しよう。

『国民新聞』(同年一一月一四日)では、一同が現場の荒川放水路の「四ツ目橋《ママ》堤防下」に出かけたところ、亀戸署の臨時出張所のテントがはられ、二〇余名の警察官と乗馬憲兵が厳戒体制をしいていたことを伝えている。亀戸署からはさらに制服、私服の警察官がかけつけ、あたりは通行人もよせつけなかった。掘りかえしたあとの異様な臭気のなか、泣き叫ぶ遺族はおい散らされた。旧四ツ木橋と河川敷、制服私服の警察官による厳戒体制の様子を良く伝えるのが、**B**の『報知新聞』の写真である(同年一一月一四日)。

さらに翌日の一四日、「四ツ木橋下半町の付近三ヶ所」は、ふたたび掘りかえされた(『国民新聞』同年一一月一五日)。亀戸署の高等係主任以下巡査一九名が人夫に変装し、亀戸署、寺島署の警察官六〇名が橋の上から堤防の上まで一間《けん》おきに警戒線をはってのことだった。数名の遺族は手に手に線香や花をもって現場をおとずれていたが、現場付近に立ちどまれば「容赦なく検束する」と脅された。白骨となった遺体、半ズボンを着たまま腐乱したもの、傷口から心臓が露出したもの……。これらは「全部一纏《まと》めにして十三箇の棺に納め、三台のトラック」で運び去られた。ゆくえは「〇(不明)内の共同墓地」とも「同署管内の火葬場」とも書いてある。

一一月二〇日付の『国民新聞』では、吾嬬町役場から依頼されて掘った川島という人が「平澤君達の遺骨だといって掘った場所には日本人は一

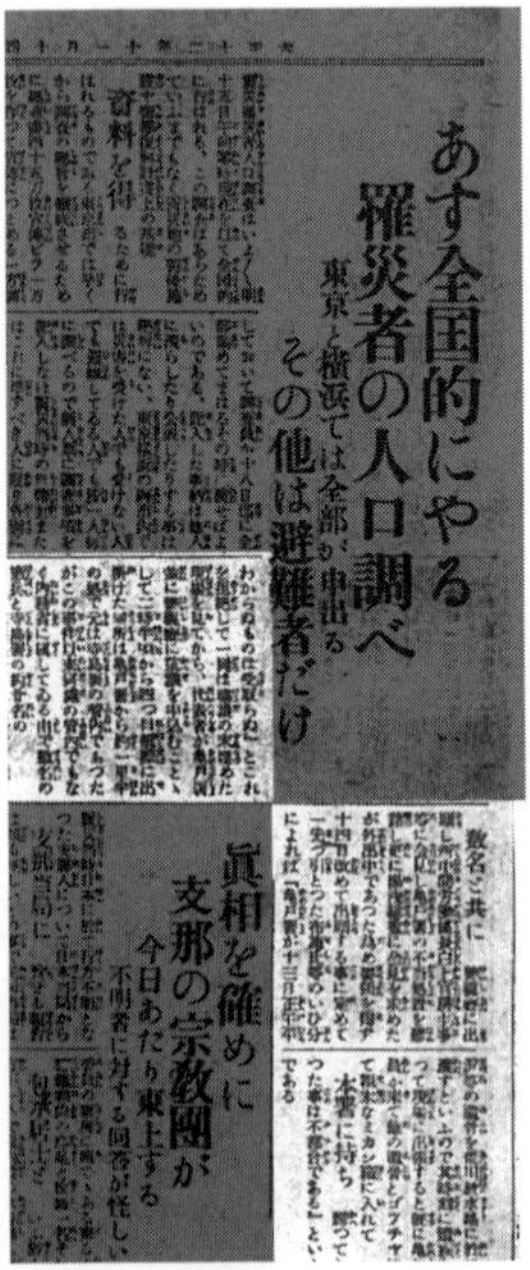
あす全国的にやる
羅災者の人口調べ
東京と横浜では全部が申出る
その他は避難者だけ

眞相を確めに
支那の宗教團が
今日あたり東上する
不明者に対する回答が怪しい

人も埋まって居ない、全部朝鮮人ばかりだ」と証言し、同日の『東京日日新聞』は「惨殺死体全部処分した小松川役場吏員の証言により、荒川放水路の埋葬現場には日本人の死体は一つもなく総て鮮人のみ」と報じている。これ以後、遺骨に関する記事は途絶え、行方はわからなくなる。

もとより警察側が、「どれが誰の遺骨ともわからぬ」という死体だった。この二度にわたる警察の掘り返しで、朝鮮人の遺骨相当数も持ち去られたと思われる。ただ、あわただしい隠蔽のための発掘である。一〇〇余体とも「数百」(「亀戸労働者刺殺事件聴取書」一五番、南喜一の供述。『亀戸事件』加藤文三、大月書店、一九九一年、所収)とも言われた四ツ木橋下手の朝鮮人の遺体を、すべて掘り返したかどうかはわからない。

事件の後、日本政府は虐殺を隠すため、遺体をわからなくすることが必要だった。その隠蔽方針がはっきりわかるのが、朝鮮総督府警務局『大正十二年十二月　関東地方震災ノ朝鮮ニ及ボシタル状況』**C**である。この資料は国立国会図書館憲

骨も掘れずに
遺族引還す
亀戸事件死体遺棄の現場は憲兵や警官に守られて
荒川の畔に骨をさがして
ーきのふ亀戸事件の遺族たちがー
布施氏等が警視庁へ
東京市から鬼怒電を訴ふ
鮮人虐殺は大尉の命か
船橋海軍無電所長大森大尉調べらる
今暁も無宿者調べ

B(『報知新聞』同年11月14日)

政資料室斎藤実《まこと》文書に収蔵されている。

「極秘　震災当時ニ於ケル不逞鮮人ノ行動及被殺鮮人ノ数之ニ対スル処置」の(3)処置の項で、殺された朝鮮人の死体の始末は関係官憲がそれぞれ行ってきたが、その後更に左記一定の方針で処置されつつある、として次の五項目が挙げられている。括弧の中は、編者が現代文にした。

一、埋葬シタルモノハ速ニ火葬トスルコト　（埋めた遺体は、早く火葬にすること）

二、遺骨ハ内鮮人判明セザル様処置スルコト　（遺骨は日本人・朝鮮人の違いが判らないように処置すること）

三、被殺者姓名判明セル者ニ対シ、遺族ガ引取方申出シタルトキハ、其ノ遺骨ヲ引渡スコト　（殺された者で名前がわかっている者について、その遺族が引取を申し出た時は遺骨を渡すこと）

四、遺族ニアラザル引取人ノ申出デアリタル場合ハ、遺骨ヲ引渡サザルコト　（遺族でない者が引取を申し出た場合は、遺骨を渡さないこと）

五、起訴セラレタル事件ニシテ、鮮人ニ被害アルモノハ速ニ其ノ遺骨ヲ不明ノ程度ニ始末スルコト　（起訴された

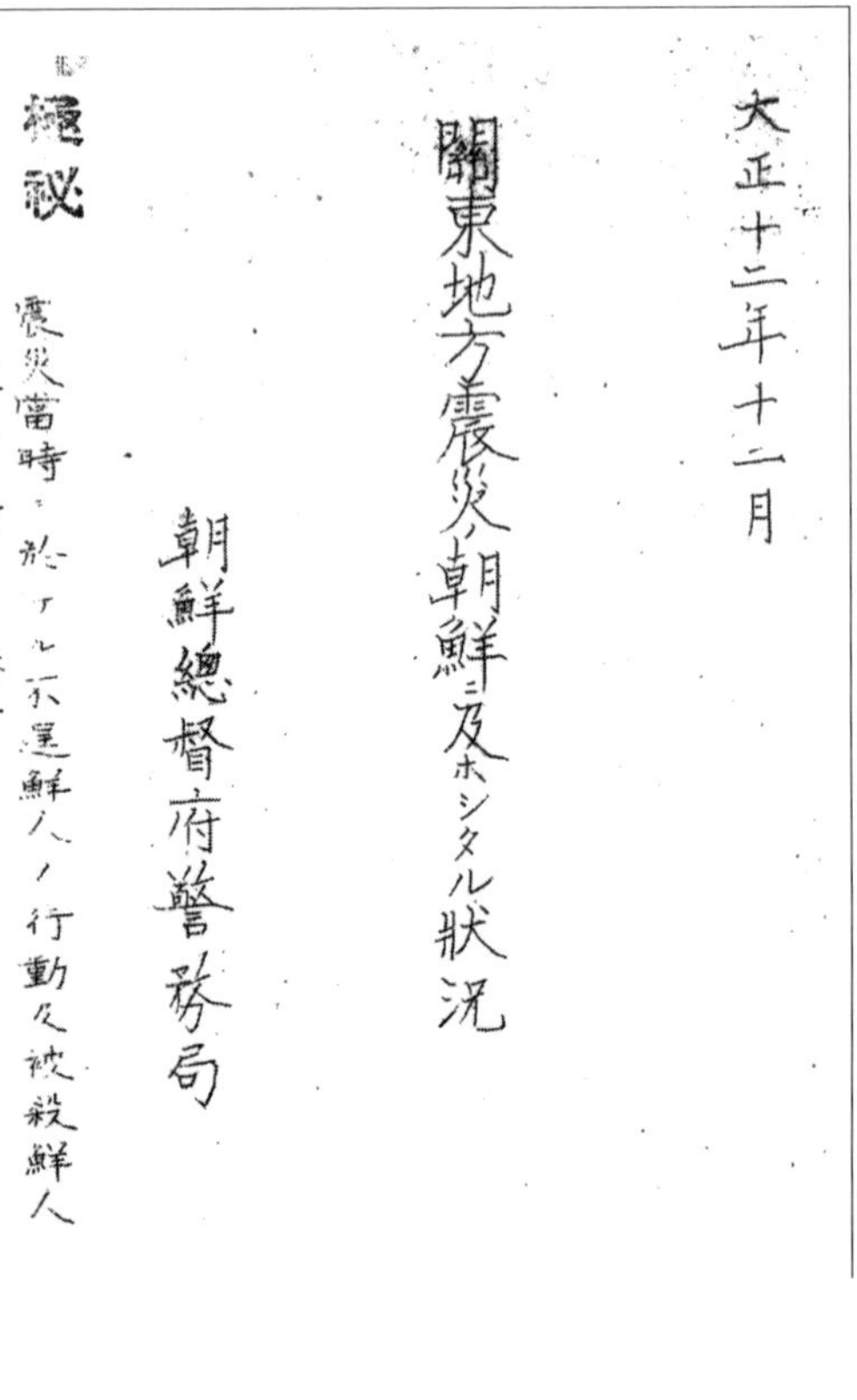
大正十二年十二月
關東地方震災ノ朝鮮ニ及ホシタル狀況
朝鮮總督府警務局

極秘
震災當時ニ於ケル不逞鮮人ノ行動及被殺鮮人ノ數之ニ對スル處置

事件で被害者が朝鮮人の時は、早くその遺骨をはっきり判らない位まで始末すること)

一は、埋めただけの遺体は早く掘り出して火葬にすること。二は、遺留品も含めてかもしれないが、日本人の遺骨・朝鮮人の遺骨と判らないように処理すること。五は、朝鮮人が被害者として起訴されている、いわゆる自警団裁判の被害者の遺骨は遺骨と判らない程度にまで始末するように、との処理方針である。一一月に少なくとも二度、旧四ツ木橋下手から掘り出された遺骨は、適当に焼いて埋められていた。それを掘り出して、日本人朝鮮人の別もなくどこかに持ち去られた。新聞報道で広く知られたため、その場所で処理することはできなかったのだろう。まさに、この方針そのままである。

遺骨の引渡については、そもそも朝鮮人犠牲者は名前すら問われないまま、問答無用で

---

(3)

處置

被殺鮮人死体始末ハ關係官憲ニ於テ區々ニナセルヨリ其ノ後更ニ左記一定ノ方針ノ下ニ處置セラレツツアルカ未タ遺骨引渡シテ申出タル遺族ナシ而シテ此等被殺者ノ遺族ニ對スル慰藉方法其ノ他ニ就キテハ目下當局ニ於テ考慮中ナリ

略

記

一、埋葬シタルモノハ速ニ火葬トスルコト
二、遺骨ハ内鮮人判明セサル様處置スルコト
三、被殺者姓名判明セル者ニ對シ遺族カ引取方申出テタルトキハ其ノ遺骨ヲ引渡スコト
四、遺族ニアラサル引取人ノ申出テアリタル場合ハ遺骨ヲ引渡ササルコト
五、起訴セラレタル事件ニシテ鮮人ニ被害アルモノハ速ニ其ノ遺骨ヲ不明ノ程度ニ始末スルコト

C　朝鮮総督府警務局『大正十二年十二月　関東地方震災ノ朝鮮ニ及ボシタル状況』

殺されていったケースの方が多いだろう。また、故郷から単身や親戚同士で日本に働きに来て事件に巻き込まれても、故郷の家族は消息不明としかわからず申し出ようもない。だからこの極秘文書でも、「未ダ遺骨引渡シヲ申出タル遺族ナシ」と書いている。三と四は、遺族に遺骨を返す事に力点はなく、遺族でない者に遺骨を渡して、追悼会が開かれるなど問題化するのを阻止する事に力点がある方針なのだ。第四章で述べる作家の鄭然圭《チョンヨンギュ》氏は、旧四ツ木橋下手の同胞の遺骨引き取りを、何度も湯浅警視総監に申し出たが許されなかった。

朝鮮人が多く暮らしていた南葛飾郡西部

当時、南葛飾郡西部には朝鮮人が多く働いていた。「朝鮮人は小さな家内工場で働いていた」という証言があるが、小さな町工場の多かったこのあたりには仕事もいろいろあったのだろう。増田マツさんの父親が職長をしていた押上の工場も朝鮮人が二人働いていた。農家である井伊さんの家でも朝鮮人が一人働いていた。こうした小規模の工場で働くほかは、土木工事などに従事する朝鮮人が多かった。

旧四ツ木橋から玉の井あたりの町のようすを長谷川さんは次のように語る。

「当時このへんは朝鮮人は多くいた。川っぷちの工事小屋にも朝鮮人はいたし、いまの済生会病院のところにも長屋があった。今の向島警察の所にも部落があった。吾嬬町あたりはやっぱり集団でいたかな。荒川の工事につかわれていた連中が大半だった。アンチモニー★の下絵かきの仕事で朝鮮人といっしょだったりして知っている人がだ

★**アンチモニー**　鉛・錫・アンチモンからなる合金。トロフィー、置物、アクセサリー等に加工し、輸出した東京の伝統工芸品いぶんいる。一部の朝鮮人が女をかどわかしたり、物を取ったりしたというううわさがあって、当時朝鮮人は悪いやつだという雰囲気があったが、私の知っている連中には悪い奴はいなかった。
［長谷川〈仮名〉］

荒川放水路工事で働く朝鮮人とのちょっとしたエピソードを話してくれたのは、前出の川喜田さんである。川喜田さんの家は京成線より少し上流の土手下にあった。

「震災のときには、京成線はいまの幼稚園の前の道を走っていた。荒川開削工事のために土手の高さも上がるので、京成線もいまの高さにあげる架設工事をした。堤防を作ったりするこうした工事は、朝鮮人の人夫がやりました。

よく昼になると、『お茶をください』と来ていました。四、五〇人ほどいたでしょうか、みなまじめで善良な人たちでした」
［川喜田〈仮名〉］

朝鮮人とつきあいがあったり、雇っていたりした人のなかに、朝鮮人をかくまった話は多い。井伊さんは自分の家で働いていた朝鮮人をかくまった話をしてくれた。

「私の家には一人の朝鮮人が働いていましたが、震災のときは納屋に入れてかくし、おにぎりを運んでやりました。『お前の家の朝鮮人は』と聞かれましたが、『あれはとっくに逃がしたよ』と言って出しませんでした。事件がおさまってからも、ずっとうちにいてよく働いてくれました」
［井伊〈仮名〉］

この朝鮮人をかくまうという行動は、当時ではきわめて困難なことであった。富山さんは、そのあたりのことを次のように言っている。

「このへんでは工場をやっていた人が朝鮮人を使っていたし、荒川の工事にも朝鮮人がいっぱい来て働いていた。あの土手をこしらえたのは朝鮮人だ。雇われている朝鮮人は、雇われている家に泊まっていて、かくまわれていた。まともに働いている朝鮮人をむりやり連れていったんだ。出さないと言うと親父がぶったたかれた」［富山〈仮名〉］

小さな家内工場で働く朝鮮人、農家で働く朝鮮人、一つ屋根の下で生活をしてきた人間がひきずり出されるのを見ていることなど、どうしてできるだろうか。生活の場でのつながりがあったからこそかくまうことができたのだろう。しかしそれすらも許されなかったことが富山さんの証言からは伝わってくる。

こうして見てみると、旧四ツ木橋周辺は、朝鮮人を虐殺した重要な場所の一つであったことがわかる。旧四ツ木橋は避難路の要衝であり、避難民が殺到した場所である。しかも放水路工事などで朝鮮人が多く居住していた。だから軍もここに駐屯したのだろう。

伝聞までの証言を加えると、じつに多くの人がなんらかの形で、この場所の証言をしてくれた。お年寄りの心には、六〇年以上たっても忘れられない悲惨なできごととして刻まれていたにちがいない。

当時の南葛飾郡

私たちは旧四ツ木橋周辺から聞きがきを始めたが、歩けば歩くほど、多くの場所での事件が浮かびあがってくる。証言者の避難経路もたどろうとすれば、隅田川から江戸川にかけての当時のようすを知る必要がでてきた。

そのため、Ⅲ、Ⅳ章にはいる前に、当時の南葛飾郡のようすと関東大震災の被害について、簡単にふれておきたい。また、事件の直後、困難ななかで犠牲者数の調査をしたものがある。この調査は関東一円にわたっているが、このなかから南葛飾郡とその周辺のぶんを一つの目安として紹介しておきたい。

現在の東京二三区にほぼあたる地域を、東京市一五区と隣接五郡(荏原・豊多摩・北豊島・南足立・南葛飾)といった。大正も初めごろ、南葛飾郡はまだのどかな農村だった。米やきゅうり、小松菜などをつくり、市内に売りにいくのである。南葛飾郡は現在の墨田区、江東区の東部と、葛飾区、江戸川区にあたる。当時はとなりの本所区、深川区とともに、南葛飾郡には低湿地が多かった。水とのかかわりは深く、洪水や高潮にたびたびおそわれ、蚊がいなくなったら大晦日といわれた。いまは埋めたりふたをしたものも多いが、縦横に川や運河、排水溝が流れていた。あちこちに池もあり、しじみを取りにいった話、水が引いたあと素手で魚をすくった話も聞かれた。

工事中の荒川放水路の西側(以下、南葛西部と略す)が、亀戸町を中心に工業地化してきたのは、第一次大戦がきっかけとなった。一九二〇年には東京市内の工場のうち、約半数が本所区、深川区に集中し、南葛西部もその余波を受けていた。水の便がよく低湿地は地価も安いため、工場は進出しやすかった。関東大震災のころには、おもに川沿いに紡績、製粉、機械、鉄鋼、化学などの大きい工場が建ち、中小のガラス工場、染め物工場、鋳物工場、エボナイト工場、ゴム工場などが周囲を埋めはじめていた。

また、労働者も雇いやすかった。地方や朝鮮、中国から仕事を求めてきた人にとって、家賃が安く、歩いて仕事先に行けるこの地域は魅力だった。当時、南葛飾郡の人口は約二〇万人だが、約七割が南葛西部に暮らしていた。そのうち小松川町をのぞいては、人口の六、七割の人がここに本籍をもたない人だった(『南葛飾郡誌』南葛飾郡役所、一九二三年)。亀戸警察署の管内(吾嬬町・亀戸町・大島町・砂町)だけで、「平常」二三六名の朝鮮人がいて「全部筋肉労働に従事」し、「同種の」中国人二〇〇名近くもいたという(『読売新聞』一九二三年一〇月二一日)。

一九二〇年に始まった戦後不況で、「亀戸、小松川付近、本所、深川を初め、京橋、月島の各種小工場は」休業が続出し、職工はくびになった(『東京朝日新聞』一九二〇年七月三日)。南葛西部でも労働争議がかなりおき、この年亀戸署管内では一六件、寺島署管内では七件の争議がおきている(『自警』警視庁自警会、一九二一年一〇月号)。争議がおこれば警察が介入するのは常だった。

工業の発展は公害もうみだした。花見で知られた墨堤の桜もすすけてみえると言われたほどだ。南葛西部の水田は水が悪くなって、レンコンの栽培にきりかえられた。蓮田といって、レンコンは低湿地でつくるのに適していた。洋風の食生活も親しまれるようになって、牧草地にして牛乳を生産する人もでてきた。また、埋め立てて家や長屋をたて、市内に勤める月給とりや職工に貸すようにもなった。

とはいえ、長屋の密集している本所、深川とはことなり、通りの家並みを裏にまわれば、蓮田

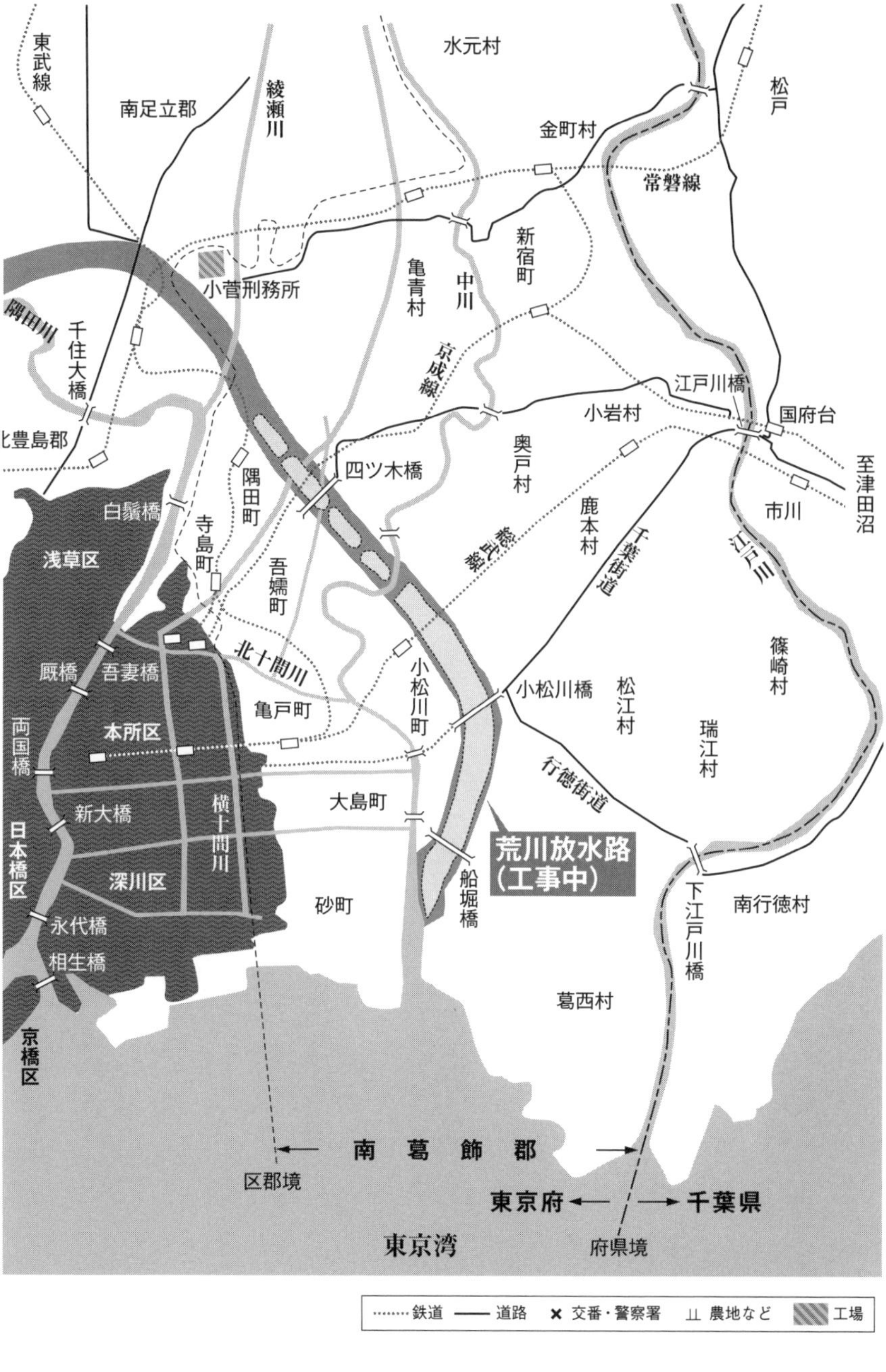
東武線
南足立郡
綾瀬川
水元村
松戸
金町村
常磐線
新宿町
亀青村
中川
小菅刑務所
隅田川
千住大橋
京成線
江戸川橋
小岩村
国府台
北豊島郡
奥戸村
四ツ木橋
至津田沼
隅田町
白鬚橋
寺島町
鹿本村
市川
浅草区
総武線
千葉街道
江戸川
吾嬬町
北十間川
篠崎村
厩橋
吾妻橋
小松川町
小松川橋
松江村
亀戸町
瑞江村
両国橋
本所区
行徳街道
焼失地域
大島町
新大橋
横十間川
日本橋区
荒川放水路（工事中）
深川区
船堀橋
下江戸川橋
砂町
南行徳村
永代橋
相生橋
葛西村
京橋区
南葛飾郡
区郡境
東京府
千葉県
東京湾
府県境
鉄道
道路
交番・警察署
農地など
工場

震災当時の南葛飾郡

や葦のはえる空き地、というのが関東大震災のころの南葛西部だった。そして荒川放水路の東側は、まだまだ農村の面影をのこしていた。

関東大震災と朝鮮人虐殺事件

一九二三(大正一二)年九月一日、台風くずれの低気圧が北日本を通っている土曜だった。雨がザーッと降ってはやみ。正午前にはうだるような暑さになっていた。朝からの雨で植木職人夫など、外の仕事の人は休みにしている人が多かった。吾嬬町の東京モスリンでは、深夜勤と日勤の人が一二時間ずつ働いていて、ちょうど女工さんの交替の時間だった。

午前一一時五八分、衝撃が突きあげ、横にも激しく揺さぶられた。関東大震災のはじまりだった。横須賀、鎌倉、小田原、それに内房の村はほぼ全壊し、土砂くずれが民家や列車を押し流した。東京以上の激震にみまわれた横浜は、大火事で焼け野原となった。

東京府での関東大震災の死者は約六万人だが、その多くは大火災の犠牲者だった。東京の下町では炎がいくつもの流れとなって、一日の午後から、三日の午前にわたって焼けたところもあった。当時の日本橋区、浅草区、神田区(以上、隅田川の西側)、本所区(現墨田区西側)はほぼ全焼し、京橋区(隅田川の西側)、深川区(現・江東区西側)も八割以上が焼けてしまった。隅田川の流域で地盤が弱く、人口がもっとも密集している地域である。余震や倒れた建物で避難の足はとられがちなうえ、運河や川が人びとの前をさえぎった。財産をもたない人にとって、大八車に積み上げたふとんや鍋、釜こそ貴重な品だったが、この荷物が避難の道をさらにふさいだ。

避難者はいくつもの方向にわかれたが、隅田川より東の本所区、深川区の場合、区外ではおもに南葛飾郡に避難するしかなかった。隅田川の両岸が燃えて、これにかかる橋のうち、千住大橋より下流の橋は、九月一日の午後四時すぎには渡ることが難しくなった。大火がおさまってみれば、白鬚橋は焼けず、両国橋、新大橋も形をとどめていたが、隅田川の両岸では多くの犠牲者をだし、溺死した人も多かった。

かっこうの避難場所と思われた、本所区の被服廠跡を炎の旋風がおそったのは午後四時ごろである。ここでは三万八〇〇〇もの人が命をおとした。本所区、深川区での罹災者は、あわせて四七万人にものぼり、両区のあちこちに数十人単位で焼死体が折り重なっていた場所がうまれた。そして命からがらのがれた人びとの列は、となりの南葛飾郡へと通りや川、線路にそって何日も続いたのである。南葛飾郡では死者四一二名（『東京府大正震災誌』東京府、一九二五年）、東京モスリンなどが倒壊したほか、数ヵ所で火事が起こった。しかし、本所、深川の大火は亀戸町、大島町、砂町で類焼したものの、ほぼ東京市と南葛飾郡との境でくいとめられた。

この大災害を前にして、行政、治安の任にある者は救護と警備が緊急の課題だった。消防活動の指揮のほか、食糧倉庫などの確認がいそがれた。一方、震災直後の午後一時一〇分、第一師団長は衛戍《えいじゅ》司令官代理として、東京在営の近衛・第一師団の各部隊にたいし、警備区域をきめて出動させた。警視総監の回想によれば、戒厳令発布を内務大臣に建言《けんげん》したのは午後二時ごろという。二転三転した戒厳令が、条文の一部施行（行政戒厳）として摂政★の裁可をえたのは二日午前だった。これが東京市と隣接五郡に発布されたのは、史料によってまちまちであるが二日の夕方ごろである。

しかし、軍隊の配置はこれ以前にちゃくちゃくとすすんでいた。初めに隅田川より東部に出動したのは、千葉県の国府台（現市川市）、習志野、下志津（現佐倉市）などからである。もっとも早

★**摂政**　大正天皇が健康上の理由で執務できず、後の昭和天皇である皇太子裕仁が一九二一年から天皇に代わり摂政を務めた。震災当時二二歳

い部隊が到着したのは一日夜半だった。

この一日の夜、南葛西部ではすでに「朝鮮人が井戸に毒を入れる」「朝鮮人が襲撃してくる」などの流言《りゅうげん》蜚語《ひご》がとびかっていた。私たちの聞きがきでもっとも早いのは、一日の夕方、吾嬬町の東武線踏切で憲兵が煽動したものだった。これは憲兵がピストルを発射して、「朝鮮人が井戸に毒をいれる」と避難民らにつげ、「かようなる朝鮮人は見たらば殺せ」と言ったというものである(Ⅲ章参照)。こうした流言や煽動は、避難してきた人や町の人をまきこみ、朝鮮人を「敵」として迫害・虐殺が始まったのである。

さらに事件を大きくしたものは、出動してきた軍隊による虐殺だった。機関銃がすえられた旧四ツ木橋のように、二日以降、軍隊の出動したところでは大量の犠牲者をだしている。軍隊の出動で民衆の殺害が始まったり、激しくなったところもある(Ⅳ章参照)。また、大島町を中心に中国人も殺された。二日午後四時には衛戍司令官が各部隊に、警告ののち「兵器を用いること」を許可しており、五時には各警察署に「不逞者」の取締が指示された。全朝鮮人の「保護」収容が開始され、三日には戒厳司令官が民衆にむかって、「極力自衛協同の実を発揮して災害の防止に努め」ることを望むというなかでのことだった。

戒厳令は三日には東京府全域と神奈川県に、四日には千葉県、埼玉県に拡大され、全廃されたのは一一月一五日だった。三日の朝、内務省★警保局長名で、朝鮮人が「不逞の目的を遂行せん」ため放火したり爆弾を所持しており、すでに東京には一部戒厳令が布《し》かれ、各地も厳密な取り締まりをせよと、打電したことはのちに国会でもとりざたされている。しかし、朝鮮人の「暴動」などどこにもなかった。虐殺のつじつまあわせが急がれた。九月五日、臨時震災救護事務局警備部は事件の発表の方向について、「鮮人問題に関する協定　極秘」(『現代史資料6』姜徳相《カンドクサン》・琴秉《クムビョン》

★**内務省**　大日本帝国憲法下の強大な官庁。地方行政・警察・消防・神社・土木・都市計画・衛生・社会政策など、国内行政の大半を担った

洞《ドン》編、みすず書房、一九六三年、所収)を結ぶ。その内容は、⑴朝鮮人の暴行や未遂事件は多少あった、朝鮮人で危害を受けたものは少数あったが、日本人も同様の危害を受けた、等を一般警察官らや新聞にも「事実の真相」として「宣伝に努め」ること。⑵朝鮮人の暴行や未遂を「極力捜査し、肯定に努」めること。⑶朝鮮人が朝鮮や「満州」に事実を伝えるのを「確実阻止」すること。⑷海外には「赤化」日本人・朝鮮人が「背後に暴行を煽動したる事実」があったと宣伝に努めること、などである。

これにそい、六日になって戒厳司令部は民衆にたいし、朝鮮人への無法の待遇をつつしめと告諭したが、「悪い朝鮮人もいた」かのような印象をのこした。七日には緊急勅令でいわゆる治安維持令がだされ、流言取り締まりを名目に「治安」を害するとされた言論は封じられた。そして自警団による殺害事件に関しては顕著なものにかぎってだが、軍隊の応援をえて東京では一〇月二日から検挙に入ったのである。しかし、朝鮮人虐殺事件について、政府や軍隊からは一人の処分者もだしていない。

犠牲者調査

南葛飾郡、とりわけ南葛西部で、朝鮮人・中国人の犠牲者は多数にのぼった。記事解禁となった当時の新聞でも次のように報道されている。

「戦場の如き江東……震災当時最も東京市内で鮮人騒ぎの激しかったのは江東、南葛方面」

(『読売新聞』一九二三年一〇月二一日)

	被殺地		①吉野作造調査	②金承学調査
南葛飾郡	大島三丁目活動写真館内		26	―
	大島六丁目		―	26
	大島七丁目		4	6
	大島八丁目		150	150
	亀戸		―	100
	亀戸駅前		2	2
	亀戸警察署内（演武場）		87	86
	小松川新町		7	―
	小松川付近（同区域内）		―	269
	平井		―	7
	寺島平井駅		7	―
	寺島警察署内		13	14
	寺島請地		22	14
	四木橋		5	―
	計		323	674
隣接地域	向島	［本所区］	35	43
	押上	［本所区］	50	―
	本所区一丁目	［本所区］	4	―
	深川西町	［深川区］	11	―
	深川	［深川区］	―	4
	小松町	［深川区］	46	―
	洲崎飛行場付近	［深川区］	26	―
	月島	［京橋区］	33	11
	吾妻橋（浅草区吾妻橋付近）	［浅草区］	80	80
	浅草公園内	［浅草区］	3	―
	千住	［南足立郡］	11	1
	計		299	139

南葛飾郡・隣接地域の犠牲者

注）
①は吉野作造「圧迫と虐殺」（東京大学吉野文庫所蔵）より。改造社『大正大震火災誌』（1924年）に寄稿し、内務省より公表差止めされたもの。朝鮮罹災同胞慰問班の一員から聞く。1923（大正12）年10月末日までの分。
②は『独立新聞』1923年12月5日号、特派調査員報告第一信。11月25日第一次調査終了までの分。
①②どちらも前掲『現代史資料６』所収の資料とは若干異なる。原本を採用した。（　）は記載をまとめたもの。［　］は編者注。

「東京府市に於ける鮮人に対する迫害　最もひどかったのは亀戸から千住方面」(『報知新聞』同日)

しかし事件の大きさにくらべて、その実態はあまりはっきりしてこなかった。埼玉、千葉では早くから調査が進み、多くの事件が明らかにされてきている。それぞれの調査は『かくされていた歴史　増補保存版』(関東大震災六十周年朝鮮人犠牲者調査追悼事業実行委員会、一九八七年)、『いわれなく殺された人びと』(千葉県における追悼・調査実行委員会、青木書店、一九八三年)にまとめられた。東京でも日朝協会豊島支部が努力をかたむけ、『民族の棘』という聞きがき集を五〇周年にだしている。同年には墨田区の東京都慰霊堂横に朝鮮人犠牲者追悼碑が建立され、建立にあたった実行委員会発行の『歴史の真実―関東大震災と朝鮮人虐殺』(関東大震災五十周年朝鮮人犠牲者追悼行事実行委員会、徳間書店、一九七五年)にも新たな証言がおさめられている。本書もこれらの証言を多く借りている。だが、東京東部では事件がすさまじかったため、地域を区切って集中的に調査するというふうにはなりにくかったのである。

前ページの表は震災の後、民間で行なわれた犠牲者調査のうち、二つの調査を南葛飾郡と近接地域について、地名の確認できたものだけを並べたものである。この二調査は、いずれも元の資料を朝鮮人宗教者・留学生らが組織した「罹災同胞慰問班」の調査活動によっている。V章「韓国をたずねて」で紹介する、『東亜日報』東京特派員が連絡をとっていたグループである。

表の⑴は政治学者吉野作造★が改造社から発表するつもりで書いた原稿の表であるが、公表はゆるされなかった。「慰問班」メンバーの一員から調査途中の報告を聞いてまとめたものである。⑵の金承学《キムスンハク》とは『独立新聞』の社長の名で、この新聞は三・一独立運動ののち上海につくられ

★**吉野作造**　政治学者、大正デモクラシーの代表的論客。クリスチャン。一九〇六年には中国で袁世凱の長男の家庭教師を務め、朝鮮人留学生と交流し、三・一独立運動に際しては、植民地政策の改善を促した

た大韓民国臨時政府の機関誌である。これまでの研究で、関東一円での犠牲者総数六〇〇〇人以上★という根拠の一つになっている。

二つの調査は報告をうけた時期の違いや転記のうちに変化したものか、それぞれ数や場所が異なっているところがある。また、戒厳令のもとで朝鮮人が調査をするという困難をおして行なわれたため、すべてが網羅されているわけでもない。しかし埼玉の調査では二つの調査が、県下の多くの場所でかなり事実に近いものとして裏づけられてきている。ちなみに司法省★★の公式見解は、一府五県での犠牲者を二三三人としている(一一月一五日現在、起訴された者の殺害数。「震災後に於ける刑事事犯及之に関連する事項調査書　秘」前掲『現代史資料6』)。

「罹災同胞慰問班」は難をのがれた天道教★★★・キリスト教の宗教者、留学生たちでつくられた。当時東京で結成されていた朝鮮労働同盟会のメンバーも参加している。事件の真相究明は立場をこえて取り組まれていた。

第一次訪韓調査でお会いした、崔承萬《チェスンマン》さんも参加した一人だった。崔さんは当時、朝鮮キリスト教青年会(YMCA)の幹事で二六歳だった。一日の夜、北豊島郡長崎村★★★★の家にもどったところを自警団に捕えられ、板橋警察署に連行された。約一ヵ月拘留され、釈放されると先輩たちと「慰問班」をつくる。メンバーは二四、五人だったという。

東京都公文書館所蔵『関東戒厳司令部詳報　第三巻』第四章には、崔さんが習志野収容所の同胞慰問を申し出たことが書かれている。朝鮮総督府出張員から「注意人物」だと連絡があり、許可はするものの「必要なる監視をなすこと」と記されている(一〇月五日の項)。生きのびて収容された同胞からも、証言を集めようとしたのだろう。困難をおしての調査だった。

★ 犠牲者総数六〇〇〇人以上　旧版当時の研究成果。二〇〇八年の内閣府中央防災会議の報告書(資料①　269ページ参照)によれば、殺傷された人は朝鮮人・中国人・日本人合計で「震災による死者数の一～数パーセント」(千～数千人)としている

★★ 司法省　大日本帝国憲法下の行政機関。検察業務のほか、裁判所規則の制定権・判事らの人事権、弁護士の監督権等も持っていた

★★★ 天道教　東学(李朝末期におこった民衆宗教)を継承する朝鮮の宗教。三・一独立運動では、キリスト教・仏教界とともに運動の中心をになった

★★★★ 北豊島郡長崎村　現在の東京都豊島区西部、西武鉄道池袋線の椎名町・東長崎あたり

「おもに顔も日本人に似た、日本語の上手な人をえらんで調べた。『どこがひどかった』といううわさのあるところへ行ってみた。藤岡、本庄、熊谷、児玉、亀戸、月島、荒川もむろんあるし、永代橋、三河島、向島、神奈川県の鶴見とか。しかし、この調査は一カ月足らずで終わった。いちいち町のなかに入って警察みたいな役目をするからむずかしかったし、韓国人とわかると本当のことを言わない恐れもあるし。また経費問題がずいぶんかかるしで」

［崔承萬］

偶然にも私たちの聞きがきは、この二調査があまりふれていない地域の証言を集める結果となった。まだまだ事件の全体は漠としているが、いかに虐殺事件が南葛西部一帯をおおっていたかはわかるであろう。それにつけても犠牲者の遺骨が、いまなお行方もわからないというのはまことに無念というほかはない。

第Ⅲ章
事件の現場を歩く
隅田・寺島・吾嬬・亀戸

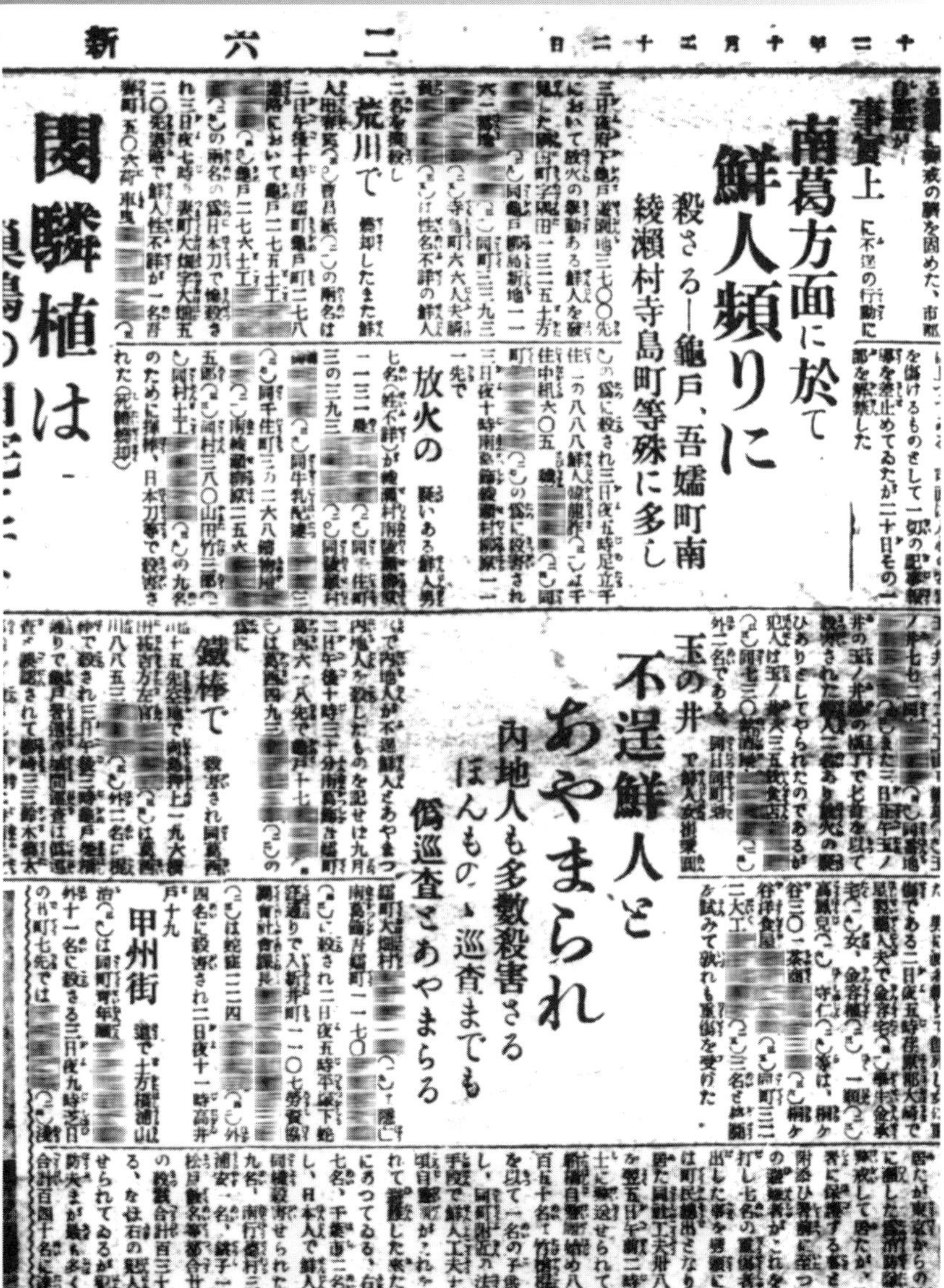
十二年十月二十二日　二六新

南葛方面に於て鮮人頻りに殺さる—亀戸、吾嬬町南綾瀬村寺島町等殊に多し

荒川で

放火の

関麟植は

不逞鮮人とあやまられ
内地人も多数殺害さる
ほんもの巡査までも偽巡査とあやまらる

玉の井

鐵棒で

甲州街

南葛方面に於て
鮮人頻《しき》りに殺さる
—亀戸、吾嬬町南綾瀬村
寺島町等殊に多し
二六新報・1923年10月22日・2面

曳舟川のほとりで

相馬さん（仮名）は震災当時は二四歳で、現在の東向島駅近くの水戸街道に面したところに住んでいた。大工の夫は隅田川のむこうに仕事に行っていた。二歳の子どもをかかえていたので、しばらくたおれかかった家のなかにいた。

「九月一日の夜になると朝鮮人が井戸に毒を入れるなんて言われてこわくてねえ。それで寺島警察の前の材木置場のところに避難していました。いまの曳舟通りのところに、当時、曳舟川っていうのがあったんです。そこに寺島警察署がありまして、川のところに主人の材木置場があったんです。そこへみんな逃げてきてね。いっぱいでしたよ。夜はねむれませんでしたよ。朝鮮人がつかまって連れてこられんで、ワーッとかオーッという鬨《とき》の声が聞こえてくるんです。若い人たちが朝鮮人を寺島警察に連れてくるんです。『またつかまえて来たわ。またつかまえて来たわ』と言っていました。私は動く事もできずにいましたけどね、一人者の人は見にいきましたよ。一晩中でしたかしら。次の日はひっそりでしたけどね。でもこわくてね。朝鮮人がつかまっているんですから。

『朝鮮人と見たらみなつかまえろ！』というわけで、つかまえたみたいですよ。だから、なかにはいい人もいたでしょう。朝鮮人を隠してやった人もあるんですって。わるい人はいないんですって。材木置場には三日くらい避難していて三日くらいに家に帰

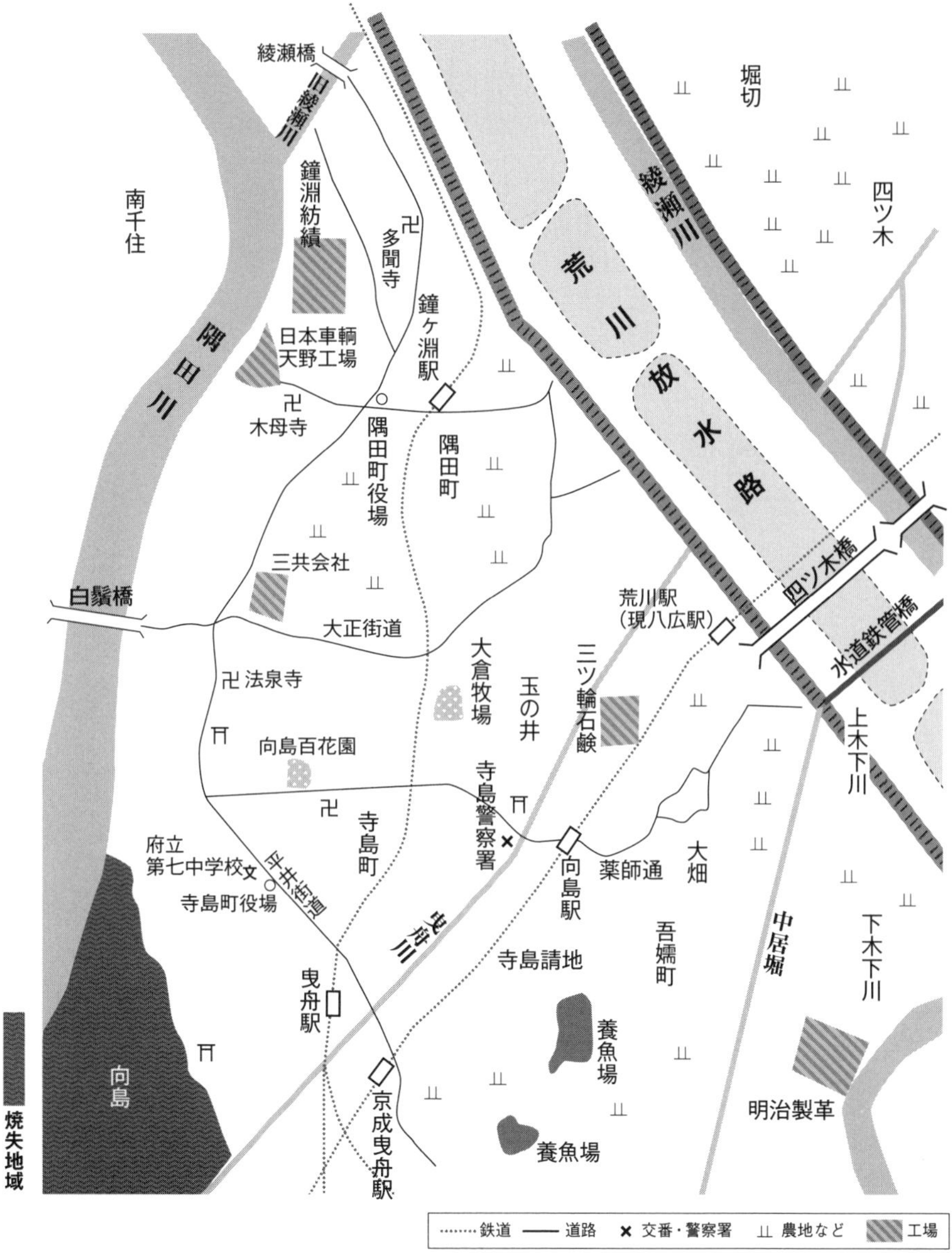

震災当時の隅田町・寺島町付近

注）隅田町と寺島町の境は、ほぼ大正街道である。寺島町と吾嬬町の境は入り組んでいるが、京成線より少し東南までが寺島町である。寺島請地は寺島町の東南のはずれ(現八広一丁目〜京島一丁目あたり)であろうか。

りました。ここら辺では自警団のような人は夜まわっていました。軍隊もそれからしばらくして来てこの近辺をまわっていました」

〔相馬〈仮名〉〕

やはり当時、現在の東向島駅近くに住んでいた長谷川さん（仮名）も、九月一日の夜から流言蜚語がとびかったという。東向島駅と寺島警察署（現東向島六―一二）とは四〇〇メートルくらいの距離である。寺島警察署のまわりではすでに九月一日の夜から朝鮮人に対しての流言と迫害がはじまっていたのだろう。

Ⅱ章でも紹介したように曺仁承《チョインスン》さんは九月一日に旧四ツ木橋近くで自警団に捕えられた。曺さんは二日になってから寺島警察署に収容された。そこで最初に曺さんの話をくわしく聞いた。私たちの曺さんからの聞きがきは旧四ツ木橋だけに限られている。そこで最初に曺さんの話をくわしく聞いた『関東大震災における朝鮮人虐殺の真相と実態』（前掲）の体験記から紹介させていただきたい。

「私達は消防団員に囲まれて、寺島警察署に向かっていった。途中『あそこに朝鮮人が逃げるぞ！』と誰かが叫べば、皆んながいっせいにとびかかり、悲鳴と共に同胞は虐殺された。

（中略）

寺島警察署までくると、門の両側には日本刀を抜いた巡査が、ものものしく立っていた。彼らの白い制服も同胞の血で染っていた。警察の門脇には、血走った数百名の消防団がたむろしていて手に持った鳶口や日本刀をふりかざして、私達を殺そうと、とびかかって来た」

曺さんたちは、巡査が「消防団」の襲撃を止めて署内にはいらされた。二日の夜には警察の庭で眠ることになった。

「この日この警察署に連行された、朝鮮人の数は三百六十人余であったが、その内には負傷者が大変多く、その儘《まま》放っておけば生命にかかわる者もいた。私達は庭で夜を明かすことになったが、前夜から睡眠をとっていないのといくらか緊張がほぐれたせいか、眠気がしつっこく私を襲った。私はその儘、土方《どかた》着をかぶり庭に横になった。しばらく眠ったであろうか、耳のあたりをひどくけられて、ちぎれるような痛さに思わず眼を覚ましたが、いつのまにかあれほど多勢の人々が一人も見えなくなっていた。実は私が眠っている間にも、地震が続きあちこちで窓ガラスがこわれたり、ひどい騒ぎ声がワーワーと庭の中に聞えてきたので、同胞達は又殺しにくるのだという恐怖感で、いっせいに逃げだしたのである。私もこの儘おとなしく殺されてなるものかという気持で、無我夢中外にとび出そうと警察の塀にとび乗った。すると、外には自警団の奴らが私を見つけて喊声《かんせい》を上げてとびかかって来た。私はその儘警察の庭の方に落ちて助かった。私は外に出ることも出来ず、その儘そばの杉の木に登りかじりつくようにしていた。三十分程して、私はそっと杉の木を降り、庭の中の方へ行ってみた。するとその時私の目の中に入った光景は、巡査が刀を抜いて、同胞たちの身体を足で踏みつけた儘突き刺し無残にも虐殺しているのであった。只、警察の命令に従わず、逃げだしたからという事だけで、この時八人もの人が殺され、多数の人々が傷ついた」

曺さんは留置場で夜を明かし、三日の朝にふたたび庭に同胞たちと座らされた。

「そしてその廻りにはいつのまに動員されたのか、ものものしく武装した兵隊が同胞達を取り囲んでいた。それを見て私はいよいよ今度こそは殺されるかと思い身の毛のよだつ思いであった。庭にしいてある砂利は血なまぐさくぬれていて座っていられなかった。しばらくして私たちはにぎりめしを一個ずつ支給されたが、二十四時間目にやっともらえた食物であった」

（前掲『関東大震災における朝鮮人虐殺の真相と実態』）

曺さんは一四日間、寺島警察署に収容され、習志野の捕虜収容所に送られた。その間に、負傷者は治療もせずに放って置かれたので、警察署のなかで死んだ人は少なくなかった。

なお寺島警察署内で殺された朝鮮人の数は、「吉野作造調査」では一三人、「金承学調査」では一四人とされている（80ページ表・参照）。いまのところ、寺島署内の虐殺の目撃者は曺さんだけなので、軍隊がいつ寺島警察に来てどのように虐殺にかかわったのか、あるいはかかわらなかったのかはわからない。寺島警察署は震災当時、隅田町、寺島町だけでなく、現在葛飾区の本田村、南綾瀬村、亀青村《かめあお》をも管轄地域としていた。したがって荒川放水路の東側から寺島警察署に連行された朝鮮人は多い。曺さんも葛飾区側の本田村から連行されている。

のちの寺島警察署の報告によれば、九月三日すでに朝鮮人二三六名が検束され「保護」されていたという（『東京震災録　別輯』東京市、一九二七年）。

島田ハツさんは、寺島警察の曳舟川をへだてた斜め前の寄席にも朝鮮人がおしこめられていたと教えてくれた。寺島警察署の構内だけでは収容できないほどの朝鮮人が集められていたのだろう。そして、とくに真っ暗闇の夜ともなると、自警団の「朝鮮人狩り」で警察署のまわりは騒然としていたのだろう。

私たちは寺島警察署の前で朝鮮人の死体を見たという話を数多く聞いた。ただし、何日のことだったかははっきりしない話が多かった。これらの死体には、署内で警察官によって殺された人や、付近で自警団によって殺された人だけでなく、どこからか運ばれてきた人の死体も含まれていたらしい。

川村さん(仮名)は「寺島警察署に血だらけの虐殺された人の死体がトラックで運ばれてきた。当時、私は小学校四、五年だったから、それを見てびっくりして帰ってきた」と言う。「竹槍、鉄砲を持ったり、抜き身の日本刀をかついだ」大人たちは子ども心にもおそろしかったと話してくれた。

岡村金三郎さんは、「寺島警察署の前でも胸を切られ丸太棒で突かれて死んでいた朝鮮人がいた。五人か六人ね、首のないもの、手のないもの、朝鮮の人たちを皆殺しして、それでおっぽりだした。顔もなにもわかりゃしない。ひどいもんだなあと思って。警察もやったけど群衆がやっちゃったんですよ。みんな先祖伝来の刀を持ってきて、『俺に切らせろ!』『我《われ》に切らせろ!』とやったらしいんだ」と話す。民衆に殺された朝鮮人の死体のひどいありさまがよくわかる。

向島百花園前の公園でたまたま出会った佐野さん(仮名)はこう話す。「寺島警察の前に山のように死体があった。はらわたが飛び出ていた。腹を日本刀で切られていたから。夜、鉄砲を撃つポンポンという音がしていた」。

島田ハツさんは、「地震から一週間くらいあとに、曳舟川の警察のところに、三、四人の朝鮮人が殺されていてその死体を見にいった。飴売りをしていた朝鮮人が多くいたが、震災後はばったり来なくなってしまった」と言う。ほかにも寺島警察の前でこもをかぶせてある死体を見た人が何人かいる。また、寺島警察の前で朝鮮人が結わかれているのを見ていた人は、「朝鮮人をかくまったりしたら大変だったね」と当時を思い出していた。

なお愼昌範《シンチャンボム》氏は、荒川放水路の葦のなかで自警団の日本刀で傷つけられ、死体扱いで寺島警察署に運ばれた。愼氏は奇跡的に命だけは助かり、前掲『関東大震災における朝鮮人虐殺の真相と実態』に証言を残してくれた。要約して一部だけを紹介させていただく。愼氏は鳶口で足首をひっかけられて寺島警察まで引きずっていかれ、「死体置場」に放置された。いっしょにつかまった弟が「死体置場」で「水をくれ」とうめく声を聞いて、「魚を積むように」置いてあるたくさんの死体の山から、愼氏を見つけ出して、水を飲ませたのだという。九月末になって大部分の朝鮮人は習志野収容所に移されたが、愼氏ら三十余人の重傷者は何の手当もされないまま一〇月末まで寺島警察にとめおかれた。やっと一〇月下旬に日赤病院に移されたが、このとき総督府の役人が、殺されかけたのは天災と思ってあきらめろと言ったという。

隅田・寺島全域に広がった流言と虐殺

朝鮮人に対しての流言と迫害は隅田川に近いところでも九月一日の夜から始まっていたようである。前掲『民族の棘』で和智正孝さんは、白鬚橋近くの九月一日夜から二日朝にかけてのようすを話している。

それによれば、九月一日夜半に「朝鮮人が押しかけてくる」という流言が流れ、二日の夜明け前には白鬚橋のほうから「万歳！」「万歳！」という多くの人の声が聞こえてきたという。和智さんは九月二日の朝八時ころ白鬚橋に行き、「即製自警団員」が浅草のほうから来る避難者の群れを検問しているのを見た。「向こう鉢巻に日本刀、竹槍、猟銃など持った人びと」は、後頭部が絶壁の男を見つけて朝鮮人だと決めつけた。その男はガギグゲゴを言わされたあげく、日本刀や竹槍で殺され、隅田川に投げこまれてしまった。このとき、自警団員が声をそろえて「万歳！　万歳！」と叫んでいた。それで昨夜の「万歳！」という叫び声の正体がわかったという。白鬚橋は大正街道を通って荒川土堤に向かう避難路の起点にあたる。ここでの流言は避難者によってまたたくまに広がったのではないだろうか。

警視庁の『大正大震火災誌』（一九二五年）の「災害時下殺傷事犯調査表」には、のちに検挙された事件が記載されている。このなかには寺島町玉の井で九月三日に起きた殺傷事件が四件、寺島警察署から報告されている。私たちも大正街道入り口付近にたくさんの死体があったという話を聞いた。

ラジオもテレビもない時代であった。口づてで流言は町中に広がり、朝鮮人というだけで迫害にあう状況であった。

寺島町にいて九死に一生を得た朝鮮人の話を紹介したい。立教大学史学科山田ゼミナール編の『生きぬいた証に』（緑蔭書房、一九八九年）所収の李教振《イギョジン》さんの話である。ごく一部だけをとびとびに引かせていただく。

李教振さんは、一九〇三年に慶尚南《キョンサンナム》道《ド》咸陽《ハミヤン》郡生まれ、当時寺島町でジャリ運びやシックイ練りの仕事をしていた。九月二日の午後三時ぐらいから身の危険を感じるようになった。

「何かね、練馬から青年達・消防達がウソを聞いてね。朝鮮人がこんな災難になるのに井戸にウンコをしたとか人の金を盗んだとか。それが原因になっちゃって、みんな殺せってひどかったですよ。

トビ(鳶口)を人の首に刺したり足に刺したり殴り殺して。みんなみんな、朝鮮人は隠れ隠れ離れして。あっちこっち隠れるのに忙しくてね。生きている人は。その時に朝鮮人っていうのを知ったら誰でも殺してしまうから」

でも、「同じ町の人は案外隠してくれる人が多かった」という。

李さんはほかの二人といっしょに、玉の井の売春宿の天井裏にかくまわれた。まっくらで穴倉のようなところに三日すごしたが、李さんだけは我慢しきれず外に出た。

「無論出ちゃいけないと言うよ。殺されるから、ここでつらいけど辛抱しろ、辛抱しろと言うよ。だけど前に住んでいた所も行ってみたいし、仲間達はどうなったんだかというのも聞いてみたいし。

朝早く五時に出て、捕まったのは九時頃。今の玉の井あたりよ。朝鮮人って格好でわかるし口でわかるから、道歩いていて警官が一人、『おい、ちょっと待て』って。巡査があっちこっち、朝鮮人の住んでいる所知ればみな何回も来たりして、捕まえて行くんだもん。すぐ手錠はめられて亀戸警察まで歩いたよ。黙って。遠いよ。行く時はああいう連中(暴民)はいなかったけど、手錠はめられて行ったから日本人はあの人は悪い事して行くんだってわかるでしょ。もう死ぬ覚悟で行ったのよ。殺すんだなあ、これでおしまいだと覚悟して、途中がどうだったか何もわからん。死んだ人と同じ。精神ムカムカで行ったんだ。(中略)

握り飯一つずつ、一日三個くれるんです。で、三〇人なら三〇個。でも何日も食わない人がいるでしょう。一つよけいに食べた人がいて、調べると出てくるでしょ。それを引っぱり出して殺してしまったですよ。私らには言わないけれど、警察の門の中で握り飯一つよけいに食って殺されたですよ」

（前掲『生きぬいた証に』）

李さんはその後、寺島に戻った。「日本人のなかでも、震災のとき殺すの悪かった、悪かったって言ってきたよ」という。当時朝鮮人に謝罪した民衆もいたのである。

私たちは「私は朝鮮人の子をかくまったんだ」という話も聞いた。Ⅱ章で紹介した永井仁三郎さんの話である。

「そんな話はだれにも言えないので話さないできたが、あなた方が留守に来たというので今度来たら話そうと思っていた。当時、私は運送屋や自動車・自転車の修繕をやっていて、一二、三歳の朝鮮人の子どもを雇っていた。親といっしょに日本に来ていて、子どもが働いても親が金を取り上げ、子どもを食い物にしていたようだった。その子が震災の二年前、うちに逃げてきて、それからうちで雇っていた。震災のときは、家の裏に池があったので、その子によしずを持たせて中にはいらせ、夜になると家に連れてきて泊めたんだ。その池は法泉寺というお寺の入り口の前の空き地の石膏会社のところにあった。その後その子は向島百花園の裏にいたが、二年ほどたって世の中が静かになってから帰国した。それ以来、朝鮮からもどってきやしない。いつかその子どもが訪ねてきやしないかと待っているんだが」

［永井仁三郎］

この話をしてくれた永井仁三郎さんは、私たちがたずねたときちょうど退院したばかりで、やつれて見えた。けれど私たちを招き入れ熱心に語ってくれた。郊外の町の文化財保護委員もやっていて歴史好きだと聞いていた。私たちは永井さんから旧四ツ木橋近くでのすさまじい虐殺の話と、このかくまった話の両方を聞いた。そして起きるのがやっとの永井さんが、知っていることはなんでも話してくれたことに感動したのである。

永井さんは「寺島町というところはずいぶん朝鮮人がいた。朝鮮人の飯場もあった。朝鮮人を知っている人はずいぶんいるんじゃないかな」と話してくれた。

元寺島警察署員の話(1)

さて、私たちは震災当時二四歳で、寺島警察署員だった田幡藤四郎さんの話を聞くことができた。田幡さんは高齢にもかかわらず、耳が少し不自由なだけで、しっかりしていた。

寺島警察署は震災の前年一〇月、分署から昇格した。そのときに庁舎は新築され、敷地四三九坪に本館は木造洋風の二階建というものだった。当時の管内は五町村で人口五万六八五二人。寺島署の定員は警部補もあわせて七一名だった(『日本警察新聞』一九二二年一〇月一日)。

「私は埼玉の農家の四男で一九二一年に東京に来て寺島警察署の隅田交番に勤めた。隅田交番は梅若公園の土手のところにあった。いま、榎本武揚の銅像があるあたりに交番があった。すぐ前が鐘ヶ淵紡績★だった。当時は寺島町の大正通りのところにあった警察の合宿所に寝泊まりしていた。

★**鐘ヶ淵紡績** 一九八八年、南葛飾郡隅田村字鐘ヶ淵に設立された綿紡績工場。東京本店となり、各地に工場を増やした。震災時、東京本店は第一工場全壊・死者一〇名負傷者四四名の被害を出した。カネボウの前身九月一日の地震のときは合宿所にいて、すぐ隅田交番にかけつけた。一日の夜は白鬚橋近くの法泉寺で避難民の救済にあたったの。夜の一〇時ころ『原公園のほうから朝鮮人が二、三〇〇人来る』って騒いだわけ。避難民のだれかが言ったのだろう。『それじゃ大変だ』ってわけで自警団の連中があっちに行こう、こっちに行こうって言うから、それはいけないって一時押さえて『とにかく寺島警察署に行って、そんなことはあろうはずがないから聞いてみるから』って出かけたの。みんなは一人じゃ危ないって言うから、五、六人ずつ自分が見えるところに立って、見張りをしながら待っているように言ったの。警察署に行ってみたら『心配はないからむこうに帰って説得してくれ』って。それで、いままでの情報はただの風説だからってしずめたの。だから自分の警戒区域にはなんの事故も起きていないんだ」

〔田幡藤四郎〕

原公園はいまも京島三丁目の橘銀座通りの中心に残っている。小村井《おむらい》香取神社のほうから白鬚橋のほうへと向かう平井街道が近くを通っていた。このあたりのようすについては、あとで詳しく述べる。

「九月二日には自分の交番に帰った。このときにはもう騒ぎはおさまりがつかない。流言蜚語で住民が極限状態になってるんだ。常識じゃ考えられない状態だ。交番にずっといた相棒の巡査は流言を信じこんでいて、自分で朝鮮人を引っ張ってくる。そしてこれを持っていたからって、役者が持つような刀を見せるんだ。『こんなもの切れるわけじゃない、おもちゃじゃないか』って言っても、『とんでもない、刺せば切れる。

お前は朝鮮人の味方か』って夢中になってる。警官の同僚までそうなんだから一般の人が騒ぐのはあたりまえだ。交番の裏には在郷軍人がずっとテントを張っていた。

おもちゃの刀を持っていた朝鮮人は交番に三、四時間置いておいたが、いつまでもここにおいておいても危ないからと警察署に連れて行くことにして、相棒には言わず、俺がいっしょに出かけたわけだ。大通りでないところを行くと危いからね、まず次の交番に行ってまたそこから行こうと思って三〇間《けん》か五〇間（約五〇〜九〇メートル）**二人で行ったわけだ。そしたらいつのまにか鳶口を持ったりなんかして、あっちからもこっちからも集まってくる。これは俺の想像だけれども相棒が忠義立てて知らせたかどうだかわからない。そうでなければそんなに集まるわけないんだから。まわりを取りかこんで、一間もある鳶口でやられるでしょ。だから防ぎようがないんだよ。引っ掛けられて引っ張られて、結局死んじゃった。いけないって阻止したって聞くわけじゃない。何人もで右を止めれば左から出る。制止したって制止しきれるわけはない。いきりたってる」**

［田幡藤四郎］

相馬さんや曺さんの話によると寺島警察署内外も九月一日の夜から二日にかけて騒然とした状態だった。田幡さんは「寺島警察に朝鮮人をたくさん集めたという話は聞いていない」と話した。しかし実際はもしおもちゃの刀を持った朝鮮人が寺島警察まで行き着けたとしても、生命の危険な状態はやはり続いていただろう。

元寺島警察署員の話(2)

次に田幡さんの話を、流言、自警団、軍隊、警察などの項目で整理したものを紹介し、とくに当時の警察についてふれておきたい。

「朝鮮人が悪いことをしたってうわさはしてるけど、本当に見たことは私はない。『こういう話があるよ。毒を投げたって話があるよ』ってくるから止めるわけにはいかない。井戸の毒で死んだ人はいないんだろうと思う。聞いてないからね。だけどもむこうの人で調べられた人も事実いるんだから、ないとも否定できないんだよ。検挙された人もいる★んだから。

避難民のなかに工業用の雷管を持っていた人もいた。そういう分子が一部いたことは事実だ。それが流言になっていくんだから。俺は雷管を持っていた人を補導したんだ。

結局共産主義やなんかの不良分子がいたからだよ。大正一二年ごろは、いまのように共産党だとか、無政府主義だとかって、思想もはっきり分けてないから。いろんなことになってるから。思想としては、一般の人はよく知らないの。交番だってなんだってよく知らないの」

［田幡藤四郎］

田幡さんは「当時は日韓併合で朝鮮人と日本人はうちとけていた。反感は持っていなかった」とも言う。だから流言の原因は一部の不良分子がいたからだと思っている。しかし当時の警察

★**検挙された人もいる** 「鮮人問題に関する協定極秘」(78ページ参照)により、一般警察官に対しても「朝鮮人の暴行(未遂)を極力調査し、(朝鮮人による犯罪の＝編者注)肯定に努め」た

の上層部では、それほどのんびりした考えをもっていなかった。朝鮮三・一独立運動の先がけは、東京の留学生の運動であり、その後日本に渡る朝鮮人の数は増え、震災直前には一万人以上の朝鮮人が警視庁管内にいた（前掲『自警』一九二三年一一月号）。朝鮮人労働者も増え、警視庁の特別高等課に内鮮高等係という朝鮮人取り締まりの部所を独立させたのは一九二一年のことである。

このほか田幡さんは、流言がぱあっと広がっていった原因のひとつを教えてくれる話もしてくれた。

「**警官はほうぼうに皆分かれているから一人で行動していたの。いまみたいに電話もないしね。あっても一人だから電話の側にくっついているわけにはいかないんだよ。交番から交番とかの連絡は人に頼んだり、あらゆる方法で連絡したの。自警団の人もだけど一般の人も、いまと違って警察の人から行ってこいと頼まれれば断わるわけにはいかないの。結局警察官の命令に従わなければ文句をつけられるからね。反抗したとか言われるから、言われればそのとおりやってくれるの。そうでなくっても、警察を好きって言っちゃなんだけど、とくに援助してくれる人は頼まなくっても、来て休んでいる人がいるんだよ**」

［**田幡藤四郎**］

警察官同士の連絡を一般の人に頼んだという。この伝令となった一般の人からも、警察がこう言っているという形で流言が広がっていったと思われる。

田幡さんは自警団の構成についてこう話している。

「自警団は当時の地主とか、町の役員やっている人とか土地に長くいる人だね。勤めの人は仕事があるからいないけど、地主なんかは定職のある人はいないからね。そう地主は多くいない。地主は竹槍は持っていないだろうな、出入りしている人とか、雇人ってわけじゃないけど、関係している人だね、仕事を頼まれるとか、使い走りとか、代代その家に関係のある人だろうね。職人とか、大工とか、左官とか、仕事の関係とか、そういう人が多いんだろうね。

青年団はあんまり聞かなかった。消防団はなくて昔からの消防組だったの。組頭とか小頭がいて」

［田幡藤四郎］

土地の有力者が中心になって自警団ができたという証言である。長谷川さん(仮名)は避難して来た人たちも加えて自警団が二日ごろできたという。『民族の棘』で和智正孝さんが「即製自警団員」と言っていたのは、土地の人とは限らずたまたま近くにいた人たちで「自警団」をつくったということなのだろうか。

軍隊についての田幡さんの話はこうである。

「二、三日ごろ、軍隊が市川のほうから来て、荒川の土手で殺したと騒いでいた。音は聞いたが見ていない。人からの話は聞いた。二日から戒厳令で軍隊がたくさん来て、要所要所に検問所ができた。要所には五、六人いた。一週間ぐらいいたと思う。一人か二人ずつ、絶えず銃剣を持って管内を歩いていた。軍隊が常駐したところは今の立花のほうに一カ所か二カ所あったぐらいだな。隅田交番のほうには来ていない。白鬚橋は大正街道の起点のようなものだから、あの付近にはいたかもしれない。元玉の井の踏切にはいたような気がする。三、四カ所にいたようだ。むろん曳舟通りにはいたけどね。

戒厳令でも交番には直接には命令は来ない。命令は警察署から来る。だから交番のほうは軍隊と直接は関係ない。けれども、戒厳令がしかれて軍隊がいけば、そこにはかならず警察官の一人や二人は行ったはずなんだ。だけどそばに立っているだけで、なにも解決するわけじゃない」

［田幡藤四郎］

軍隊については「鐘ヶ淵駅のまわりに軍隊が来て、蓮田か湿地へどんどん鉄砲を撃ちこんでいたよ。四日か五日ころだろうな」と話してくれた人もいた。また当時一一歳だった木元清江さんは、震災から五日ぐらいたってから白鬚橋を渡って向島のほうへ来た。「白鬚橋に在郷軍人と憲兵がいて、焼けた髪をかくすためかぶっていた手ぬぐいを『手ぬぐいを取れ』と言って人相を調べていた。『なんていやなことをするんだろう』といまでも覚えている」と木元さんは話してくれた。

さて、田幡さんの話にもどって当時の警察のようすを見てみよう。

「当時、旧四ツ木橋付近の吾嬬町は亀戸警察署管内だった。震災のあと、旧吾嬬町は寺島警察署の管内になった。震災のときは他県の警察が応援にきて、鐘ヶ淵紡績を本部として寝泊まりするようになったの。管内を警戒したり。それで私らは案内役をしたの。一〇人か二〇人かいたね。警部補が指揮するの。

当時、寺島警察は三〇人か四〇人、五〇人ぐらいいたのかもしれないよ。そのうち交番は俺が来たときに五つになって二人勤務の三交替、三〇人だけど、いつも欠員があったし、ほとんど犯罪もなくって暇だったの。自分の管轄内には家は三〇〇戸あったが、朝鮮人は一人もいなかった」

［田幡藤四郎］

私たちがこの本で取りあつかっている「南葛西部」地域には当時、三つの警察署があった。寺島警察署、亀戸警察署、小松川警察署である。田幡さんの話のとおり、震災当時、旧四ツ木橋を含む吾嬬町は亀戸駅前にあった亀戸警察署（現在のさくら亀戸ビルのあるところ）の管内になっていた。『墨田区史』（一九五九年）によれば一九二三年一〇月に吾嬬町は寺島警察署の管轄になっている。なお『江戸川区史』第二巻（一九七六年）によると小松川警察署は、現在の小松川二丁目にあり江戸川区全域だけでなく葛飾区の中川以東も管轄していた。

これらの警察署に「保護収容」された朝鮮人は次のようになっている。すなわち、寺島警察署が二三六人、亀戸警察署が二五〇人、小松川警察署が四〇〇人である（前掲『東京震災録　別輯』）。寺島警察署のようすはすでに述べた。亀戸警察署については次の章で述べる。小松川警察署の四百人は五日に軍隊に引き渡され、習志野に護送されたという（前掲書）。小松川署内のようすがわかる聞きがきなどがないので、その具体的なありさまを知ることができないのが心残りである。

新聞広告の裏側の地図

私たちがはじめて小村井《おむらい》の内田さん(仮名)をたずねたのは、一九八三年の五月である。それから何度もお宅にうかがったり、この事件の証言を構成した記録映画『隠された爪跡』★(呉充功《オチュンゴン》監督・一九八三年)の上映会に来てもらったりした。最初に会ったとき、元気に自宅前の納屋のようなところで作業をしていた。とても七五歳とは思えなかった。内田さんはあらかじめ震災当時の地図を新聞広告の裏に書いておいてくれた。そして私たちを案内して、実際に小村井を歩きながら当時のことを教えてくれた。

私たちはまず小村井香取神社に行った。九月一日はちょうどお祭りの日だったが、地震でそれどころではなくなったという。内田さんは香取神社の境内に朝鮮人の死体が並んでいるのを見たそうだ。この香取神社の遺体についてはあとで詳しく述べる。

小村井香取神社から明治通りを渡って、東武亀戸線の東あずま駅のほうへと歩いた。震災当時はまだ明治通りはなく、東武線★★も単線の貨物線で、いまの東あずま駅はなかった。いま、東あずま公園になっているあたりは草もまばらな空地になっていた。この近くに住んでいた内田さんの一家は、この空地に避難した。

「ここは以前はキャラコ紡績(東京モスリン亀戸工場　編者注)**の地所でした。九月一日の夕方、五時か六時ころその原っぱに通っている東武線の踏切のところに憲兵隊★★★が三人くらいやって来た。憲兵隊は蓮田のなかにピストルをドカンドカンと撃ちこんで『朝鮮人が井戸のなかに薬物を投げた。かようなる朝鮮人は見たらば殺せ』と避難民に命**

★ **隠された爪跡**　呉充功監督作品、一九八三年制作。在日朝鮮人と日本人の若者が、荒川河川敷の試掘から撮影を開始し、曺仁承さんほか事件の証言でつづった記録映画

★★ **東武線**　ここでは東武亀戸線。一九〇四年、曳舟駅と亀戸駅間で開業した。震災当時、中間の駅はなし

★★★ **憲兵**　陸軍大臣の管轄に属し、軍隊内の警察業務のほか、行政警察(内務大臣の指揮下)、司法警察(司法大臣の指揮下)も職務としていた。震災下では、大杉栄らを連行・憲兵隊内で殺害した事件も起こしている

令しました。東武線から中川の土手までが蓮田で葦《よし》のはえた田んぼでした。道も完全でなくあぜ道でした。その時在郷軍人もいました。一般の我われが煽動したのではなく、煽動したのは憲兵隊です。これは私がはっきりこの目で見て知っています。それでみんながいきりたって朝鮮の方がたを田んぼのあぜ道で……。本当にもう見ていられませんでした。朝鮮の方がたは田んぼの中の水の中にもぐって竹の筒を口にくわえて上へ空気を吸いながら隠れていました。それも見つけだして、もうなんと言うか……。死体は本当に見られたものではありませんでした。あぜ道に死体がずらっと並べられているのを見ました。殺された朝鮮人は普段からよく顔を合わせていたので知っていました。また朝鮮人は服がちがうからすぐわかりました」

［**内田〈仮名〉**］

私たちは東あずま公園を出て、東武線と丸八通りを渡った。丸八通りも当時はない。現在の東吾嬬小学校のところから立花四丁目を中川小学校のほうへ、私たちは歩いていった。このあたりが憲兵がピストルをうちこんだ蓮田で、そのあぜ道がいま歩いているあたりだったという。そこに死体がずらっと並んでいたのだ。

またいま、立花四丁目と五丁目を分けている道路の五

かつてここで憲兵が虐殺を煽動した

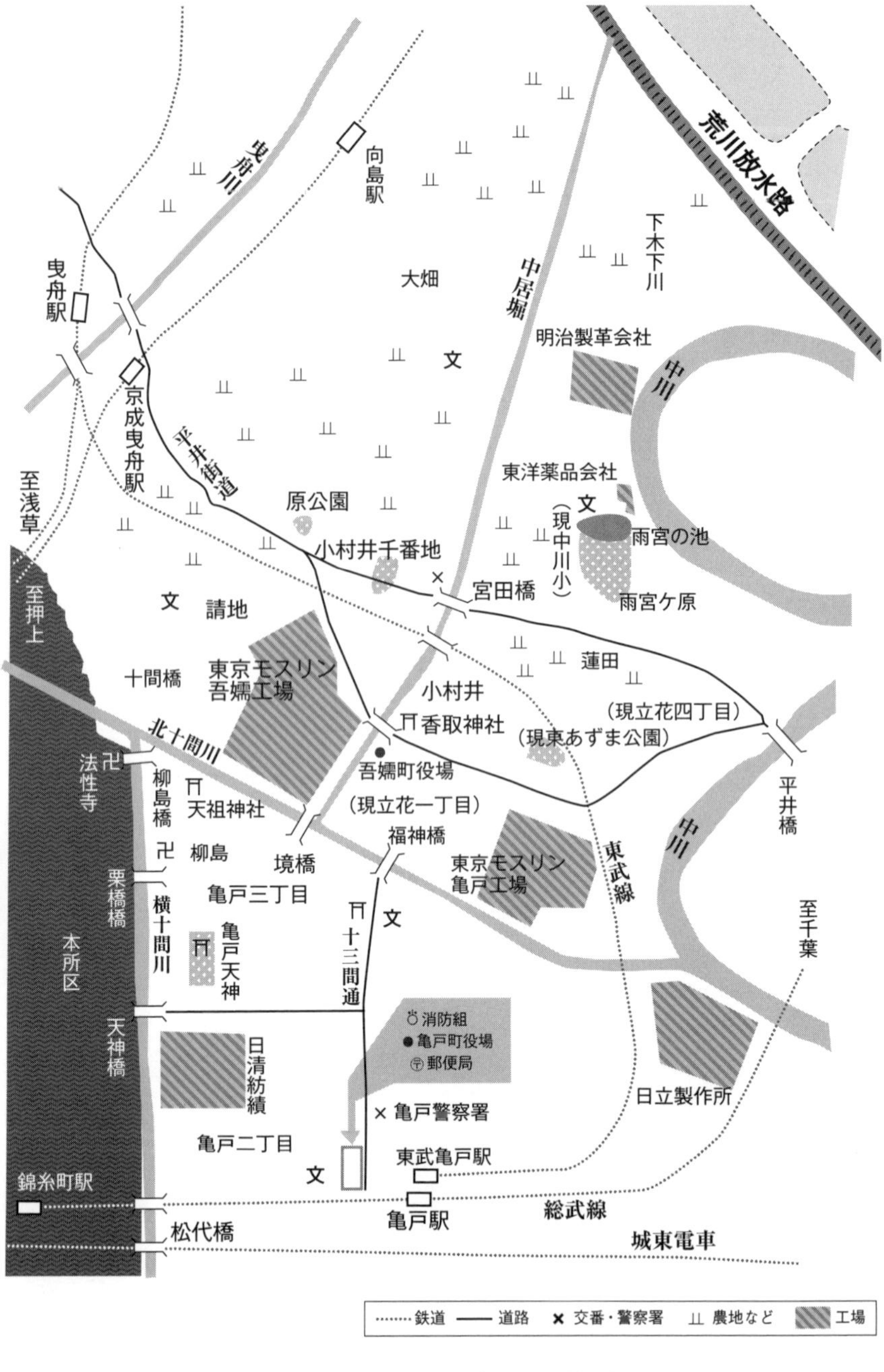
荒川放水路
曳舟川
向島駅
曳舟駅
京成曳舟駅
至浅草
至押上
大畑
下木下川
中居堀
明治製革会社
中川
平井街道
原公園
東洋薬品会社
文
(現中川小)
雨宮の池
雨宮ケ原
小村井千番地
宮田橋
請地
蓮田
十間橋
東京モスリン吾嬬工場
小村井
香取神社
(現立花四丁目)
(現東あずま公園)
北十間川
法性寺
吾嬬町役場
(現立花一丁目)
平井橋
柳島橋
天祖神社
福神橋
東武線
柳島
境橋
東京モスリン亀戸工場
栗橋橋
横十間川
亀戸三丁目
十三間通
焼失地域
本所区
亀戸天神
至千葉
天神橋
消防組
亀戸町役場
郵便局
日清紡績
日立製作所
亀戸警察署
亀戸二丁目
東武亀戸駅
錦糸町駅
亀戸駅
総武線
松代橋
城東電車
鉄道
道路
交番・警察署
農地など
工場

震災当時の吾嬬町・亀戸町付近

丁目のほうにも死体が並べてあったという。立花五丁目あたりは一段と盛り上がっていて、雨宮ケ原という原っぱになっていた。現在の吾嬬一中★、中川小学校のあたりが雨宮の池だった。当時このあたりは家屋がなく草が枯れると、中川手前の赤レンガの建物(東洋薬品)が見えた。

私たちは立花五丁目の内田さんの友人の家にたち寄って内田さんといっしょに話を聞いた。この方は震災後に立花五丁目に引越してきたが、そのころも「このあたりは雨宮ケ原といって葦の原っぱだった。女の人の一人歩きはできないようなおそろしいところだった」という。雨宮ケ原についてはあとで述べよう。また現東あずま駅近くの踏切で在郷軍人の長をしていた人はのちに寺島警察に取り調べられたという。

これで内田さんに案内されて、小村井を歩いた小半日は終わった。私たちにとってショックだったのは、九月一日の夕方から憲兵の煽動によって民衆による虐殺がはじまったという証言だった。その後も何回も確かめたが、内田さんは一貫して同じことを言うのであった。

自警団や在郷軍人についての内田さんの話はこうである。

「自警団はすぐに、一日か二日のうちにできました。自警団を組織しろと命令したのも憲兵です。憲兵は、軍がのちにどうのこうのと言われないように、ことがすんだら、二、三日のうちにぱあっと消えてなくなりました。在郷軍人が憲兵に相当協力していました。在郷軍人は在郷軍人会に入っていたので、自警団には入りませんでした。自警団は町会を中心に構成していて、指名制で『おまえやれ』と言われてなる人が多かったのです。自警団は竹槍を持って街角に五、六人ずつ立っていました。自警団は朝鮮人を殺さなかったし、一週間もたたないうちに解散しました。

★**吾嬬一中** 二〇一四年、立花中学校との統合のため、閉校。現在は吾嬬立花中学校として旧立花中学の位置にある朝鮮人を殺したのは烏合《うごう》の衆です。当時、竹槍を持って飛びまわっていた人は知っています。

北千住のほうから井戸に毒を入れられたという悪い流言が飛んだ。その流言がどこから飛んだのかは私にはわかりません。その流言は九月一日の晩でした」〔内田〈仮名〉〕

内田さんは朝鮮人を殺したのは自警団ではなく「烏合の衆」だと言い、また在郷軍人は自警団にははいらなかったと言う。この点、在郷軍人が自警団の中心となり、自警団が朝鮮人を殺傷したということこれまで思っていたことと逆のことを言われたのでとまどってしまった。九月一日の夜に「烏合の衆」による虐殺がはじまったとして、それ以後各戸から人を出させてつくられた自警団は朝鮮人を殺傷しなかったのだろうか。

なお、吾嬬町に九月一日夜にはすでに朝鮮人に関する流言がひろまっていたことは、震災直後の手記でもわかるので紹介しておきたい。一九三〇年発行の震災共同基金会編『十一時五十八分―懸賞震災実話集』所収の千早野光枝さんの手記である。

千早野さんは東京モスリンの女工であった。おそらく吾嬬町請地の東京モスリン吾嬬工場（現墨田区文花一丁目）に勤めていたのだろう。地震はちょうどお昼を食べようとしていたときに起きた。れんが造りの建物はくずれ、多くの死傷者が出た。その九月一日の夜は工場の運動場で一夜を明かした。

「火焔が四方の空に物凄い光りを映《うつ》して燃えていました。その中《うち》、誰言うとなく津浪《つなみ》が襲って来るの、××人《じん》が押し寄せて来たの、〇〇人《じん》が爆弾を持って皆殺しに来るのと恐ろしい事ばかり、一晩中安らかな心もなく脅《おび》やかされ通しで、あっちへ逃げこっちへ逃げして明かしてしまいました。翌《あく》る日はそれでも小さな握り飯を一つづつ貰って餓《(ママ)》をしのぎました。二人(千早野さんと同僚　編者注)は早く家《うち》から誰か迎いに来ては呉れまいかと的《あて》もない事を待ちながら、恐ろしい黒煙を仰《あお》いで小さく顫《ふる》えていました。九月二日もその運動場で暮れました。大空は真っ赤に爛《ただ》れて、火焔が物凄く中天に立ち上《のぼ》っていました。その夜も津浪騒ぎ、〇〇人《じん》騒ぎで脅《おび》やかされ通しです」

(前掲『十一時五十八分』)

雨宮ケ原の虐殺

さて内田さんの話に出てきた雨宮ケ原でのできごとについて述べていこう。先に紹介した震災共同基金会の『十一時五十八分』には、吾嬬町亀戸(現墨田区立花一丁目)から雨宮ケ原に避難した丸山マス子さんの手記がある。地震で家がたおれてしまったので雨宮ケ原に逃げると「己《すで》に多勢の人が、畳や雨戸を敷いて、亀裂に備えて居《い》」たという。丸山さん一家はむしろ囲いの小屋を造って九月一日の夜を明かした。九月二日、家の焼けあとを見て雨宮ケ原にもどると大変だった。

「原へ引上げたのが、嫌《いや》な夜へ間近い黄昏時《たそがれ》でした。小屋へ入ると間もなく『女、小児《こども》は夜中外出をするな。一軒から一人づつ自警に出よ』と触《ふ》れが廻《まわ》りました。壮年者の居ない理由で、私達は許されましたが、その夜は一晩中、方々に起る鬨《とき》の声や、呼子の笛、駈《か》け出す足音で、怯《おび》えた心はいやが上にも募《つの》って、生きた心地はありませんでした」

（前掲『十一時五十八分』）

おおぜいの人が避難していた雨宮ケ原で起こった事件は、私たちも何人かの人から聞くことができた。まず当時二二歳で亀戸三丁目の鋳物工場に勤めていた鈴木さん（仮名）の話である。鈴木さんも九月一日の夜に雨宮ケ原に避難したという。

「九月一日は早く逃げて夜は雨宮ケ原という原っぱに行きました。東武線の小村井駅の近くの大きな蓮田で、東洋モスリン（東京モスリン亀戸工場の誤りか　編者注）の女工さんたちも何千人だか全員避難していました。一般の人も避難していました。そのとき、朝鮮人騒ぎがあったんです。朝鮮人がモスリンの女工さんに絡《から》まったとか、泥棒したとかいうデマが飛んで、朝鮮人狩りみたいなことが始まったんです。朝鮮人も蓮田に逃げた。その蓮田で朝鮮人を竹槍で殺したんです。二人か三人殺されるのを見ました。蓮田で殺された一人は女の人で、この人をつかまえてきて殺すのを見ました。手をすって謝っているけど、皆いきりたってるからやっちゃうんだね。どぶの中をころがしたり、急所を竹槍で突き通したりして殺したのを見ました。現にそんなことをやったんだからね。ああいう奴はもう酷だなと思ったけれど、止めることも何もできませんしね。ただ茫然と私は見ていた状態なんです。

あとでどういう始末をしたのか知りません。死体なんかどこへ持っていったんだか。私はこの雨宮ケ原で見た事実を一般の社会の人にも親戚でもなんでも話しています。昔の雨宮ケ原は蓮田で蓮田のなかに道路がありました。それだけ記憶があります。雨

宮ケ原に避難したのは一晩だか二晩だかわすれちゃってわかりませんよ。夜だけ行ったんです。

朝鮮人騒ぎは地震が起こるとまもなく起きたんです」

［**鈴木**〈**仮名**〉］

鈴木さんが目撃した蓮田での虐殺のようすは、内田さんが現在の立花四丁目の蓮田で見た話とよく似ている。あるいは鈴木さんは立花四丁目の蓮田も含めて雨宮ケ原と言っているのかもしれない。

鈴木さんは発掘のとき、新聞で見て河川敷に来てくれた方である。老眼鏡を通して眼鏡いっぱいになるほど大きく目を見開いて、「ひどかったですよ」と言った。そのことが印象的だった。

「**いやあ、なんだかさ、私がこんな朝鮮人虐殺のことを申し上げていいんだか悪いんだか、私が参考人みたいに引っ張られていくみたいでさ……。ただ正直なことを申し上げているんだから。本当にね、手をこすって謝っていてもね、いきり立ってるから聞かねえんだね。私らは止めることも何もできませんよ。私らは人情的にもう、そういうふうにばかげていることはとってもできなかった。いくら悪いことした、何したっていってもね、人道的立場考えるとね、いやあ、本当にむげえことをしました**」

［**鈴木**〈**仮名**〉］

こう言われた言葉が、いまも私たちの耳に残っている。

宮沢さん(仮名)も試掘のことを知って九月二日に荒川の現場に来てくださった方で、当時七歳だった。現墨田区太平三丁目の賛育会病院の近所に住んでいた。

「地震のときは私は小学校一年生で、父親や兄弟といっしょにいました。母親が赤坂のほうにいたのでバラバラになってしまい、小村井の雨宮ケ原で会う約束をしたらしく、二日にいっしょになりました。私たちは最初、いまの錦糸公園のところの原っぱに逃げ、亀戸天神まで行きましたが、火の粉が飛んでくるのでおおぜいの人たちと小村井の雨宮ケ原に逃げていきました。そこで新しい板で四畳半くらいの小屋を建てて住みました。

そして九月一日の真夜中に朝鮮人騒ぎがありましたよ。『オーイ、オーイ』と呼びあって、逃げないように取り囲み、丸太ん棒や鉄棒で殴り殺していました。まだ死なないと魚屋の若い人がまたいで出刃包丁で胸のところからちんぽのところまで裂いてしまい、木の棒などで腹わたをえぐり出していた。この魚屋の若い人は腹ッ掛、ねじりはちまき、ももひきという服装でした。私の家は武士の出で刀があり、うちの父親も焼け残った刀を持って出かけていったんですが、ぼーっと見ただけで気持ちが悪くなったとのことで、そのことは父親から聞いたんです。

九月一日の夜からです。どんどんそんなことが始まったのは。『井戸に毒を入れた』とか『死人の指輪や金歯を取った』といううわさが広がって、『そんな奴はみんな殺せ』ということになった。雨宮の原っぱでは朝になると水ぶくれになった死体が荒縄で縛られ、ほっぽり投げられていました。二、三人殺されていました。焼けてるほうからはドカーンドカーンと大きな音がして、それは朝鮮人が爆弾を投げたんだと騒いだりしていました。

一日の夜を雨宮の原っぱで明かしたあとは、九月二日から二、三日、小村井の富山出身者のお湯屋さんにお世話になりました。

雨宮ケ原で殺した死体は池に投げこんだんです。当時池と原っぱは半分、半分だったと思います。魚もいましたよ。それで朝鮮人の死体はふやけてぷくんぷくんと浮いていたので、子どもたちでおもしろ半分で石を投げて遊びました。雨宮ケ原は赤レンガの工場の前で中川寄りに池がありました」

〔**宮沢〈仮名〉**〕

私たちは内田さん、鈴木さん、宮沢さんの話から、雨宮ケ原でも九月一日から朝鮮人についての流言と虐殺がはじまったのではないかと考えた。しかし、前掲『十一時五十八分』の丸山マス子さんの手記では、九月一日夜の雨宮ケ原は平穏であったようである。六〇数年たってからの聞きがきだけで結論を出すのは早計かもしれない。

当時二四歳の近藤源太郎さんも、いつの事件かははっきりしないがこう教えてくれた。

「**雨宮の池のところでも『朝鮮人が殺された。朝鮮人が飛び込んだ』と騒いでいた。どもりの日本人も雨宮ケ原で殺された。雨宮ケ原は旧吾嬬製鋼**（震災後一九二八年につくられた工場　編者注）**あたりにあった。雨宮の池はよく泳ぎにいったところだ**」

〔**近藤源太郎**〕

さて次に、雨宮ケ原に関しての資料を見ておこう。吉河光貞検事は一九四三年に関東大震災の治安状況とこれに対する対策、措置等を研究し報告書をまとめた。この報告書はその後一九四九年に法務省特別審査局の部内資料として印刷された。『関東大震災の治安回顧』である。そのなかから「流言伝播の具体的事例」の一部を引用する。

「(九月二日　編者注)午後七時頃亀戸警察署に避難民風の男と在郷軍人の提燈を提げた男が出頭し、『自分達は避難民であるが、自分達の避難場所から約十間位離れた雨宮ケ原には、鮮人が四五十名集って朝鮮語で良く判らぬが、何か悪事を相談して居る模様である。危険であるから早速保護して貰い度《た》い』という申出をした。

其処で同警察署勤務の警部補が右二名の男と同道して亀戸停車場に赴き、同所に駐屯中の軍隊に此の申出を通じるや、軍隊に於ては時を移さず、某中尉が二十六名の兵卒を引率して雨宮ケ原に向うこととなった。恰《あたか》も此の時該軍隊に対し、戒厳本部から左の如き命令があったと伝えられて居る。即ち其の命令は、唯今不逞鮮人約二百名多摩川溝之口村方面より襲来し、煙草屋を襲撃しつゝあり、目下討伐派遣中、軍隊は一層緊張せよとの趣旨であったとのことである。

斯《か》かる命令があったと謂《い》う事実が伝えられるや、前記の如き『鮮人は悪い奴である』との風説に点火して忽《たちま》ち不逞鮮人襲来の流言となり、江東方面一帯は同日午後七、八時頃、斯種《このしゅ》流言を以て蔽われるに至った」

(前掲『関東大震災の治安回顧』)

前掲『大正大震火災誌』の亀戸警察署報告は、およそ次のようなことを述べている。

九月二日午後七時ころ「鮮人数百名管内に侵入して強盗、強姦、殺戮《さつりく》等暴行至らざる所なし」という流言が流れ、小松川方面において警鐘が乱打された。そこで古森署長は軍隊の援助を求めるとともに、署員を二分し、一隊を平井橋方面に出動させ、自らは他の一隊をひきいて吾嬬町雨宮ケ原に向かった（原文の「多宮原」は誤りであろう）。

雨宮ケ原に避難していたおよそ二万の民衆は流言に驚いて朝鮮人をさがしており、いたるところで闘争や殺傷が行なわれて騒擾《そうじょう》の地と化していた。しかし朝鮮人が暴行を働いた形跡はなかった。そこで付近を「物色」して朝鮮人二五〇名を収容して調査したが得ることはなかったという。

この二つの資料からも、九月二日夜の雨宮ケ原の騒然としたようすがよくわかる。避難してきた朝鮮人同士が朝鮮語で話していただけで、まわりの避難民に疑いの眼で見られ、軍隊、警察に逮捕されたのである。このとき、民衆、自警団による殺傷事件だけでなく、軍隊や亀戸警察署員による殺傷行為も起こったのではないだろうか。雨宮ケ原の西方七〇〇メートルくらいのところにある原公園については、事件直後の次のような証言がある。

前出の「亀戸労働者刺殺事件聴取書」（前掲『亀戸事件』）一九番で南巌氏はこう述べている。この「聴取書」は亀戸事件の真相追及のために、関係者や遺族が一九二三年一〇月に自由法曹団の弁護士に話したものである。九月二日「夕刻に到り鮮人来襲暴動の噂あり、猶海嘯《つなみ》起りたりとの声あり。次で夜八時頃には原公園付近にて警官の鮮人を多数殺すを見受けたり」。南巌氏は亀戸警察署内で軍隊によって殺された吉村光治の弟で、当時小村井の原公園近くの兄の家に住んでいた。

次に雨宮ケ原で殺された朝鮮人の遺体はその後どうなったのだろうか。雨宮の池は震災後、荒川放水路をしゅんせつした土などで埋めたという。中川小学校はその跡に建てられた。当時大工だった金子延《のぶ》さんはこう話した。

「昭和十七年中川小学校の鉄棒を作ったときは骨が出た。近くの『お湯や』のガス管をひくときも二、三人分の骨が出た。これは震災のときのものだ」

［**金子延**］

また金子さんの娘さんもそのころ、骨を見たという。まだ子どもだったので小学校のへいをよじのぼってすずなりになって見ると、骸骨とベルトのバックルの金具が残っていたという。とすると、雨宮ケ原で殺された人の遺体の一部はそのまま雨宮の池跡に埋められてしまったのだろうか。内田さんは言う。

「元東洋薬品工場（赤レンガの建物　編者注）**の敷地のなかに朝鮮人の方がたがうずもれているという噂があり、花を捧げにいく人がいると立花五丁目の友だちが言ったことがあります。それで最近そこへ行ってみたところ、元東洋薬品工場の跡はスクラップの大きな会社なんです。その角に小山があり木が何本か立っています。なんでそこに小山があるのかと私は疑問を持ったわけです。私はそれがどうも気になります」**

［**内田〈仮名〉**］

私たちも中川小学校や隣のスクラップ屋のあたりに遺骨がうずもれているのかどうか調べようと試みた。しかしこれ以上のことは確認できていない。

小村井香取神社の軍隊と遺体

前にも書いたとおり、九月一日はちょうど小村井の中心にある香取神社のお祭りの日にあたっていた。香取神社は中居堀と平井街道の交差するところにあり、すぐ前には吾嬬町役場もあった。

「亀戸労働者刺殺事件聴取書」一七番の南喜一の話から、小村井香取神社に九月三日には軍隊がいて、朝鮮人多数を拘束していたことがわかる。亀戸事件の犠牲者であり、南喜一の弟の吉村光治は当時、小村井に住んでいた。吉村方に同居していた佐藤欣治は、九月三日、行方不明となった。吉村は三日の午後、佐藤が「香取神社前に設置せられたる大隊本部」に連れていかれたといううわさを聞いた。また吉村は町役場に行く途中、「香取神社境内に於て軍隊の為めに拘束せられたる多数の鮮人」にまじって、佐藤がいるのを見たという。この後、亀戸署内で、佐藤は軍隊に殺された。いっしょに捕えられていたおおぜいの朝鮮人もぶじだったとは思えない。

また軍隊は現東あずま駅付近や、平井橋たもとの旧家にも駐屯していたという話も聞いている。平井街道沿いの要所要所を軍隊がおさえていたのである。

ところで、当時一五歳で香取神社から四〇〇メートルくらいの柳島(亀戸三丁目)境橋近くに住んでいた山本さん(仮名)はこう話した。

「小村井のあたりは全部田んぼで、家はぼつぼつ農家がある程度でした。
九月一日の夜から『朝鮮人が来るぞ』というようなうわさがとんだ。私たちは余震があるので、近くの土方さんの家の前に並べて置いてあった土を運ぶ大きな四角い箱

のなかに入って寝ていたけど、朝鮮人のうわさを聞いて危ないからと、また家のなかに入って寝ました。

香取神社の祭りのやぐらの下には、死体がいっぱい運びこまれて、むしろがかけてありました。朝鮮人だけじゃないでしょう。日本人もいたでしょう。言葉がうまく言えない人は、まちがえられたというからね。

暑いし死体はくさるし、死体運びをすると一人につき五円くれるということでした。家じゃ若い衆もいたので『行ってやっといで』と言ったが、だれも行きませんでした」

〔山本〈仮名〉〕

これらの朝鮮人の死体がその後どこに持っていかれたかはわからない。佐藤さん(仮名)は「小村井香取神社には焼けた人や虐殺されたような死体が並べてあった。その死体を消防ポンプの後ろに積んで四ツ木のほうに持っていったと聞いています」と言う。しかし、はっきりした話ではない。内田さんも当時のことを知っている数人の方に聞いてみたが、遺体がどうなったかはだれも知らなかったと言う。結局、雨宮ケ原の遺体と同じように香取神社の遺体のゆくえもわからなかった。なお『吾嬬町誌』(一九三三年)によれば、吾嬬町では地震直前に「自動車喞筒(ポンプ)を」購入し、これが震災後おおいに活動したという。

騒擾《そうじょう》の街亀戸

「本所のほうが燃えているとき、亀戸三丁目から柳島橋を本所のほうへ渡ると、右側

に炭屋があってぼんぼん燃えているんですよ。そこへ生きたまま朝鮮人を一人つかまえて投げこんだのを見たんです。夜行って見たから一日の日だな。たしかに朝鮮人なんです。私にはとてもそんなことはできません。よくそれができたと思って記憶にあるんです」

［鈴木〈仮名〉］

これは先に雨宮ケ原の虐殺の項で証言した鈴木さんが、雨宮ケ原に逃げる前に目撃した光景である。朝鮮人を焼き殺したという話はほかでも聞いたが、すでに九月一日の夜からそんなことが始まっていたというのにはおどろかされた。

吾嬬町と亀戸町は北十間川で分かれているが、当時は境橋付近がもっとも人通りが多かったらしい。私たちの聞きがきにもよく境橋が出てきている。

九月一日の地震直後の大火は本所、深川にまたたくまに燃えひろがり、九月一日夜には横十間川を越えて亀戸町を焼きつくすかと思われる勢いだった。このため亀戸三丁目(亀戸天神の北)や亀戸二丁目(日清紡周辺)からは一日夜中に住民がほとんど退避する状態だった。火災は結局、ほぼ横十間川で止まったため、二日以降は住民の一部が戻ってきた。本所方面からの避難民は柳島橋や栗原橋、天神橋を渡り、亀戸三丁目に入って境橋から吾嬬町や荒川放水路方面へと向かったようである。

当時二一歳で青年団の役員だった岡村金三郎さんの話を紹介しよう。奥さんもいっしょに話してくれた。私たちは老夫婦の部屋でお茶やお菓子を出してもらって話を聞いた。玄関先で話を聞くのがほとんどだったのでうれしくなってしまった。奥さんとだんなさんが同時にしゃべるので、どっちに顔を向けるべきかで悩んだりもした。

まず奥さんがこう話しだした。「震災のとき、私たちはちょうど結婚したばかりで、小さな子どもがいました。住まいは亀戸三丁目の境橋近くの平屋の長屋に住んでいました。九月一日は小村井香取神社横の梅屋敷跡の原っぱに避難しました」

岡村金三郎さんは池袋の勤め先の時計工場で地震にあい、走って亀戸三丁目に帰ってきた。境橋たもとの父と兄の家(岡村自転車)は半壊していた。岡村さんは父母や女房子どもを小村井香取神社横の原っぱに避難させ、自分は境橋近くにとどまっていた。

「幸いにして柳島のむこうの妙見様《みょうけんさま》(法性寺　編者注)まで焼けたらそこで風向きが変わって亀戸のほうに来なくなったんです。だからね、九月一日の夜になって本所のほうから逃げてくる人でいっぱいでした。栗原橋のほうは逃げてくる人が川に落ちて死ぬやらでたいへんな騒ぎだったですよ。逃げていく人は境橋を渡って吾嬬町のせまい中居堀通りを蟻みたいにぞろぞろと木下川《きねがわ》まで行きましたよ。

私たちは二日になって焼けなかった亀戸の境橋近くの長屋に引き返してきました。

そのうちに戒厳令がしかれて、一般の者も刀や鉄砲を持てと軍から命令されたんです。それでみんな家にある先祖伝来の刀や猟銃を持って朝鮮人を殺《や》った。それはもうひどいもんですよ。十間川にとびこんだ朝鮮人は猟銃で撃たれました。二日か三日の晩は大変だったんですよ。朝鮮の人があばれて井戸に毒をいれたとかいうんです。ボンボン燃えている音を聞いては朝鮮人が火をつけたと言ってね。

その時分、私は青年団の役員でした。『境橋近くのガラス屋で十五、六人の朝鮮人を使っている。青年団の人は見に行ってくれ』と言われて、そのガラス屋に行ったんです。

門は閉じていたが、われわれは中に入って行ったんです。すると社長は『朝鮮人はいるけど、この人たちは決して悪いことしないんだから、なんとか助けてくれ』と言う。『どこにいるんだ?』と言うとね、ガラス屋にはかまがあるね、その火を取っちゃってね、そん中にぶっこんでいるんです。だから外からはわかんねえ。『この人たちは決して悪いことはしていないんだから、青年団の方は助けてやってくれ』と社長は言う。『あいいですよ。だけどね、やじ馬が取り囲んでいるからあんたとこぶっこわされちゃう。だから一応ね、渡すこと渡したらいいだろう』と社長に話してね。それで亀戸警察に通告したら、警察からトラックで『うちのほうに引き渡せ』と来た。だけどね途中でみんなけんけんごうごうとしているから殺されるというので『自警団とか青年団ついて行ってくれ』と言うんで、私はついて行きましたよ。トラックの隅に乗って十五、六人全員、縄でしばってまん中に乗せて青年団がまわりをずっとかこんで亀戸警察につれて行きました。それから三日、四日たって社長に聞いたら、じつはあの朝鮮人たちは小松川の荒川土手に連れて行かれて軍隊が機関銃で撃ったらしいと言う。それで小松川の土手に埋めたということを私は知っているんです」

［岡村金三郎］

鈴木さんも「亀戸三丁目でもデマはすごかった。自警団は町内で朝鮮人狩りをやった。泥棒したり、井戸に毒を入れるとか、火をつけたとかいう悪いデマが飛んだから、朝鮮人をつかまえてきちゃ……」とも話していた。

ところで九月二日午後にはすでに習志野騎兵隊などの軍隊が亀戸地区に進駐していた。亀戸七丁目北部町会の『亀戸七北郷土史』(一九八〇年)に当時、亀戸警察署に勤務していた深沢雅保氏が「関東大震災亀戸地区記録」を発表しているので引用させていただく。九月二日のことであろう。

「午後三時に亀戸地区に一ヶ中隊が派遣され、亀戸役場及小学校に進駐し、直に亀戸警察、郵便局及天神橋、福神橋、柳島(橋か? 編者注)松代橋に兵五名宛を配置し警察官との連絡警戒に当った。之は民心に安心感を与え、其《そ》の鎮静に効果があり出動兵員に対し、住民の子弟愛と之に感謝慰安のため住民は多大の物心を支援したものである」

(深沢雅保「関東大震災亀戸地区記録」、『亀戸七北郷土史』所収)

亀戸駅前に集中していた亀戸町の要所とおもな橋を、ただちに軍隊がおさえて、「戒厳令が発動」されたという。九月二日午後には本所方面の火災は一応おさまったが、余熱でとどまっていられる状態ではなかった。やけどで半死半生の人が亀戸町にたどりついたり、軍隊に救護されたりして、救護所となった第一小学校に運ばれてきていた。

九月二日夜の亀戸町のようすは騎兵隊第十三連隊機関銃隊の殊勲行動記録でよく知られている(前掲『東京震災録 別輯』第四章勲労者、一九二七年)。

機関銃隊の岩田文三大尉ほか五二人は九月二日夜七時ころ亀戸駅に到着した。いったん亀戸から日比谷に行きまた戻ってきたのである。その間、余熱が残るなかを一滴の水も口にできずに歩いての行軍だった。亀戸駅周辺はまっくらやみで避難民が集まり、非常な混乱状態にあった。このとき、不逞鮮人が襲ってくるという流言が生じ、混乱はいやがうえにも高まって、ほうぼうに叫び声がしたという。そこで機関銃隊の一部は亀戸駅を警備し、主力は喊声に向かってすすみ治安を維持しようとした。しかし「殆《ほと》んど狂的に昂奮せる住民は良否の区別なく鮮人に対し暴行するのみならず、或は警鐘を乱打し或は小銃を発射するものあり」というありさまだった。九月二日夜には機関銃隊は東奔《とうほん》西走して一睡もできなかったという。

『関東大震災の治安回顧』でこの九月二日夜の記述はすでに見たとおりである。この時点では軍隊、警察も朝鮮人暴動の流言を信じこんでいた。九月二日の夜に朝鮮人を殺傷したのが一般の民衆だけだったとは考えにくい。

次に亀戸警察署での朝鮮人虐殺事件について述べよう。すでにふれておいたように、亀戸駅の北側、現在のさくら亀戸ビルがあるあたりに亀戸警察署があった。署長古森繁高は震災の年の四月に警視庁の特別高等課労働係長から転任したばかりだった。職工数が千人以上の紡績工場が集中し、大小の工場がならぶ労働者の街が亀戸であった。そこで労働運動対策のために古森署長が赴任したのであろう。

さて、韓国訪問でお会いした崔承萬《チェスンマン》氏の『極熊筆耕《クグンピルギョン》』(一九七〇年)には「亀井戸《(ママ)》虐殺事件」として次のような記述がある。

「亀井戸署で働いていた羅丸山《ナハンサン》氏が目撃した話だ。『私は八六名の朝鮮人が銃と剣で切り殺されたのをこの眼で見た。九月二日夜から九月三日午前までに亀井戸警察署錬武場に収容された朝鮮人は三〇〇余人になっていた。そしてその日の午後一時ころに騎兵一ヶ中隊がやって来て同警察署を監視していた。その時、田村という少尉の指揮のもとで軍人どもはみんな錬武場になだれこんで来るや、三人ずつ呼び出しては錬武場入口で銃殺し始めた。すると指揮者は銃声が聞こえれば付近の人びとが恐怖を覚えるだろうから、銃の代わりに剣で殺してしまえと命令した。それからは軍人どもは、一斉に剣を抜いて八三名を全部いっしょに殺してしまった。この時妊娠していた女性も一人いた。その婦人の腹を裂くと腹の中から赤ん坊が出て来たが、赤ん坊が泣くのでその赤ん坊まで突き殺してしまった。殺された人の屍体は次の日の明け方二時、貨物自動車にのせてどこかに運んでいった。その外の人達もみんなどうなったのか知るよしもない』と話した。

殺された人の姓名と本籍は全部を知る事はできなかった。ただ何人かの分だけ知る事ができたと言う。

朴庚得《パクキョンドク》(二四)京畿道開城郡長瑞面九下里／金在根《キムジェグン》(四四)全南順昌郡豊山面年昇里／趙《チョ》妙城《ミョソン》　済州島大静面仁城里(妊娠していた女性)／趙正洙《チョジョンス》　右に同じ／趙正夏《チョジョンハ》　右に同じ」

(『極熊筆耕』編者訳)

これは崔承萬氏ら罹災同胞慰問班のメンバーが苦労して聞いた話の一つなのであろう。そして、この羅丸山氏の話が「亀戸警察署演武場騎兵一三《(ママ)》連隊少尉田村刺殺八六人」とのちに『独立新聞』に報告されたのであろう。なお本文では漢字で「錬武場」と書かれているが、朝鮮語では演と錬は同音である。

騎兵一三連隊の田村少尉はやはり亀戸署内でこののち、前出の「亀戸事件」をおこしている。ここで私たちはかろうじて記録された朝鮮人五名の名前を大事にしたい。これまで日本では亀戸警察署で殺された日本人の名前しか知られていなかったからである。

さて亀戸警察署内のようすはもう一人、九月三日から六日まで保護収容されていた全虎岩《チョンホアム》氏の話によってある程度わかっている。「亀戸労働者刺殺事件聴取書」二〇番によると、全虎岩氏は二階の広間に朝鮮人二〇人といた。四日の朝になると朝鮮人が多数入れられ、一一六名ぐらいになって足を伸ばすこともできなくなったという。四日の朝六時ころ、便所に行くと、便所に行く道の入り口のところに兵士が立番していた。そこに七、八人の死骸や半殺しの朝鮮人にむしろをかぶせてあったのを見た。そしてその横手の演武場には縛られた朝鮮人が血だらけになって三〇〇人くらいいた。そして演武場の外側には中国人が一列になり五、六〇人座っていたという。

そして全虎岩氏は四日夜から五日未明にかけて、南葛労働会の川合義虎《かわいよしとら》らが殺されたことを示唆する証言を続けている。亀戸署内での虐殺はさらに五日の晩まで続いていたという。

全虎岩氏は戦後になって前掲の『関東大震災における朝鮮人虐殺の真相と実態』でも体験を話している。先の聴取書といくらかちがう点もあるが、重要な話なので少し紹介させていただく。

「亀戸署で虐殺されたのは私が実際にみただけでも五、六十人に達したと思います。虐殺された総数はたいへんな数にのぼったと思われます。

虐殺は五日の夜中になってピタリと止まりました。巡査の立話から聞いたことですが『国際赤十字』その他から調査団が来るという事が虐殺をやめた理由だったのです。六日の夕方から、すぐ隣りの消防署の車二台が何度も往復して虐殺した死体を荒川の四ツ木橋のたもとに運びました」

（前掲『関東大震災における朝鮮人虐殺の真相と実態』）

そして七日の午後に全氏らは習志野に送られたという。遺体は次のⅣ章で述べる大島八丁目の広場に運ばれたという話もある。八島京一氏の「亀戸労働者刺殺事件聴取書」一番、二番である。また小松川の荒川土手でも亀戸署で虐殺された朝鮮人の遺体が「処理」されたと思われる。そのようすもⅣ章で紹介しよう。

朝鮮人の生活とかくまった話

資料にたよっての記述が続いてしまったが、私たちの聞きがきにもどって、当時の朝鮮人のようすがわかる話を聞いてみよう。ガラス工場で朝鮮人の小僧を使っていた石井進太郎さんの話はこうである。

「震災の年は兵隊から帰った年で、深川西町(現森下町)**で菊川橋を渡ったところの姉の家が経営していたガラス工場にいました。使用人は七〇人くらいでそのうち二五人が朝鮮人でした。九月一日はガラス工場の連中と大島九丁目に避難しました。その夜はどんどん燃えてきたので小名木川ぞいを小松川まで提灯を持って逃げました。燃えたあくる日、親戚を頼って渋谷に行きました。百軒店の右を曲がったところにある化粧品屋です。そこから大井の星製薬★という大きな会社のガラス工場に朝鮮人を預けました。道中は朝鮮人をかくすため、口をきかないようにさせ、三人の若い者が三つに分けて連れて行ったのです。『朝鮮人が井戸に毒を入れた』とかうわさがあったが、うちにいた朝鮮人は皆子どもだったからね。朝鮮人の小僧たちは表に出さないようにし、口もきくなと言っていたので大丈夫でした。深川には日本人の小僧が残っていましたよ。それで私は年中渋谷から深川へ通っていましたよ。深川で小僧たち**

★**星製薬** 日本初のワクチン等を生産した星製薬株式会社。大正時代には大崎にあり、近くの目黒川沿いにはガラス工場も多かった。社内の教育部が星薬科大学の前身に食べさせるえさを運んでやったんです。みんな栄養失調でとり目になったりね、夜になると目が見えなくなるんですよ。すると肝油飲ましてやったりしてね。朝鮮人の小僧は深川には置いておけないんです。

その朝鮮人の小僧はね、親元に金やってそれで買う。そのね、周旋屋がいたんですよ。専門にね。朝鮮に行ったり来たりして、そういう人にたのむと一〇人でも世話してくれる。で、そのときに周旋屋が親元にいくらって置いてきてやる。日本人でも同じですよ。

朝鮮人の小僧が朝鮮語を話すんで、日本の小僧がみようみまねでむこうの言葉を覚えちゃうんですよね。するとほかの日本の小僧がからかうんだけどね。そのうちに自然となじんでしまって、こっちの名前をつけてやるんですよ。むこうの名前じゃ使えないからこっちの名前に変えてやって覚えさせる。

そいで日本の学校へ、夜学にあげてやんですよ。みんなこっちの日本の着物きせてやって、仕事しまってからね、本だの鉛筆だの手帳だのみんなひととおりの物そろえて持たしてやると、日本の子どもといっしょに学校に行くんですよ。そいでせいぜい二時間でしょうね、勉強してくる。勉強っていっても勉強というほどの勉強しやしない。だから小学校六年を卒業まで行く子どもってのは少ないんですよね。途中でやめちゃうのが多いからね。だから故郷に帰るなんてことはほとんどない。むこうから会いに来るってこともないのね。結局、売られてくるのかねえ。

朝鮮人は言葉が通じないのでひがみが多かったが、食べ物さえあてがっておけば何でもやったね。震災のころは五円札一枚で何でも買えた。おそばは一銭五厘。小僧の給金は半月で五〇銭で年季があけると三円になった。朝鮮人の小僧ははじめは子守

★★ **肝油**　ビタミンA・Dを補給する薬。保健強壮剤として推奨された

★★★ **夜学**　夜間に開かれる学校一般をさす。一九一六年工場法施行後でも、学令期の児童を働かせることを追認する形で、東京では尋常夜間小学校等が公立で設置されていた

りをさせ、そのうちに自然にこっちの言葉を覚えるようになったんです。本所、深川には朝鮮人が多かった。ガラス屋に多かったよね。でもまわりのガラス屋にいた朝鮮人で、震災のとき殺されてしまったという話はとくに聞いていない。顔見知りでひどい目にあった人はいないんだ。

殺されてることはずいぶん殺されてたね。道路で殺されたり、手をしばられてね、後ろに材木や鉄の棒をのせられたりしてほうぼうにいたりね、川に浮かんでいたりね、とにかくあすこの川がまっ赤だったんだから、血で。小名木川でもなんでもね。もう血でまっ赤だったんだから、体じゅうが」

［石井進太郎］

徒弟制は日本人でもあった時代ではあるが、言葉の通じない異国に来て、暑いガラス工場で働きながら、夜間小学校へ通った朝鮮人少年たちの労苦はどのようなものだったのだろうか。しかも身についている朝鮮語ではなく、日本語での授業なのである。私たちは石井さんの話を手がかりに、少しでも当時の朝鮮人の姿を想像する努力をしてみたいと思う。

さて私たちが聞いた朝鮮人の住んでいたところについて述べよう。当時、小村井千番地に朝鮮人の長屋があった。現在の向島警察署から原公園のほうへ入ったあたりである。

佐藤さんは「へん曲がったぼろの長屋だね。この辺の朝鮮人はおもに土方だね。荒川放水路の工事にも朝鮮人はそうとう働いていたから、その人夫にも行っていたと思う。朝鮮人が来たのは震災の年の春かな」と言う。近藤源太郎さんも「千番地に一〇家族ぐらいの朝鮮人部落がありました。最下層の生活をしていましたよ」と教えてくれた。

東墨田の渡辺さん(仮名)は「木下川《きねがわ》には朝鮮人長屋は一〇軒近くあって、朝鮮人はおおぜいいた。もとの朝鮮人長屋はいまは工場になっている」と言う。同じ東墨田で震災当時は一三歳だったという増田マツさんは、いまでも朝鮮人のおじいさんと友だちだという。増田さんの朝鮮人に対しての見方と、父親が朝鮮人を助けた話を紹介しておこう。

「木下川近辺に住んでいた朝鮮人は革屋に働いていた人が多かった。朝鮮人はまじめでいい人ばかりだった。朝鮮や支那の人を木下川では大切にした。だから朝鮮人はどこへも行かなかった。そういう罪もない人を殺してかわいそうだ。

父が押上の泉工場の職長で朝鮮人を二人使っていた。その朝鮮人が追いかけられて十間橋から北十間川に飛び込んで水のなかに二日間つかってかくれていた。それで痔になってしまったらしく『アッパ！　アッパ！』(痛い！　痛い！)**と言って父の家に逃げてきた。父は『おやじさん』と呼ばれていた。風呂は焚けないので父はその朝鮮人のお尻を洗って暖めてやった。その後その朝鮮人は父が服をやって朝鮮に帰ったという」**

［増田マツ］

増田マツさんは「朝鮮人は日本人よりよっぽどいいくらいだよ。よくすればよくされるのよ。バカにすれば向かってくるし」と朝鮮人に好意を持っていた。増田さんは一九八九年に亡くなられたが、「わからないことがあったらいつでもおいで、教えてあげるから！」という言葉がいまも耳に残っている。

さきに出てきた佐藤さんは一九二一(大正一〇)年からずっといまの墨田区文花三丁目に住んでいる。佐藤さんも豆腐屋のおやじさんが朝鮮人をかくまった話をしてくれた。

「朝鮮人騒ぎはすぐ起こったね。たしか『朝鮮人が来るぞ!』と言うデマがとんでね。朝鮮人を古森という豆腐屋がかくまいました。その親父は気骨のある人でした。うちの四軒目です。どこにいた朝鮮人かわからないが、朝鮮の人がその豆腐屋に逃げ込んだんです。そしたら豆腐屋の親父がその朝鮮人を二階から天井を抜いて天井裏にかくしたんです。梯子段で上がっていくとその天井裏は、入ったってまっくらで何も見えないんだ。そこにおにぎりを作って持っていっていた。もうそれこそ夜にでもならないと便所なんか降りてこないです。おっかないからね。そのときみんな血まなこになっていたからね。その朝鮮人の名前はなんと言ったかな。とても人なつっこい良い人でね。私らよりも五、六歳上だったと思う。かくまったことはだれも知らないし、警察もわからなかった。たしか六日になってから、憲兵か警察が『朝鮮人をかくまっていないか』と言いながら歩いていたので、二階にかくまっていた朝鮮人を下に降ろして路地で憲兵隊か警察に渡したのです」

［佐藤〈仮名〉］

震災当時の朝鮮人の生活のようすを知る資料は、私たちの聞きがきの範囲では足りないと思う。ここまで書いてきて、よくわからないことが多いのが残念でならない。

敵は朝鮮人だと上官が命令した

「議會で問題にならう」と

代議士、津野田少將語る

甘粕事件—セン人虐殺事件と相次いで發表されやつと安定したらしい人の氣分に一脈の暗影をなげてゆく、一體どういふ風に落ちついてゆくものか、この臨時議會もどうせ一あれ、あれでは納まらない形勢にある、始めて野黨として立つ政友會の唯一の陸軍通で陸軍少將である津野田是重代議士に訊ねて見ると「イヤどうも大變な事でしたね」と前提して

悠々と

して語り始める「私は思ふ、今度の色々な事件に對しては何う考へても陸軍戒嚴部が越權沙汰ではなかつたかといふことです、大體戒嚴令なるものは二種の立前がある戰時非常時の戒令と國內の非常時に備へる戒令がそれであつて今度の震災はその後者の方法によりて施行しなければならなかつた筈である、それにも拘はらず戒嚴部當局は當時あだかも敵國が國內にでも

亂入し

た場合のやうなやりかたをしたのではなかつたらうか私の宅の附近でもあまり騷々しいので私は門の外へ出て見たら武裝した軍隊がゐた、そして隊長らしいのが「敵は今幡ケ谷方めんに見はれた」云々と號令してゐるので私はその將校を捉へて「敵とは何か」と質問したら「朝セン人だ」と答へたで私は更に「朝セン人が何故敵か」と問ふたら「上官の命令だから知らぬ」と答へた勿論當時はいろいろの

事情も

あり虐殺された鮮人中にも不穩の行動に出たものがあつたであらうが國民としてはこれ等のことに對して十分調査の必要がある自分としても目下精査してゐるが傳へ聞くところによると某大官なども關係して種々の風說を生んでゐる何れは議會の一問題となることはまぬかれまい」と

敵は朝鮮人だと
上官が命令した
「議会で問題にならう」と
代議士津野田少将語る
読売新聞・1923年10月22日・5面

軍隊の出動

九月二日、軍隊が亀戸《かめいど》駅周辺でおこした行動を、軍隊内部からえがいた有名な記録がある。習志野騎兵連隊に所属していた、越中谷《えっちゅうや》利一さんがみずからの体験をもとにした作品である。

「戒厳令が下って、習志野騎兵××連隊が出動したのは九月二日の時刻にして正午少し前頃であったろうか。とにかく恐ろしく急であった。普段から他の兵科よりも『敏速』と云うことに就ては特に八釜《やかま》しく云われているので可成《かなり》慣れているのだが、あの時許《ばか》りは全く面喰ってしまった。何しろ平常の演習に出るのとは訳が違って凡《すべ》て戦時武装をするのであるから手間がかかった。恰度《ちょうど》乗馬教練をしていた時であったが、原から競馬のようにして連隊にかけ戻り、人馬の軍装をすっかり整えて舎前に乗馬整列するのに所用時間が僅に三〇分位しか与えられなかったのである。

さて、二日分の糧食及馬糧、予備蹄鉄まで携行、それに実弾六十発（内五発は負銃の中に装弾）を渡されて、いざ出発となると、将校は自宅から、箪笥《たんす》の奥に、奥さんの一張羅の長襦袢と一しょに蔵《しま》ってあった真刀を取り出して来て出発の指揮号令をしたのであるから、宛《さなが》ら戦争気分！　将校以下下士兵卒に至るまで何が何やら分らぬ乍《なが》ら夢宙（ママ）になって屯営《とんえい》を後にした。歩度は連続速歩、時々駈歩に移って千葉街道を一路砂塵を揚げてぶっ続けに飛ばしたのである。そして亀戸に到着したのが午後の二時頃、おゝ、満目《まんもく》悽惨！　亀戸駅付近は罹災民でハンランする洪水のようであった。と、直《ただ》ちに活動の手始めとして先ず列車改め、と云うのが行われた。数名の将校が抜剣して発車間際の列車の内外を調べるのである。と、機関車に積まれてある石炭の上に蠅のように群がりたかった中から果して一名の××(1)人が引摺《ひきず》り下ろされた。憐むべし、数千の避難民環視(ママ)の中で、安寧秩序の名の下に、逃がれようとするのを背後《うし》ろから××××××××××(2)仆《たお》れたのである。と、避難民の中から、思わず湧き起る嵐のような万歳歓喜の声。(国賊!　×××××××××!(3))これを以て劈頭《へきとう》の××(4)とした連隊は、其日の夕方から夜に這入るに随《したがっ》ていよいよ素晴らしいことを行《や》り出したのである。兵隊の斬ったのは多く此の夜である」

(「戒厳令と兵卒」『戦旗』一九二八年九月号、戦旗復刻版刊行会、一九七七年。戦後に越中谷さんがこの文をもとに書いた「関東大震災の思い出」『日本と朝鮮』一九六一年九月一日号、『越中谷利一著作集』所収では、伏せ字部分が次のように補われている。(1)「朝鮮」、(2)「白刃と銃剣下に次々と」、(3)「朝鮮人はみな殺しにしろ」、(4)「血祭り」)

当時、習志野には近衛《このえ》師団騎兵第一旅団(第一三・一四連隊)と第一師団騎兵第二旅団(第一五・一六連隊)などがあった。兵営は総武線では津田沼が近かった。あわただしく招集を受け、実弾をこめた銃をせおい、市川をかけぬけ小松川橋を渡る。なにがなんだかわからぬままに、二日の午後二時ごろ部隊が亀戸に到着するや、まずはじめの行動が将校を先頭とする朝鮮人の殺害だった。越中谷さんのこの文章は、いままで知られた資料の中で、南葛飾郡での軍隊の虐殺をしめすもっとも早い日時の確かな記録である。

しかし、いつ、どこから朝鮮人を敵とする出動命令がでたのかはまだ明らかになっていない。

これまでにわかっている一日の習志野騎兵連隊内部の証言は次の二つである。

前掲『いわれなく殺された人びと』で証言する会沢泰さんは、一日夜一一時ごろ、騎兵一四連隊の本部に旅団司令部から、「なるべく最大限の兵力を用意して東京の救援の準備をしてくれ」と電話が入ったという。また、騎兵一五連隊にいた田島完一さんは、一日夜中の一二時ごろ非常呼集がかけられた。実弾三〇発をもたされて出動、江戸川下流の下江戸川橋（今井橋）で約一週間駐屯したという（前掲『歴史の真実』）。この橋では九月二日、四日に計三回、あわせて八名の朝鮮人が騎兵第一五連隊の坂本軍曹らによって殺害された。これら軍隊による殺害は、衛戍《えいじゅ》勤務令★によって正当な行為と認められたのだった（「震災後に於ける刑事事犯及之に関連する事項調査書　秘」、前掲『現代史資料6』所収）。

このころ市川の国府台《こうのだい》にあった第一師団野戦重砲兵第三旅団でも、隷下★★の野戦重砲兵第一連隊・第七連隊、騎砲兵大隊に出動の準備をさせていた。刊行されている史料のなかでは、前掲『東京震災録　別輯』の第四章「勤労者」に、このあたりのことが詳しくのっている。

たとえば野重第一連隊からは、二日の夜半までに六次の救援隊が出動した。第一救援隊高梨少尉以下三一名は一日夜半に亀戸天神のそば、天神橋あたりに到着する。本所区、深川区と南葛飾郡のさかいとなる、横十間川にかかる橋である。この橋が守られなければ本所からの重要な避難路がたたれてしまう。第一救援隊が一部を天神橋の守備隊、その他を地区守備隊に分けたのは二日午前一時だった。地区警備隊は防火に全力をかたむけつつ、押上から報恩寺橋にすすみ、二日の午前九時には新たに到着した救援隊とともに、吾嬬町にすすんでいる。亀戸町、大島町、砂町などでは延焼したところもあるが、ほぼこの横十間川を境にして南葛飾郡は大火災をまぬがれた。その他、一日の夜から野重第七連隊は大島町進開橋と天神橋付近に、騎砲兵大隊も小菅《こすげ》刑務所★★★から隅田川左岸地区へ出動している。

★ **衛戍勤務令**　軍隊が定められた地に駐屯し、軍施設などの警備に当たる細目を定めた法規。衛戍司令官は警備責任者として、兵力使用の権限も与えられた

★★ **隷下**　配下の同義語。陸軍組織の中で下部に所属している組織・者

★★★ **小菅刑務所**　現在、葛飾区小菅の東京拘置所となっている。刑が確定した者を収監していた

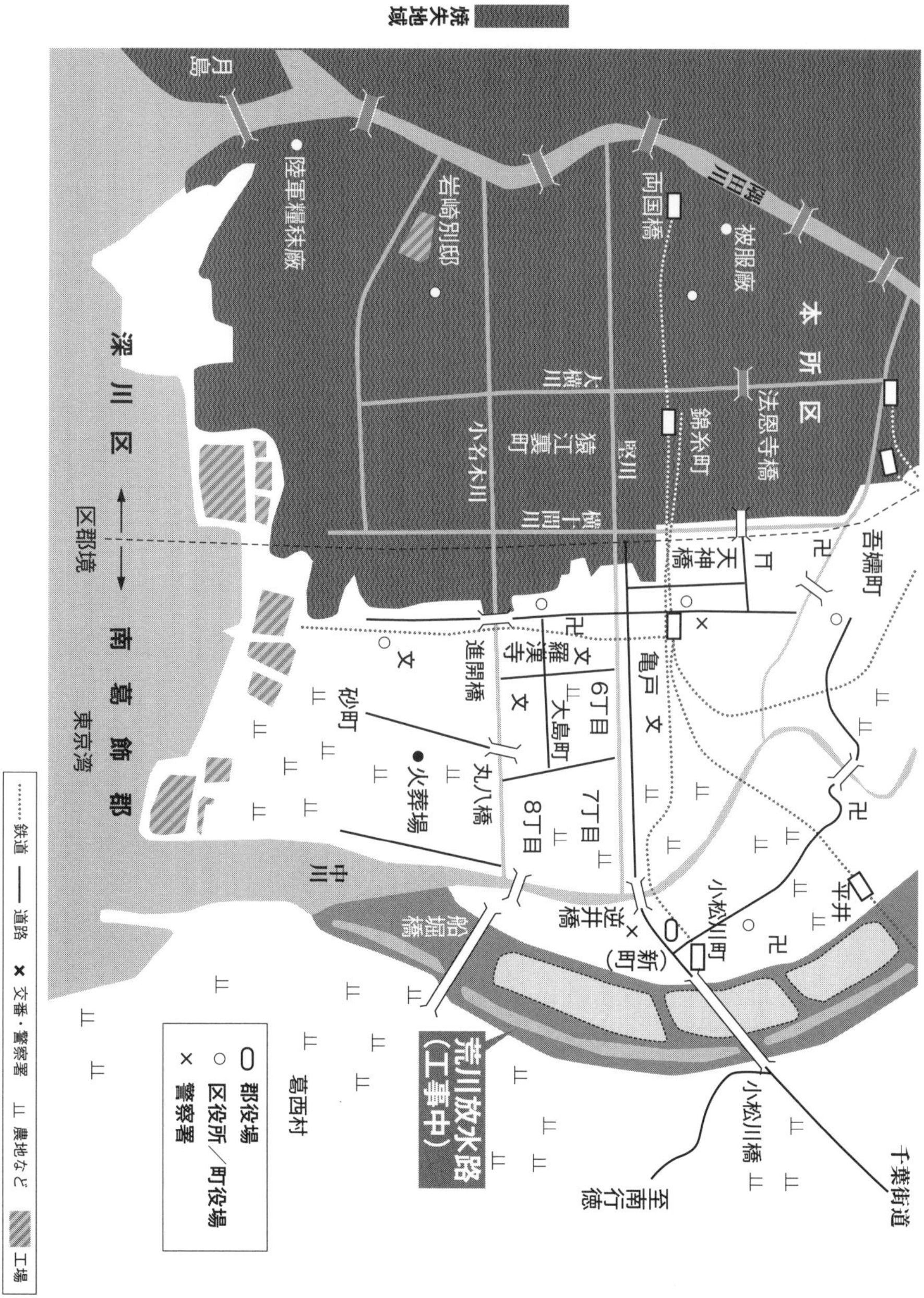

震災当時の総武線以南地域

このほか同書の前輯（一九二六年）にも、陸軍の活動が詳しくのっている。それらを整理すると、二日の午後から夜にかけて、隅田川と荒川放水路にはさまれた地域に配備された部隊は次のとおりである。

総武線の北側―騎兵第一三連隊（近衛師団・習志野）、野重第四連隊（近衛・下志津）、野重第七連隊・騎砲兵大隊（第一師団・国府台）

総武線の南側―騎兵第一四連隊（近衛・習志野）、野重第一連隊（第一・国府台）［騎兵第一五・一六連隊は通過したことになっている］

この配備は三日の夜までには、次のように改められた。

総武線の北側―騎兵第一三連隊、歩兵第一連隊（近衛・北の丸）

総武線の南側―騎兵第一四連隊、野重第一連隊、歩兵第三連隊（第一・麻布）

こうして並べてみると、いかに大量の兵力がこの地域に投入されたかがわかる。聞きがきをするなかで、「騎兵が早かった」、「麻布三連隊だった」と、さまざまに語られていた軍隊である。本当はどこなのだろうと頭を悩ませたが、どれも本当だった。そして総武線以北が警備地区のはずの、歩兵第一連隊のうちの一隊が月島に派遣されるなど、臨機の指示がされたのである。これらの軍隊は、もちろん防火に、救護に努力した。とくに本所、深川の警察署は、七つのうち向島警察署を除いて焼けおちていた。本所相生警察署員のように被服廠跡などで殉職した警察官も多い。数十万の罹災者のなかには自力で救護所まで行けないものも多かった。

しかし、大災害に直面し、行政・警察力の不足を補うため出されるはずの戒厳令一部施行は、大きくその目的をはずれもした。朝鮮人、中国人への「対敵行動」がそれだった。『東京震災録』の前輯・別輯に具体的な数字が上がっているだけでも、二日から三日にかけて、一〇〇名（総武線以北・野重第四連隊）、三〇〇余名（深川方面・野重第一連隊）、一七〇余名（小松川付近・同前）の朝鮮人が「保護検束」されている。

こうした事態はどこからおきたのか。次に紹介する遠藤三郎さんは、国府台の軍隊上層部の混乱ぶりを生なましく証言する。

国府台《こうのだい》の混乱

遠藤三郎さんは六〇周年の追悼式を新聞で知り、私たちの会に著書『歌日記』と『日中一五年戦争と私』を送ってきてくださった。

遠藤さんは震災当時、国府台の野重砲第一連隊第三中隊長だった。家が貧しくて大学にいくまでの学資がない。小卒で入れる陸軍幼年学校にすすむのが立身出世にいちばんだ、と子ども心に考えたと言う。幹部養成の陸軍大学（青山）を上位の成績で卒業し、震災当時、三〇歳の若さで大尉になっていた。

遠藤さんは、「私は冷静だったとあんまりいばれんかもしらん」という。関東大震災のときはちょうど休暇で、家族とともに郷里の山形県米沢に帰っていた。米沢でも地震でかなり揺れた。単身でもどればよいのだが、妻の兄も姉も東京にいる。幼児もつれて苦労したが、二日の晩には小岩村の自宅に着いた。すでに東北本線の栗橋鉄橋（埼玉県）あたりで、朝鮮人の流言は耳にしていた。「そんなばかなことが」と、罹災地の外からきた遠藤さんには思えた。

「三日の朝、連隊に行ったら大騒ぎ。みな本当だと思っている。私が帰る前に、私の中隊の岩波って少尉がね、部下二〇数名をつれて連隊から派遣されているんです。ところが私が留守だから、中隊長の許可も受けずにだいぶ殺しているんです。戦《いくさ》にいって敵を殺すのと同じように、朝鮮人、支那人を殺せば手柄になると思って。二〇〇名殺したか、何名か知りませんがね。

岩波は警備に派遣されたんです。連隊長の命令でね。どういう命令か直接には知らんけれども、とにかく朝鮮人が日本人を惨殺するって風評があったらしいんです。それで日本人を守るために派遣されたらしいんです。ところが岩波は士官学校出じゃないんです、兵隊出身の単純な男なんです。それが朝鮮人が日本人を殺すんだって、早合点しちゃって朝鮮人征伐やったんです。

だいたい連隊は大騒ぎ、『朝鮮人が暴動やっているから征伐せにゃならん』って、連隊長が血まなこになって出動させようとしている。私の部下は武装させませんでした。そうしたら連隊長にえらい叱られてね。『そんな状態じゃない。みんな武装して出ていっている。朝鮮人をやっつけなきゃならん』。金子旅団長もみんな、キチガイになっているんだな。恐ろしいもんだな。

俺が指揮刀をさげたら連隊長が、『戦《いくさ》にいくのに指揮刀で行く奴があるか、軍刀で行け』って言う。連隊長もおったけど、わざわざ兵隊の前で『この軍刀は朝鮮人や支那

人を殺すんじゃない、俺の命令を聞かずに悪いことをする部下を切ってやるんだ』って言ってね。(私の部下も)**刀で切ってみたいんでね、そんなに血をみたいんなら野犬狩りをせいって、野犬退治させましたよ。だけど犬はずいぶん速いな、人間を切るのはわけないけど。野犬狩りやらしたところが、奴ら一生懸命。命令聞かなければ俺の刀で殺すっていったもんだから、あんまり**(朝鮮人、中国人を)**殺さずにすんだもんだけど。」**

[遠藤三郎]

遠藤さんの証言はすでに『九・一関東大震災朝鮮人虐殺事件六〇周年に際して』(九・一関東大震災虐殺事件を考える会、一九八三年)がかなりのボリュームで収録しているが、私たちの聞きがきでは表現のリアルなところもあり、重なるところもあるが掲載した。

遠藤さんの日記によると、連隊に出動したのは三日午前八時だった。すると国府台の最高責任者金子直《なおし》第三旅団長をはじめとし、朝鮮人暴動を信じているのみならず、「討伐隊」をぞくぞく東京東部に出動させていたのである。先の『東京震災録　別輯』「勲労者」の章では岩波少尉以下六九名が、第四救護隊として小松川についたのは二日の午前一〇時半という。これにはもちろん朝鮮人殺害などは一言も記されていない。しかし、岩波少尉らの「武勇」はすでに評判になっていた。箝口令《かんこうれい》もなにもない。「自分の手柄だと思ってしゃべっているんだから」。

この岩波少尉らの二日の殺害は、他の野重第一連隊の兵士の日記にも記録されている。久保野茂次さんといって、前掲『歴史の真実』に収録されている、有名な日記である。

「九月二十九日　晴

望月上等兵と岩波少尉は震災地に警備の任をもってゆき、小松川にて無抵抗の温順に服してくる鮮人労働者二百名も兵を指揮し惨ぎゃくした。婦人は足を引張りまたを引裂き、あるいは針金を首に縛り池に投込み、苦しめて殺したり、数限りのぎゃく殺したことについて、あまり非常識すぎやしまいかと、他の者の公評も悪い」

（前掲『歴史の真実』）

この小松川は、避難者が千葉へ向かう道としても、軍の出動経路としても、もっとも通行量の多いところだった。久保野さん自身、二日は作業衣で救援に出たが、三日午前一時ごろ呼集されたのは「不逞鮮人」を「制動」するためだった。三八騎銃に実弾ももって出動すると、小松川あたりから民間人も日本刀、竹やりなどで「鮮人殺さんと血眼」になっていた。軍隊が到着すると在郷軍人等は勢いづき、兵士である久保野さんが「身の毛もよだつばかり」の虐殺となった。場所は離れるが月島でも同日午後一時五〇分ごろ、歩兵第一連隊から特派された一隊が「鮮人検索の為」到着すると、住民は戦々兢々として「遂《つい》に鮮人迫害の惨事を生ずるに至」ったという（月島警察署報告、前掲『大正大震火災誌』）。

軍隊が朝鮮人を「敵」や「検束の対象」として出動したとき、民衆に流言を疑う余地はなかったろう。軍隊の出動によって民衆の虐殺が激化したり、始まったことを示す資料である。

小名木川ぞいに

亀戸町と大島町をわけるのが竪川《たてかわ》で、現在は上を高速道路がはしっている。大島町と砂町のあいだを流れるのは小名木川。どちらも東西に水運のため開削された川だ。この小名木川にかかっているのが丸八橋である。

浦辺政雄さんが丸八橋で軍隊の虐殺を見たのは三日の朝だった。浦辺さんは本所区長岡町(現石原四丁目)の三ツ目通りの近くに住んでいた。被服廠には近かったが、そちらはすでに火がまわっている。錦糸町の駅で待ちあわせて、お父さんは一足先にでていた。火に囲まれてお母さんはあきらめ、妹をだいて念仏を唱えはじめる。当時一六歳の浦辺さんは二人をはげまし、何度も炎の中をくぐり、一日の夕方やっと大島町の親戚までたどりついた。お父さんが疲れきって親戚宅に現われたのは二日の夕方だった。

この晩になって、「朝鮮人が暴動を起こし、井戸に毒を入れたから井戸水は飲むな」と自警団がふれ歩いた。この日、家の焼け跡を見てきていた浦辺さんは、財産や家のある人とは感じが違う。「なんとでもなるようになれさ」と思っているうちに、「朝鮮人がおおぜい本所、深川のほうから押し寄せてくる」とのうわさがまたたくまに広がった。「暗くなって戒厳令が施行されてから、みんなそのつもりで覚悟をきめなさい式に口伝えで伝わってきたのです。戒厳令なんて、一五、六の我われには何のことだかわかりませんでした」という。

しかし、まだお兄さんの消息がわからない。お兄さんは浜町の病院に勤めていた。避難先の親戚は大島六丁目で紺屋《こうや》(染物屋)をしていた。今の地下鉄都営新宿線の西大島駅と大島駅のあいだの北側である。そこから小名木川の丸八橋まで細い道が続いていた。小名木川ぞいに西へ行くと、隅田川を渡って浜町はすぐだった。

「九月三日は朝八時ころから、父とともにまず浜町へ兄を捜しにいきました。丸八橋までほんの一分か二分というところまで来ましたら、バババババーンと、ダダダーン

という音がしたわけです。何かしらと思って行くと、橋のむこう側でちょうど軍隊が二〇人ぐらい、『気をつけー』『右向けー　右』って、整列して鉄砲を担いで行進して移動するところでした。

のぞいて見ると橋の右側に一〇人、左側にも一〇人ぐらいずつ電線で縛られて。あれは銅線だから、軟らかくて縛れるんです。後ろ手に縛って、川のなかに蹴《け》落とされて、それへ向けて銃撃したあとです。一人二人、潜っていた人もいたかもしれませんが、自分の勘定では一〇人ずつ。左側のはまだ撃たれたばっかりだから、皆のたうって。血が出ているさかりなんです。まっ赤。血が溶けずに漂っているわけです。右側のは先にやったんでしょう。血も薄れていました。

『なんだか知らぬが、むごいこと』と、息をのみました。いまみたいに土手はなくって、平ら、すぐ水面なんです。木の橋で幅はいまの四分の一ぐらいでした。川のほうは、いまよりもうちょっと幅があったように感じますがね。岸の北側につき落として、南側から撃ったんです。

小名木川ぞいに西へ行くと次は進開橋です。その手前、四、五〇メートル、せいぜい一〇〇メートルのところでも同じような銃殺体、一〇人ほどを見ました。それはもう時間が一時間やそこらたったんでしょう。血も何もありませんからね。川のなかが同じ状態ですからね、ここでやって、それから丸八橋でやったんでしょう。このあたりは全然焼けないですからね。死体が浮いているって、その朝鮮の人だけですよ。確かめるまもないし、とにかくむごいことだと。だけど私たちは兄を、兄を、というわけで、先へ行ったんです」

［浦辺政雄］

浦辺政雄さんには一九八四年六月にはじめて話を聞いて以来、追悼式にきていただいたり、現地調査をお願いしてきた。浦辺さんは一九〇七年に本所で生まれ、その後も東京大空襲まで本所や亀戸で暮らしてきた人だ。一四歳から夜学に通うかたわら、古道具屋をしていたお父さんを手伝ってきた。この小名木川での証言は、一九八九年五月の現地調査のときのものである。

同じ進開橋で、中国人の殺害を目撃した人が高梨輝憲さんである。一九〇五年生まれの高梨さんは私たちの荒川試掘が報道されると、すぐ絹田の勤務先を訪ねてきて、「中国人の追悼もいっしょにやってほしい」と言われた。『江東区の歴史』(名著出版)など多く執筆し、漢学にもあかるい高梨さんは、すでに一九七三年に日本文と中国文で「関東大震災殃死《おうし》中国人弔祭趣意書」をつくり、一人で呼びかけていた。また同じ年、未発表の論文「関東大震災と中国人殺戮の真相―特に府下大島町を中心として」を書き、私家版で『関東大震災体験記』(一九七四年)も刊行していた。

学究肌の高梨さんの熱意に、私たちはただ驚くばかりだった。しかし、私たちといえば、高梨さんの思いに応ええたとはいえない。総武線の南側はほとんど歩いていないし、朝鮮人虐殺事件をおうだけで精いっぱいで、中国人虐殺事

1989年5月、詳細に証言してくれた高梨さん

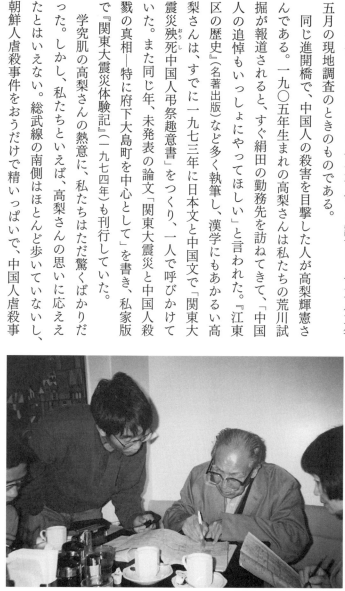

件を自分たちのなかに整理することができなかった。歯がゆい思いをずいぶんさせたと思う。高梨さんの証言は、未発表原稿や『関東大震災体験記』のほうがまとまっている。私家版で多くの方の目にはふれにくいため、要約して紹介したい。

高梨さんは小名木川を見て育った。関東大震災当時は深川区猿江裏町（現猿江）に住み、一八歳だった。そのころ、中国人は五〜一〇人で四畳半二間ぐらいの長屋に共同生活をしていたという。仕事はおもに荷揚げ作業で、小名木川や竪川沿岸の大工場でつかう石炭を船から天秤《てんびん》★ではこんでいた。仕事中も民族服を着ていたという。また、中国特産の民芸品を売る行商人もいて、高梨さんは『十八史略★★』が縁でその一人と親しくなった。その人が震災後、姿を見せなくなったのが中国人虐殺事件に関心を持ち続けたきっかけだった。

九月一日は火が迫ってきたので、大島八丁目の義兄の家（現宝塔寺の裏あたりと確認）に避難し、さらに千葉県の行徳まで避難したのは二日だった。三日、自宅焼け跡にもどったとき、制服の警察官に「君は青年団員だろう。いま、不逞鮮人が東京に押しよせてくるという話だから、青年団員をあつめて警戒してくれ」と言われる。高梨さんは東京市連合青年団員で、団服を着ていたからだった。「上部というか、警視庁あたりからそういう情報がはいったらしい」と言う。焼け跡で三日に団員を集めろと言われても、無理な話だ。この警察官とわかれたあと、進開橋までひきかえした。進開橋付近は町役場や小学校があり、大島町の中心地だった。そこで高梨さんは、一人の民族服を着た中国人が後ろ手にしばられ、群衆と三人の騎兵に取り囲まれているのを見た。群衆は『この野郎朝鮮人だ、やっつけてしまえ』とののしっていた。

「殺されたのはね、騎兵の兵隊にね。騎兵は軍刀をもっていましたからね。斬りつけ

★ **天秤**　天秤棒の両端に荷物を入れた籠等を下げ、棒の中央を肩で担いで運ぶ道具

★★ **十八史略**　中国の神話時代から南宋滅亡までの歴史書

て倒れると、足を持って川にほうりこんじゃった。頭に切りつけたから頭から血が出たでしょう。川っぷちにいったん落ちて、浮かび上がった。その形相はまことにすさまじかった。髪の毛が顔にかぶさって血が流れて、ちょうどお岩さんのようなすさまじい形相でしたね」

［高梨輝憲］

しかし、これだけではすまなかった。進開橋から亀戸の方向に少し行ったところで、今度は銃剣をもった騎兵五、六人のかたわらで三人が血まみれになってころがっていた。やはり後ろ手にしばられた男だった。近づいてみると尻には銃剣の傷がなまなましい。ここにも群衆が集まり、丸太や鉄棒で殴っていた。軍人はだまって見ているのだった。

四日の朝には義兄の家と小名木川のあいだにあった長屋にすむ朝鮮人がおそわれた。出勤前の食事中のこと、妻は日本人だった。数名のうち一人が夫に殴りつけると、もう一人が鳶口を頭にうちこむ。たまたま通りかかった高梨さんの目の前でのできごとだった。

このほか、小名木川から砂町にかけての事件を伝えるものには、田辺貞之助さんの『女木川界隈』（実業之日本社、一九六二年）や伊藤国太郎さんの証言（前掲『歴史の真実』）がある。田辺さんは自宅が兵隊の宿舎となり、兵士が銃剣の血をおとすのをまざまざと見ている。伊藤さんは砂町小学校での民衆による虐殺を目撃しているが、ここにも憲兵がいて「『やれ、やれ』と言っていた」という。総武線以南の事件は軍隊が単独でおこしたもののほか、民衆による迫害の場面にも軍隊がよく登場する。

大島八丁目の空き地で

高梨さんの義兄宅から北側の大島七丁目の方向へ、当時は細い道がのびていた。まわりは田んぼが多く、人家はまばらだった。その先は蓮田を埋め立てた広い空き地にでる。そこに三日の午後あたりから、多くの惨殺死体が運ばれてきた。高梨さんはかつて一人で歩いたとき、地元のお年寄りから聞いて、現場は富士急行バス営業所（ターミナル）と確認していた。現在の都営地下鉄新宿線東大島駅西側の、江東区東大島文化センターあたりである。

そのターミナルはかなり広かったものの、現地調査の時点では、富士急商事の駐車場として一部が残っていた。そこは現在（一九九二年）は富士急の独身寮の建設が進んでいる。町はどんどん変わっている。

高梨さんは雨のなか、八四歳とは思えぬ足取りで駐車場の周囲を歩いた。ここに、軍隊や民衆によって殺された数百の朝鮮人、中国人の死体が、ほうぼうから集められたのだ。それを、高梨さんは四日の朝に見ていた。無数という感じだったという。腹をさかれた妊婦、女性の陰部に竹の棒をさしたものもあった。首がおちかかっていたり、全身殴られて紫色にはれあがった死体……。同じ朝、義兄の家の近くで殺された朝鮮人も運びこまれていた。

同じ広場を証言するのが小林さん（仮名）である。小林さんはその広場があったところはいまの日石スタンド（地下鉄線ガード下）あたりという。富士急独身寮とは隣あわせである。高梨さんの未発表原稿には自筆の地図があるが、大島七丁目との境に近い八丁目にその広場を書き入れている。

小林さんは震災当時二三歳だった。もともと八丁目の旧家だったが、お父さんも亡くなり小

郵便はがき

切手を
お貼りください

115－0045

東京都北区赤羽1-19-7-603

ころから編集部 行

◎本書をご購入いただき誠にありがとうございます。
今後の出版企画に活用いたしますので、ご意見などをお寄せください。

メールでもお受けします→ office@korocolor.com

お名前	
ご住所	
性別　女　男	年齢

▶書名

▶ご購入店

都道府県　　　　　　　　　　　　　書店

▶本書をお知りになったのは？

①書店・ネット書店で　②新聞・雑誌の記事で

③新聞・雑誌の広告で　④SNSなどネット上で

⑤友人からプレゼントされて

⑥その他（　　　　　　　　　　　　　）

▶本書へのご意見、著者へのメッセージなどありましたら、お聞かせください。

▶「こんな本が読みたい！」という本があれば教えてください。

ありがとうございました。ⓒⓞⓚⓡ

林さんも兵隊に行くので、農家をやめて長屋を人に貸すようになっていた。少し長くなるが、小林さんの証言は当時の雰囲気をよく伝えるので紹介したい。

「震災前、韓国人より支那人のほうが多かった。大島はぐるっと川に囲まれているから、工場は深川より多かった。材料なんか船で運ぶから、船の荷揚げ人夫なんかやっていた。住んでいるところは一つのところに五、六人でかたまってほうぼうに住んでいた。長屋のような集合住宅はなかった。私は韓国の人に家作《かさく》★を貸していた。一人ね、労働者で奥さんも韓国人。女の人もけっこういたね。女の人は労働しないしね、韓国の服装をして歩いていたね。中国人はたいていは単身だった。若い人、三〇、四〇、五〇歳くらいまでいた。働きざかりで国に送金していたんだろう。

朝鮮人、支那人は同じように働きにきていた仲間ですね。私たちは区分けできないけれど、そういう人たちが転てんとして、会社の人夫やほうぼうの荷揚げとかをしていた。会社、工場でも、その人たちのほうが賃金が安くてまじめにやるから、日本人より使いよいということで、おおぜい使ったんでしょう。でもよくみると、中国は中国、韓国は韓国で、住まいは別べつのような気がした。着るものは民族服でなく、こっちで働く人と同じ服装、日本人と同じ服装だった。

私は九月一日の夜は大島七丁目の生家にいた。在郷軍人だったので一日の夜から炊き出しを始めた。玄米を炊いて、焼け出された人に食べさせました。

焼け出された人がこっちに来るでしょ。流言蜚語というんでしょうか、朝鮮人が井戸に毒薬を入れているんだ、朝鮮人が放火した、われわれをこんな目にあわせたのは

★家作　貸し家

彼らが原因だ……、という意識をもたせるような宣伝をしたわけだ。それは日本人がしているわけですよ。こちらの被害のないところもそういう気持ちが沸き上がるような。そのときは軍隊も警察も出てこない。みんなが自分の家を守るのが精いっぱいでしたから。流言は焼け出された人が一日中そういう事を言って騒いでおった。われわれもそういう人の言った言葉を聞いたんだからね。

私はちょうど在郷軍人で命令があって、『朝鮮人や支那人のところを見てまわってくれ』と言うんで、見てまわったんだから。『まわって、火気、包丁など危険なものは取り上げろ』とね。でも、どこの家でも包丁は必要な物でね、マッチは放火するおそれがあるってんで、マッチはとったな。そんなもんでした。

『支那人、朝鮮人をやっちゃえ』というのは、焼け出された人が多く騒いだね。このまわりの人はべつだん被害がないんだから、その必要はないし、やるのを見ていたほうだからね。中国人、朝鮮人で殺された人もいるし、殺されてからもすぐ軍隊が来て、『殺しちゃ大変だ』という通知がありました。すぐ憲兵が来ましたよ。『だれがやったか』『だれが殺したか』って。

私も朝鮮人や中国人が殺されちゃ大変だと思った。というのは私が朝鮮人をね、家の家作にしていた。懇意にしていたから。それで私は在郷軍人の帽子をかぶり服を着て、彼らをどんどん亀戸警察に連れていった。女はべつだん何でもなくて、男だけ連れていった。このへんでは女は殺されなかった。私の見た目では。

たくさんの殺された人の死体を焼いた広場は、いま、日石のガソリンスタンドのあるところ。忠実屋(現・スーパーダイエー)の前あたりです。そこで焼いたのは朝鮮人も

中国人も両方でした。焼いているところは見ましたよ。焼いたのは民間人です。だんだん警察なんかがやかましくなって、民間の人が焼いたんです。べつだん軍隊とか警察とか、公務員とかが焼いたというんじゃなかったですよ。

焼きはじめたのは地震から五日か六日たっているね。殺しはじめたのが二日、三日、四日ぐらいだから。死体をどんな人が運びこんできたのかわからないんですよ。夜持ってくるんだか朝持ってくるんだかわかんないしね。人家がまばらだったから、死体を持ってこられてもわかんないですよ。夜警をやっていたけど、見てるだけ。ことさら行かなくてもいいやと、酒でも飲もうってとこだ。

死体は焼けないから、ずいぶん骨が半焼けみたいなもんでしたよ。頼まれて、お金はらってやったんだから、焼き屋さんがね。残った骨とかはどこにかたしたのかわかりません。そのころはやかましくなっていて、軍隊か警察のほうで処理したんじゃないかな」

［小林〈仮名〉］

この広場の死体について、八島京一氏は「大島八丁目の大島鋳物工場の横で、蓮田を埋立てた地所に、二三百人位の死骸がありました」と述べている(前掲「亀戸労働者刺殺事件聴取書」二番)。また、前出の田辺貞之助さんも大島六丁目と言うが、二五〇名からの惨殺死体が並べられた空地を見ている。

「外地人」として日本の主権の下におかれた朝鮮人とはことなり、中国人は外国人であり、その取り扱いは外交問題だった。中国人に対しては許可なく働くことを禁じていたが、第一次大戦の好景気の時には労働力不足のため制限撤廃がとりざたされた。それが戦後恐慌に入ると、一転して不法就労として検挙、国外退去を命じはじめたのである。これに対し、「無免許で労働に従事した廉《かど》で先に帰国を命ぜられた府下大島、亀戸町辺の支那人は何《いず》れも其日暮しで帰国の旅費もなく」、警視総監らにたいし留学生とともに陳情していた（『東京朝日新聞』一九二二年八月一九日）。このあと、大島町に中国人労働者のための僑日共済会が設立された。震災の前年のことである。

仁木ふみ子さんの綿密な調査によれば、中国人全体の死傷者★は五六六名以上で、現在の温州市出身者に集中していた。最も犠牲者を出したのは大島町の三九三人、とくに八丁目では三三四人の死者が確認されている（『関東大震災中国人大虐殺』岩波ブックレット、一九九一年）。

僑日共済会の会長をしていた留学生の王希天《ワンシティエン》は、震災下、中国人労働者の安否を気づかって大島町に来て、亀戸警察署に拘留される。王希天が亀戸署から野重第一連隊の中隊長らによって連れ出され、旧中川の逆井橋のたもとで殺害されたのは九月一一日のことだった。

小松川での遺体処理

大島八丁目の遺体は焼かれたことまではわかっているが、その後の遺骨のゆくえはわからない。焼却した五日の夕方、高梨さんは立番をしていた警察官から、「あの死体のなかには支那人も多くまじっているが、あとになって外交問題でも起こらなければよいが」と話しかけられた（前掲、未発表原稿）。また、八島京一氏も、前出の「亀戸労働者刺殺事件聴取書」一番のなかで、顔なじみの警察官から、外国人が亀戸署管内の視察に来るので、徹夜で死体を焼いたと言われたことを述べている。

★ **中国人全体の死傷者数** 後に仁木さんは、著書『震災下の中国人虐殺』で神奈川での犠牲者もあわせ、中国人の行方不明者も含む死者を六六七名とした事実、中国からは、一二月に王正延《ワンジョンティン》ら調査団が日本を訪れており、遠藤三郎さんは自分の連隊から加害者を出したので、事後処理に汲汲としたのである。しかし朝鮮人は先の「罹災同胞慰問班」のように、少人数の生きのびた人の手で真相究明の努力がされたものの、抗議などできる状況ではなかった。

Ⅱ章で亀戸事件犠牲者らの死体は旧四ツ木橋付近に埋められていたらしいと紹介した。この遺体は警察官らのだしぬき発掘で、遺族がひきとれずじまいになってしまった。そこにいっしょにあった朝鮮人の遺体を引き取ろうとしたのが鄭然圭《チョンヨンギュ》という人だった。鄭さんは一一月一三日に旧四ツ木橋下手で遺体を引き取るはずだった亀戸事件遺族、日本労働総同盟らのメンバーの一人に入っている（『報知新聞』一九二三年一一月一三日）。

鄭さんは当時二四歳ながら『さすらひの空』などの著書をもつ作家だった。震災翌年の『秘在京朝鮮人状況』（朝鮮総督府警務局東京出張員）によれば、鄭さんは警視庁の乙号要視察人に指定されている（『在日朝鮮人関係資料集成』第一巻、朴慶植《パクキョンシク》、三一書房所収）。震災のあと淀橋警察署に検束されており、一〇月一三日に釈放されてからの活動である（「読売新聞」一九二三年一〇月二一日）。

その後、鄭さんは旧四ツ木橋での遺体引き取りを断念したのか、今度は亀戸警察署をたずね、同胞を埋めた場所を教わって、供養しようとした。朝鮮仏教会館の横井金應と報知新聞写真班と同行してのことだった。この間のことを、鄭さんは同年の一一月から一二月にかけての『報知新聞』に、「同胞の遺骨を訪ねて」として全八回にわたり連載した。

連載第五回（一二月一二日付）では、古森署長との次のやりとりをのせている。この日の署長の話によれば、「震災前まで該署管轄区内に居住していた朝鮮人は約二百名内外であるが、皆労働者のことだから詳しい正確な数を知ることは出来ない。外にまた支那労働者も二三百人居た。

けれども無事に皆保護して習志野に送った」と言う。「皆保護」したとはもちろん作り話である。しかし鄭さんたちはねばり強く、話を先にすすめた。

署長は「本所深川辺《あたり》から逃げておし馳《か》けて来た鮮人が五六百からもあった」ので、流言が伝わると「人民たちは警官たちの制するのも聞かずに、てんでに棍棒や刀を持ちだしては、鮮人と見れば片端から切り殺すという仕末」だったと、責任をすべて民衆に帰した。けれども、同行の一人に追求され、署長は亀戸署内での朝鮮人殺害をほのめかさざるをえなくなった(引用文中、編者注と入れてないものは、鄭然圭さんの注である)。

「しかし、皆無事に保護して習志野に送ったと手柄話をしようとする時、一人の兄弟から突っ込まれて……(ママ)『そうでございます。署内で例のあの事件(亀戸社主会(ママ)義者虐殺事件をさす)があったものですから、二三人の怪我はあったかも知れません。この署は鮮人が二階から留置場から何処《どこ》から一杯でしたから……』といい居るところをまた問いただされて、『そうでした、何分にも人民がこの警察署を包囲してしまって、「警察署は偏頗《へんぱ》な処致をとる、あんな爆弾を投げたり、火をつけたりする鮮人を引っぱって来て、検束するというけれども裏口から皆逃がしてしまうんだ。奴等を皆出せ出せ切り殺してしまう」といっては、いくら警官が制しても玄関口から激昂してどんどん侵入して来るのですから、それに出なければこの署を叩《たた》きこわしてしまうというのですから、どうすることも出来ませんでした』と、暗々裡に演武場や留置場の中で、朝鮮人が殺された事実をほのめかしては、けれども朝鮮人には一人の怪我人もなく、皆無事に習志野に送ったと苦しいいいかたをしていた。(後略)」

（『報知新聞』一二月一二日付、連載第五回）

こうした言いのがれを聞きつつも、鄭さんの心は非業の死をとげた同胞が眠る現場にとんでいた。次の連載第六回では私服巡査に案内され、現場を訪れたようすが描かれているが、残念ながら場所がどこか書いていない。

鄭さんはこの日ののち、一人でまた現場を訪ねた。一人と書いたが、いつものように尾行の刑事も同行している。前回と同じ場所なのかどうか、尋ねる日本人ごとにここではない、あっちだと言われたあげく、最後に「小松川橋大河のすぐ鉄橋の下」とわかる（『報知新聞』一二月一四日付、連載第七回）。大河というのは、荒川放水路と中川放水路が中土手をはさんで平行して流れている、その荒川放水路の方をさすのだろう。当時小松川橋は木橋だったので、総武線鉄橋であろう。その葦原に住む老婆に小銭をわたして案内をたのむと、老婆はすぐ前から荒川の土堤を降りて河岸まで鄭さんを連れていった。そこには石油缶や荒縄がちらばり、老婆は「これ見えるでしょう。これが皆骨です」と教えてくれ、話をつづけた。

「（前略）老婆はそれから朝鮮人の死体を焼く当時の有様について語った。

『ええ別に車に乗っけて来るようなことはありませんでした。其処《そこ》にもあるその荒縄で首を括《くく》って、何処からでもどんなに遠くからでも、犬やなにかのように引きずって来て……《（ママ）》ええ勿論針金などで首を括りつけてあの土手の上まで引っぱって来ては、其処からは足で蹴転がし落として、石油をぶっかけて二日二晩も続け様にやきましたから、それは臭いも臭くないも、とても御飯なぞたべることなんか出来やしませんでしたよ……《（ママ）》ええそうです。

大勢の旦那たち(巡査のこと)が来て焼きましたが、それは全くあれでも人間かと思われるほどでしたよ。鳶口やなんかで突っかけては火の中に抛《ほう》り込みましたからね……《ママ》それに人間の肉というものは中々焼けないものでしてね……《ママ》。』と気味悪いしかみ顔をした。

　わたしはまた一面のその枯れ葦の河原を見渡して、持ってきたトバ(卒塔婆のこと　編者注)を立てようと、穴を少し棒切れで掘り下げるとゴロゴロと泡が立ちあがって、ムクムクした赤い人の肉が——ちょうど鯨の缶詰の肉が切れて出るように——赤く切れぎれに裂き切れて出て、悪臭が鼻を酷《ひど》くついた。けれどもわたしはそれを厭《いと》わずに、手で押しこんで土をもりあげてトバを立てた。それから他の一箇所は、トバを立てに行くと、一面の土が焼き焦げて真黒になって油がどろどろして、その中には着物の焼け残りやら、黒く焼けた骨やらがごっちゃまぜになって、眼もあてられない有様であった。それにそのまわりには幾つもの錆ついた石油缶が投げ棄てられてあり、荒縄や針金の腐ったのや紐などが到《いた》る処に散らばっていて、其処へ行っただけで全身はぞっとぞっと寒気がするほどであった。(後略)」

(『報知新聞』一二月一五日付、連載第八回)

　書きうつすのをためらう情景である。鄭さんが第八回の原稿を書き終えたのは一二月一〇日のことだった。震災後三カ月もたっての総武線鉄橋付近である。ここといい、旧四ツ木橋といい、荒川放水路にそってこのような場所は多くあったのだろう。弔うためでなく、顔も名前も性別すらもわからなくするために焼かれたのだった。

習志野移送のかげで

話は浦辺政雄さんにもどる。浦辺さんは三日の朝、小名木川で軍隊による虐殺を見てからのち、さらに何カ所でも朝鮮人の虐殺を見る。

浦辺さんとお父さんは進開橋をあとに、浜町へと急いだ。しかし、浜町ではお兄さんの勤務先の焼け跡をむなしく見ただけだった。四日には何万人も死んだという被服廠跡にも行ってみた。中に入ると、死体の山に足がすくんだ。それまで多くの死体を見てきていた浦辺さんだが、被服廠跡のすごさには比べようがなかった。

「そのわずかの空き地で血だらけの朝鮮の人を四人、一〇人ぐらいの人が針金で縛って連れてきて引き倒しました。で、焼けボックイ★で押さえて、一升瓶の石油、僕は水と思ったけれど、ぶっかけたと思うと火をつけて、そしたら本当にもう苦しがって。のたうつのを焼けボックイで押さえつけ、口ぐちに『こいつらがこんなに俺たちの兄弟や親子を殺したのだ』と、目が血走っているのです。『お父さん、とてもじゃないけど見ていられない』って言って裏口から出ました。

帰り道、三ツ目通りの角で、一人石責めにあっていました。体半分が石に埋まって死んでいるのを、『こいつ』『こいつ』って。

父も、家も焼けた、家財も焼けた、せがれの総領《そうりょう》★★も見つからないということもあったんでしょう。『こいつ』って一つ投げたから、『お父さん止めてくれ』って。二発目を投げようとするから、『死んだもんに投げたってしかたないじゃないか』って、止めさ

★ 焼けボックイ　燃えさしの杭

★★ 総領　跡取りの長男のこと

せましたがね。
天神橋の通りをずっと行ったんですが、焼けて三日もたっているのに、被服廠跡で生き残った人が着物もそれこそあらめのように、焼けただれてけがをした人もいましたが、トボトボと亀戸のほうに一列につながっているのを見ました」〔浦辺政雄〕

九月五日には、陸軍習志野捕虜収容所への朝鮮人、中国人の移送が開始された。この連絡にあたったのが遠藤三郎さんだった。遠藤さんは四日の午前〇時に第三中隊をつれて国府台を出発、深川区の岩崎別邸で罹災者の救援にあたっていた。とくに食料がなく、焼けのこった糧秣廠から部下に米を運ばせる指揮をとっていた。その後、五日の午前四時ころに遠藤さんは野重第三旅団の「増加参謀」として招かれる。遠藤さんのこの日の仕事は、亀戸警察署をはじめとし、収容能力をこえていた朝鮮人や中国人の収容先の確保だった。

遠藤さんの日記によると遠藤さんは旅団長の命令で戒厳司令部へ行き、習志野収容所での保護の了解を得て、習志野に連絡に向かった。「習志野に送れば安全だったのですか?」という私たちの問いに、遠藤さんは次のように語った。

「そりゃ、何されるかわかりませんよ。習志野の廠舎なんて、あんなところへやったって。現に『これから数千人の朝鮮人、支那人を送るから保護してほしい』と言ったら、三宅といったか、騎兵学校の校長が、習志野あたりの一番えらいやつが、『何を言うか。俺のところは機関銃や何かもたせて東京にやっちゃって、ここには機関銃は一丁も残ってないぞ』って、キチガイのようになっておったから、とってももう、わかったもんじ

ゃないですよ」　［遠藤三郎］

この五日の夕方、浦辺さんは習志野に送られる朝鮮人の列を見た。やはり一日中、お兄さんのゆくえを探しての帰りだった。用のあるお父さんと別れ、天神橋から亀戸駅前を通って、まっすぐ南へ羅漢寺まで行けば、避難先の家はすぐだった。亀戸の南側には竪川にそって千葉街道が小松川橋に続いている。そこまで来たときのことだ。

「千葉街道に出ると、朝鮮人が一〇〇〇人に近いなと思うほど四列に並ばせられていました。亀戸警察署に一時収容していた人たちです。憲兵と兵隊がある程度ついて、習志野のほうへ護送されるところでした。

もちろん歩いて。列からはみ出すと殴って、捕虜みたいなもので人間扱いじゃないです。それほどけがをしているようすはなかったです。包帯なんてしていないですよ。手当なんかしてくれない。僕は当時純粋の盛りですからね。この人たちが本当に悪いことをするのかなって、気の毒で異様な感じでした。

羅漢寺は当時はいまの江東総合区民センター（地下鉄西大島駅の上）**のところにありました。いまも「五百羅漢跡」という石塔が立っています。道ももっと細かったし、二〇メートルぐらい引っ込んでました。いまの羅漢寺より小さくて、右隣はちょっと離れて銭湯でした。そして両方の裏手が羅漢寺の墓地になってたんです。**

ここまできたら、針金で縛って連れてきた朝鮮人が、八人ずつ一六人いました。さっきの人たちの一部ですね。憲兵がたしか二人、兵隊と巡査が四、五人ついているの

ですが、そのあとを民衆がゾロゾロついてきて『渡せ、渡せ』『俺たちのかたきを渡せ』って、いきり立っているのです。

銭湯に朝鮮人を入れたんです。民衆を追っ払ってね。僕も怖いもの見たさについてきたんだけど、ここで保護して習志野に送るんだなあと、よかったなーって思いましたよ。それで帰ろうと思ったら、何分もしないうちに『裏から出たぞー』って騒ぐわけなんです。何だって見ると、民衆、自警団が殺到していくんです。裏というのは墓地で、一段低くなって水がたまっていました。軍隊も巡査も、あとはいいようにしろと言わんばかりに消えちゃって。さあもうそのあとは、切る、刺す、殴る、蹴る、さすがに鉄砲はなかったけれど、見てはおれませんでした。一六人完全にね、殺したんです。五、六〇人がかたまって、半狂乱で。

抗はぬ朝鮮人に打ち落ろす鳶口の血に夕陽照りにき

これは、このときを詠んだものです。ちょうど夕方四時半かそこらで、走った血に夕陽が照るのが、いまだに六〇何年たっても目の前に浮かびます。自警団ばかりじゃなく、一般の民衆も裸の入れ墨をした人も、『こいつらがやったんだ』って、夢中になってやったんです」

［浦辺政雄］

浦辺さんは習志野に行けば、あの人たちは助かるものだと思っていた。しかし、遠藤さんは、「わかったもんじゃない」と言う。たしかに習志野も安全ではなかった。千葉県における関東大震災と朝鮮人犠牲者追悼調査実行委員会の調査によって、収容所内での殺害があり、さらに付近の村むらに朝鮮人が「払い下げ」られていったことが明らかになっている（前掲『いわれなく殺された人びと』）。

くり返しちゃならん

総武線の南側の証言は少ないが、話を聞かせてくれた人とは率直なおつきあいができた。

遠藤三郎さんは証言を聞いたとき（一九八四年）が九一歳だったが、残念なことにはその年のうちに訃報が届いた。遠藤さんには、久保野茂次さんの日記がのっている『歴史の真実』を送ったことがあった。ほどなくして届いた葉書には、「当時を偲びつつ、再びあやまちを繰り返さぬ様、ひこ孫等にもよく読ませます」と書かれていた。

高梨輝憲さんも亡くなった。「もう余命いくばくもない身だから、中国人の追悼ができれば死んでもいい」という言葉をのこして。私たちは力がたらず、高梨さんに報いることはできていない。しかし、高梨さんの思いは、松岡文平さん、今井清一さん、田原洋さんの研究、仁木ふみ子さんの調査と追悼、遺族への教育基金づくりへと受けつがれている。

何回にもわたって話してくれた浦辺さん

浦辺さんには、何回にもわたって話を聞かせてもらった。浦辺さんは短歌をやっており、メモをとること、文章を推敲する習慣がある。私たちがテープを起こしたものを持参すると、記憶をたしかめチェックしてくれる。五〇歳代から業界の新聞に自叙伝を書き、関東大震災について克明にふれ、その後『手記　関東大震災』(清水幾太郎編、新評論社、一九七五年)などにも朝鮮人虐殺事件の証言をよせてきた。人から聞いた話はしないという姿勢は一貫している。

「結局ね、ずーっと数えてくると五一人。朝鮮人の殺された人はみんなよい顔をしているんですよね。年寄りは見ません。二〇~三、四〇代で、女の人は全然見ません。当時職人ったら、腹掛け、股引《ももひき》き、はんてんですが、朝鮮人は腹掛けはしないです。はんてんはあってもね。それぞれの服です。といって民族的のでもない。顔見てもね、この人たちが何悪いことしたかなっていうのは頭にありました。

自分はまだ所帯主じゃないから、あるていど冷静にね。ただ、貧乏で家の帳場も手伝っていましたから、ポカンと学校に行っていればいいんじゃないんで、多少同じ年代でもみる目が違う」

[浦辺政雄]

浦辺さんの家は震災で店の商品いっさいを焼いてしまった。それで浦辺さんは寺島町の建具屋に見習い奉公に入る。まだ一六歳だった。親元をはなれ、必死に働いて半年たらずで八分職人となる。一人前の職人がとる給料の八割分をもらう職人のことだ。のちには独立し、若くして人を使うようになる。

「僕は小学校の優等生だったんです。忠君愛国のごりごりで教育されて。それが独立してから働いてもらった人が木下君て、南葛労働会に関係した人で、話しするうちに負けていったんです。

短歌の先輩でもあってね。僕が短歌に入ったきっかけは、石川啄木の『はたらけどはたらけど猶わがくらし楽にならざり　じっと手を見る』。俺みたいだって。自分でもできそうだと思いました。で、若山牧水の結社にはいったんです」

［浦辺政雄］

浦辺さんは当時の差別を、顔をしかめて語る。「朝鮮人はチョンコロって、中国人はチャンコロって、それはひどいものでしたよ」。これは現在のことにもつながる。木下という人は、プロレタリア文化運動のなかで、『短歌戦線』の編集をやっていた。その木下さんが一九三〇年ごろ亀戸警察署につかまって、もらい受けにいったこともある。

「面会に行くと目の前で拷問するんです。髪の毛を引っ張ってきて、指のあいだにエンピツはさんで、『主人の前で言わないか』って。釈放って通知がきて迎えにいくと、五〇メートルも行かないうちにまた留置。僕も脅されたし。

そのうち迷惑かけるからって、木下君は地下に潜ってね。だから国家秘密保護法★なんていわれると、また出てきやがったってムカムカするんですよ」

［浦辺政雄］

時代はファシズムの時代に入っていた。悪名高い治安維持法は、震災時の戒厳令下にだされたいわゆる治安維持令がつゆはらいとなってできたといわれる。

★**国家秘密保護法**　1985年「国家秘密に係るスパイ行為等の防止法案」が国会に上程、反対運動により廃案。2013年「特定秘密保護法」として成立した

「墨田区が関東大震災体験記を募集して、短歌を出したことがあります。そうしたら、朝鮮人虐殺にかかわる歌はすべて載らなかった。だけど、ああいう非常事態が今後起きないとも限らない。そのときに、ああいうことは二度とくり返しちゃならないと、自分が生きているかぎり、皆さんに真実を訴えたいと思って、でしゃばるようですがね、話すんです」

［浦辺政雄］

最後に浦辺さんの歌集『建具屋の歌』（新声社、一九七九年）から、六首紹介したい。※印のものは、本文で紹介した歌とともに、墨田区『関東大震災体験記録集』（一九七七年）から削られた歌である。

我が記憶衰へぬまに震災の証言を歌にと夜更け書き次ぐ
目も鼻も唇咽喉も乾き果て火のなき道に脱れ出でにき
焼水死幾千漂ふ墨田川茫然として佇ちつくし居き
理由なく殺されていく人々を我が瞳の前に五十余人見つ
※虐殺を逃れし幾千の朝鮮人護送さるるを我が見送りし
※朝鮮人社会主義者を震災の非常事態に殺せしは誰か

事件の残した傷跡

たびたび紹介した浅岡重蔵さんは、記録映画『隠された爪跡』の撮影のなかで、監督の呉充功さんにこう語っていた。

「殺されるとこ見てますとね、悪いことするんだから当然殺されちゃってしょうがないと思ってたけれども、あとでそれはデマであったんだと、ああいうふうに殺されたんだと知ったら、いやな気持ちになりましたね。

もし日本人が朝鮮に行ってこんなことやられたら、殺された人はどんな気持ちだろうと思ってね。あとで本当に私は変な気持ちになりました。どうしてそんなデマが飛んだのかと思って。だからその後ね、一年か二年たって、ここんとこらへんにね、花だの線香だのあげている人がずいぶんいましたよ」

浅岡さんは朝鮮人が殺されるところを見ており、それがデマによるものだったと知ったときのショックは大きかった。「どうしてそんなデマが飛んだのか」わからないまま、六〇年あまりがすぎた。しかし、浅岡さんはいやな気持ちだけを引きずったのではなく、逆に日本人がこんなことをやられたらどんな気持ちだろうと、立場をかえて想像している。相手を思いやる率直な考えをもっていた。

もともと私たちの会は、「せめてお経でもあげてあげれば供養になると思うが」という、浅岡さんたちお年寄りの言葉をうけて、遺骨を掘り追悼しようということになった。だが、マスコミに取り上げられた一方で、そのリアクションも大きく、証言者へのいやがらせ電話なども多かった。浅岡さんはこのことによく耐えてこられた。

「私は見たことを言っているんで、本当のことを言っているんだから何もね。いまになって、六〇年もたって、本当のことを言ったからって。こういうことあったんだってこと言ったっていいと思いますよ。私はそう思う」

この強い信念があったから耐えられたと思う。なかには浅岡さんのところへ、「お線香の一本でも花の一輪でもあげてやってくれ」と、お金をそえて送ってきた人もあった。励ましの手紙には支えられたと話されたが、いやがらせについては一度もぐちを言われたことはなかった。長く入院していたときも、その後も、同じ態度だった。しかし、負担にはなったと思う。

当時をたどりながら作られたこの映画の撮影中、旧四ツ木橋の土手で、九死に一生をえた朝鮮人曺仁承《チョインスン》さんの手を握ったとき、「つらかったでしょう……」と、浅岡さんは泣いてしまう。曺さんも、浅岡さんの手を握ったまま号泣した。デマだったと知ったときから、ずっと背負ってきた「いやな気持ち」を、日本人としてのすまなさを、浅岡さんは言葉少なに、そして心から表してくれた。

もう一人、横田さん(仮名)も重要な話を聞かせてくれた。証言をかりて、当時のことを考えてみたい。

「デマは、二日ごろから流れてきたかね。あとで軍隊が来たときは、みんな守りにきてくれたと思って『万歳、万歳』と大歓迎でした。私も父に言われて町内をまわりました」

[横田〈仮名〉]

人びとに「朝鮮人暴動」流言は信じられた。だから大変だと、にわかに竹槍をこさえ、しまってあった日本刀も持ちだした。町や家族を守るために、朝鮮人と戦おうとしたのである。軍隊は守りにきてくれたと思った。

「軍隊が殺したけど、言っていいのかどうか……。綾瀬川の河原でね、一二、三人ぐらいの朝鮮人を後ろ手に縛って数珠つなぎにし、川のほうに向かせて立たせて、こちらの土手の上から機関銃で射ちましたね。まだ死なない人には興奮した兵隊が刀で切りかかったんですよ。それを止めた兵隊もいました。死なない人はピストルでも射っていました」

［横田〈仮名〉］

当時一六歳の横田さんは、ほかにも鳶口を朝鮮人に打ちこんだところや、あちこちにころがった死体を見る。軍隊を迎え、勢いをました人びとによる虐殺だった。こんななかで、「軍隊が先にたって殺しておいて、その後一〇日もたったころ、『だれが殺したか』って調べに来ましたけど、だれがやったのかわからなくなっていたんだね」と言う。こうした調べが自警団裁判につながっていったのだろう。しかし、「先に軍隊がやっておいて」という思いは強かったし、だれかだけがやったというような状態でもなかった。当時は「なぜ……」という思いが支配的だったろう。

南葛飾郡西部は事件がすさまじかっただけに、のちに逮捕されたり起訴された人も出た。寺島警察署の管内では、「同署へ来て三人ばかりやっつけたから証明書を呉れと、手柄顔に金鵄勲章でも貰うつもりで出頭した」人もいたという（『都新聞』一九二三年一〇月一〇日）。「国家の一大事」に武功をたてたはずが、起訴収監されて、「なぜ俺だけが……」というぐらいではすまなかったろう。けれど、一時の「危機」が去ってしまえばふたたび秩序は回復した。というより、自警団検挙のときはまだ戒厳令がしかれていたから、以前よりずっと張りつめた感じだったのだろう。こうしたなかで多くの人が沈黙していった。

「むごいことだった」という言葉が多くの人から聞かれた。それと同じくらい、「私が言ったなんて、言わないでくださいね」という証言をためらう言葉も。六〇年、七〇年たったいまも、悔やむ思いと、ほぞをかむ思いと、かかわりあいにならないほうがよいという思いが混沌として沈んでいる。

だから、お年寄りたちが「供養できれば」、「花の一輪でも」、と言われたことは、本当に貴重な、大切なことなのだと思う。犠牲者につぐなうことはできないことかもしれない。だけど、日本人の側が背負ったことを、自分たちが解いていく一つの道を示してくれているように思える。

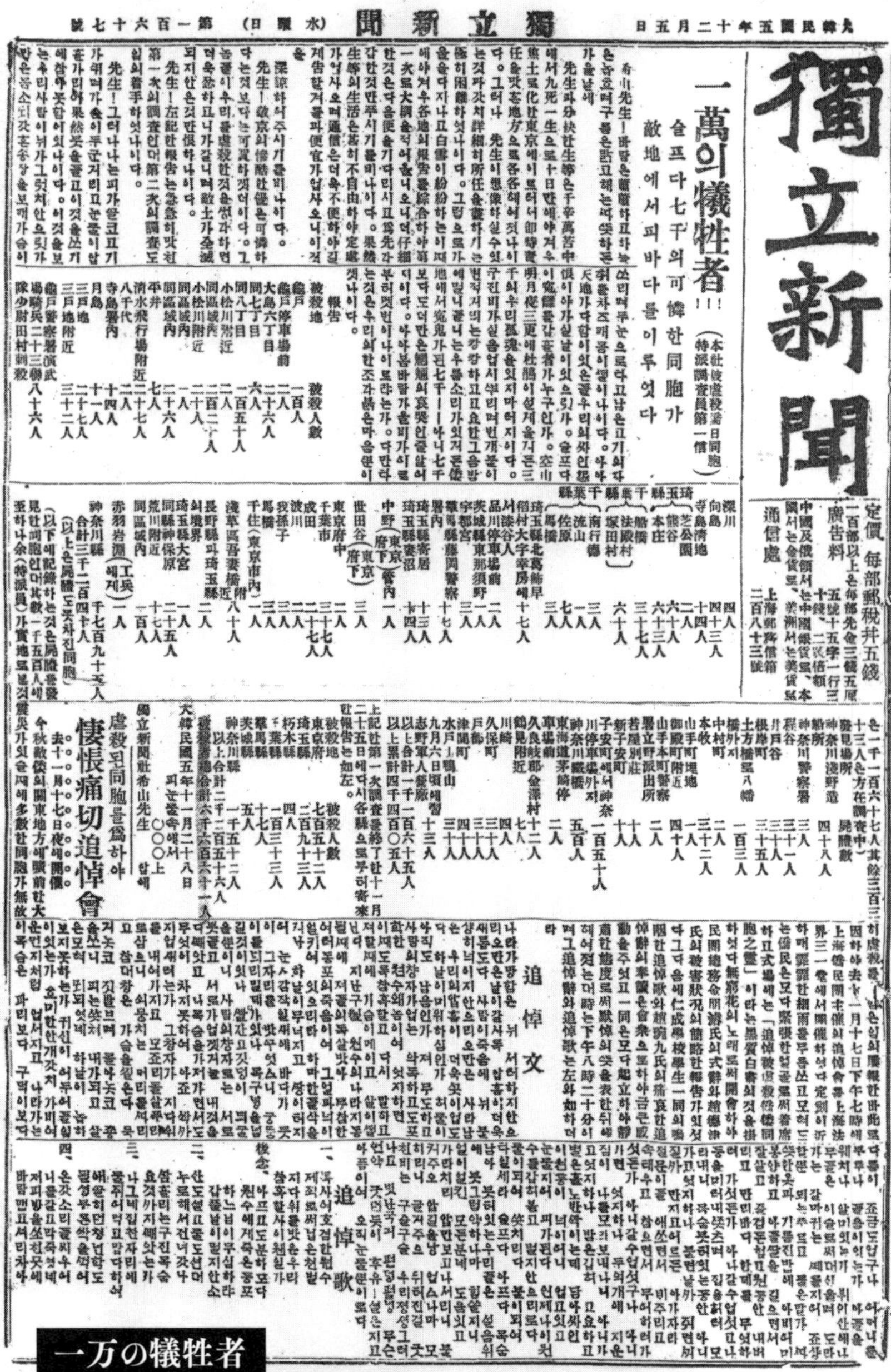
大韓民國五年十二月五日　獨立新聞　（水曜日）　第一百六十七號

獨立新聞

一萬의犧牲者!!

（本社被虐殺僑日同胞特派調査員第一信）

슬프다 七千의 可憐한 同胞가 敵地에서 피바다를 이루엇다

追悼文

悽愴痛切追悼會

追悼歌

一万の犧牲者
本社被虐殺僑日同胞
特派調査員第一信

独立新聞・1923年12月5日・1面

韓国の農村を歩く

一九八六年八月一六日、私たちは韓国慶尚北道《キョンサンプット》善山《ソンサン》郡にいた。第三次韓国訪問の一四日目だった。

集落と集落をつなぐバスは昼間は本数が少ない。それで田んぼのなかをまっすぐのびた国道のわきをてくてくと歩く。ときおり工業団地に向かうダンプカーがほこりをまいあげていく。かたわらには背の高い野生のコスモスが、一度風でたおれ、それでもピンクの花を上にもたげていた。じりじりと太陽が照りつけるが、田んぼの先の林ごしにときおりキラキラと洛東江《ナクトンガン》が見える。洛東江は全長五二五キロメートル。支流をあつめ、慶尚南道《キョンサンナムド》・北道の盆地や平野をゆったりと流れる。この流域は有数の水田地帯だ。

この日から三日間、私たちは韓国第三の都市、大邱《テグ》から善山《ソンサン》郡にかよった。震災の時東京に働きにきていた人、その家族に会って話を聞きたかったのだ。私たちはリュックのなかに、着替えや朝鮮語の辞書などとともに、当時の新聞からつくった五〇〇〇人あまりの名簿を詰めてきていた。朝鮮人虐殺事件のなかで、陸軍習志野収容所などに収容されていた人たちの名簿である。出身を道(県)・郡・面(行政村)・洞(集落)別に分けてある。慶尚北道のなかで善山郡出身は一三八名、義城《ウイソン》郡についで多い。なかでも海平面《ヘピョンミョン》というところは四四名と集中している。それでこの面を中心に歩くことにした。

大邱に住む韓国の大学院生が二日間、農村歩きに同行してくれることになった。くわしい地

ソビエト
（間島地方）
ウラジオストック
中国東北部
咸鏡北道
咸鏡南道
平安北道
平安南道
平壌
黄海道
江原道
ソウル
京畿道
忠清北道
忠清南道
慶尚北道
善山
大邱
慶山
全羅北道
慶尚南道
密陽
梁山
釜山
泗川
全羅南道
対馬
下関
済州島
九州

震災当時の朝鮮半島

図も買えず、また地図があっても人家もまばらなところである。田んぼのなかに住所表示などないので、道をたずねても「ここをずっと行くと牛小屋がみえるから、そこを左手に降りていった先だ」などと教えてくれる。私たちは朝鮮語を学んでいる日本人大学院生をメンバーに加え、ソウルに母国留学している関西出身の在日韓国人学生を通訳に頼んでいた。しかし、地元の人が同行してくれるのはありがたい。それで大邱から日帰りできる範囲というのも条件だった。

韓国はバス網が発達している。都市と都市を結ぶ豪華な高速バス、小都市までノンストップの直行バス、さらに小さな町を結ぶ市外バス……。どのターミナルからどこ行きが出ているのか、バスに乗るのも慣れないものには骨がおれる。

大邱からの市外バスは町ごとに止まりながら北へ進む。一時間も乗っただろうか。面事務所のあるような大きな集落でおりると、地元の大学院生はためらわず薬局に入っていく。薬局には薬剤師がいて、かならず高等教育を受けているから、なにかにつけ相談するにはよい場所だという。たしかにこのあとも薬屋さんにはずいぶんお世話になった。

まず私たちの韓国訪問の趣旨を説明して、関東大震災体験者をご存知ないかとたずねる。はじめは面喰らっていた人も、名簿を出すあたりから地元の院生と熱心に話しはじめる。そのうち電話を何本かかけたり、通りをいく知りあいに声をかけては話しにまきこむ。

三日目は私たちだけで出かけた。海平面に着いて遅い朝食をとりつつ食堂で話してみると、主人が地図を書いてくれ、そこをたずねるように言われた。少し先の集落に住む年配の物知りの人の家らしい。そこで相談してみるとよいという話だった。お礼を言ってまたバスに乗りこむ。

バスを降りてほどなく、その方の家はみつかった。一仕事終えたあとなのか、桶やら鍬《くわ》やらを庭先で洗っている最中だった。手をとめて私たちの相手をしてくれる。この人は日本語を話した。植民地時代、普通学校（小学校にあたる）で覚えなければひどいめにあったという。また私たちは訪問の趣旨を伝え、協力をたのむ。名簿の何人かの名前を知っていた。その人たちは亡くなってしまったが、家族はこの集落に住んでいるという。「案内しましょう」。門のさきを歩くニワトリを庭においやって、赤土の道を先にたっていく。途中でチゲ（しょいこ）に大きな籠をくくりつけたおじさんに会う。あいさつをかわして先にすすむ。

一軒の農家を訪ねた。この家の主人が事件体験者の息子さんだという。五、六〇代かと思われる、よく陽に焼けた人が出てくる。例によって聞きとれない言葉が飛びかう。そのうちまた「ついていらっしゃい」と言われた。近くに体験者の弟さんがいるから、その人といっしょにのほうが、一人のときよりいろんな話が聞けるだろうという配慮だった。

一行は五人になって、ぺたぺたと農道を行く。訪ねたお宅では庭先にむしろを広げ、シシトウの倍はある真っ赤なトウガラシを干していた。庭先の縁台にまねかれる。この弟さんは八三歳だった。ザルに山盛りのブドウでもてなしてくれる。

まず案内にたってくれた人が口火をきる。

「この地方はもともとは豊かなはずだが、日帝時代《イルチェシデ》★には朝に米の飯を食べたら、夕方に粥を食べられるのはごく一部の金持ちだけだった。松の木の皮をはいで食べたほどだ。われわれは食器に金属の箸や器を使う。それすら戦時供出で持っていかれたのだ……」

慶尚北道善山郡海平面にて（1986年8月）

★**日帝時代** 朝鮮半島が大日本帝国に植民地支配されていた、一九一〇～四五年を示す

話は一九二〇年代にと、戦時中にととぶ。慶尚なまりで話すお年寄りの言葉は、ソウル言葉（標準語）を学んだ人でも歯がたたない。案内の人を通して、慶尚なまりからソウル言葉、そして日本語へと翻訳して話がすすむ。

震災のころ、ここでは結婚して分家したら食べていけなかったという。震災から半月してお兄さんは帰ってきたが、どんな話をしているか刑事が聞き込みにまわったらしい。息子さんのほうは、くわしい話をお父さんから聞いていない。親子がいっしょに暮らせないほど、出稼ぎをしなければならなかった。のちに息子さんは「満州」に行った。「満州」移民は日本人だけではない。「五族協和★」を建国スローガンにした「満州」だが、実際は日本人が一等国民、朝鮮人が二等国民、中国人がその下と階層づけられていた。解放を迎えたとき、日本人の手先となって中国人の反感をかっていた朝鮮人は、中国人に殺されたという。しかし、海平にいても一六歳以上はみんな徴用にとられた……。

私たちはこのような韓国訪問を第四次にわたって行なった。犠牲者の側の体験をいま聞けるうちに、という思いであった。

犠牲者の側の体験

雨にたたられた一九八五年の追悼式に、七九歳の梁承武《ヤンスンム》さんは来てくれた。そして数日たって手紙がとどいた。追悼式に参加して震災のころの故郷を思い出したという。

梁さんの故郷は、いまの韓国・慶尚南道金海《キメ》郡といって釜山から二里の谷あいの村だった。すでに梁さんは結婚しており、妻のお兄さんは東京に留学していて、その最中に関東大震災が

★**五族協和**　一九三二年、満州事変で占領した土地に日本が建てた「満州国」の民族政策。日本人・朝鮮人・「満州」人・モンゴル人・漢人の五民族が協調して暮らせるようにとのスローガン

おきた。震災とともに朝鮮人が殺されたと口づてに伝わると、妻のお父さんは村から出てきて梁さんの家に泊まりこんだ。毎日梁さんと釜山まででかけ、釜関連絡船★★で息子が帰ってくるのを待ったのだ。釜山には全国から子どもを留学させている家族がでてきて、宿をとっては港につめかけていたという。幸いにお兄さんは生きてもどり、盛大に祝いの宴をはることができた。

しかし、同じ村のおばさんの息子はかえってこなかった。夫が亡くなっていたので、卵を仕入れては行商に歩いて育てた息子だった。成長してから、息子は生活が楽になれば東京に出稼ぎに行っていた。おばさんは仕事を休むわけにもいかず、毎日行商をしながら人の家の庭でもどこでも、「アイゴー、私の息子が殺されたー」と泣き暮らしていたという。

梁さんの話に限らず、私たちが活動をはじめて出会った在日韓国人・朝鮮人から聞く話には、身につまされるものが多かった。私たちにとっては、事件は遠く七〇年近くも昔のことだ。しかし、殺される側にあった人の体験は事件の直接の体験者だけにとどまらない。世代をこえて引き継がれている。

私たちは事件の話をおもに日本人の体験者から聞いてきた。地震や火事のおそろしかったこと、いつしか広がった「朝鮮人暴動」などの流言、そして人びとは浮き足だち、ある人は夜警にまわり、ある人はおびえてお母さんの膝のうえにいた。いつしか戒厳令がしかれ、軍隊まで加わって虐殺は続いたが、そのうちに自警団は武装解除され、「だれがやったか」と憲兵などが調べにまわった。見せしめ的な自警団員の検挙もあった。しかし多くの人は知人の安否をたずねたり、仕事の再開のため忙しい生活に戻っていった。そのころ流行ったのが「帝都復興、エーゾエーゾ」という歌だ。

体験者は「本当にひどかったんですよ」と、迫害のむごさをもどかしげに教えてくれる。しか

★★ **釜関連絡船**　慶尚南道釜山と山口県下関を結んだ連絡船。朝鮮側からは「釜関」と呼んだ

し聞いている私たちには「朝鮮人〇〇名の死体」としか伝わらない。証言者の目には焼きついている、その人の顔が見えてこないのだ。日本人にとっては、一九二三年に関東地方でおきたできごとであり、「昔ひどいことがあった」で終わってしまう。このような形でしか伝わらないのが、加害の側の歴史かもしれない。

こうした思いを重ねるうちに、犠牲者の側の聞きがきをしようという話になった。私たちの活動が「みそぎ」に終わらないよう、緊張感をとりもどしたいと考えたのだ。また、日本が植民地をもっていた国、という意識のうすい私たちである。直接の証言ではなくても、植民地朝鮮での震災前とその後の話は、私たちにとって事件の意味の、広さと深さを学ぶことになるだろうとも考えるようになった。

こうして、私たちは四度の韓国訪問を行なった。

韓国訪問の経過

第一次の韓国訪問を行ったのは一九八三年（八月二六日～九月七日、参加者二名）、事件から六〇年たっていた。このときはまず前年の九月一日前後に、韓国の各新聞に事件の体験をよせた方がたを訪問した。なぜ前年にかずかずの証言が新聞に載ったかといえば、その夏いらいの日本での第一次教科書問題が、韓国の人びとに「日帝時代《イルチェシデ》」を忘れない、という気持ちを呼びさましたからだった。「日帝時代」とは、韓国では「むかし」と同じように日常に使われる言葉だ。訪韓後もたずねた新聞社ごとに資料が提供され、また、私たちも活動をマスコミに取り上げてもらい、証言を求めていることをアピールした。その結果、ソウルで八名、大邱で一名の方に会い、八名

第一次韓国訪問調査時の紹介記事。韓国の新聞に載ることで、新聞社を通して新たな証言者に出合うことができた。下嶋哲朗(写真左)、西崎雅夫(写真右)〈東亜日報1983年8月30日〉

から証言を聞くことができた。

この方たちは新聞社が取材していただけに、著名人が多かった。キリスト教会の長老「咸錫憲《ハムソクホン》さん、崔承萬《チェスンマン》さん」、音楽家「尹克榮《ユンクギョン》さん」、教育者「李性求《イソング》さん」などである。震災当時は留学生、その婚約者、日本で商売をしていた人の甥などとして、東京や横浜にいた。その意味では日本に渡っていた朝鮮人のなかでは、比較的裕福だったり、学校の信用もあって日本人の家に下宿するなど、日本人との交流も深かった。そのためにかくまわれたり、検束・拘留されても帰されて、生きて証言することができたのだ。

当時の住所は豊多摩郡、北豊島郡、本郷区、小石川区などだった。現在の杉並区、豊島区、新宿区、文京区などにあたり、北豊島郡の一部をのぞけば当時は住宅地や郊外だった。資料に見る当時の留学生が住んでいた地域に一致している。しかし、東京は他の地域に比べれば留学生が多かったが、朝鮮人の多数は働きにきていた人だった。

あとで紹介するように、証言者の多くが語ったのが「労働者が殺された。私たちは留学生だったから助かった」ということだった。もちろん留学生でも犠牲になった人はいるし、働きながら夜学などで学んでいた苦学生を青年労働者と線引きするのはむずかしい。

しかし、当時の朝鮮人労働者は工場に勤める人もいたが、多くは建築や土木の現場で働いていた。不慣れでも働ける、人手を多く必要とする仕事だ。そこの仕事が終われば、次の仕事のある場所へ移っていくので、地域の日本人との交流もうすい。日本語も生活に必要な言葉から覚えた。誰何《すいか》★や検問に引っかかったとき、まぬがれるのはむずかしかったろう。そして、労働者の多くは、本所、深川、南葛飾郡や北豊島郡の一部など、虐殺事件の激しかったところに住んでいた。咸錫憲さんは一度深川の貧民街を見に行った

★ **誰何** 不審な者に対して「だれか」と呼びかけること

が、朝鮮の貧民街にくらべて生活水準がかなり高く見えたため、そこが貧民街とは思わず帰ってきている。

こうして訪韓調査の課題は、どうしたら当時労働者だった人の証言が聞けるかに移っていった。ちょうど『東亜日報《トンアイルボ》』社の方から、震災後の同紙に「安否調査」がのっていることを教えてもらった。さっそくマイクロフィルムを買って帰国し、朝鮮語を学んでいた学生グループで整理してみた。一人ひとりの名前と原籍をカードにとり、重複を消すという膨大な作業だった。

名前のわかる五五六九名の人のうち、出身道の不明な人をのぞいて、五一六〇人分の道・郡別の名簿ができあがった。それによると、出身のわかる人のなかで約三割が慶尚南道、約二割が慶尚北道の出身だった。三位は全羅南道《チョルラナムド》の約一割である。氏名の下に「労働」と書かれた人の名が続く。よく、朝鮮人労働者の多くは南部の農民出身と聞いていたが、ほぼこれを裏づけた結果だった。

しかし、名簿はあってもこれらの地域で聞きがきができる方法がみつからなかった。ソウルには第一次以来の協力者がいる。知人を紹介してくれたが、その方が直接体験者を知っているわけではない。東京で考えていてもしかたがないと、予備調査というかたちで第二次訪韓を行ったのが一九八五年(八月二三日～八月二八日、参加二名)だった。

前回同様マスコミにとりあげてもらうと同時に、紹介者から紹介者へと訪問をくり返すが手がかりはない。行ってみようと夜行列車で釜山《プサン》に向かい、その釜山の宿にテレビ局から電話が入ったのは帰国前日だった。体験者の親戚の人が私たちの訪問のニュースを見ていたのだ。高速バスにのって慶尚南道泗川《サチョン》への日帰り、このとき会ったのが尹秀相《ユンスサン》さんだった。尹さんの話は後で詳しく述べたい。

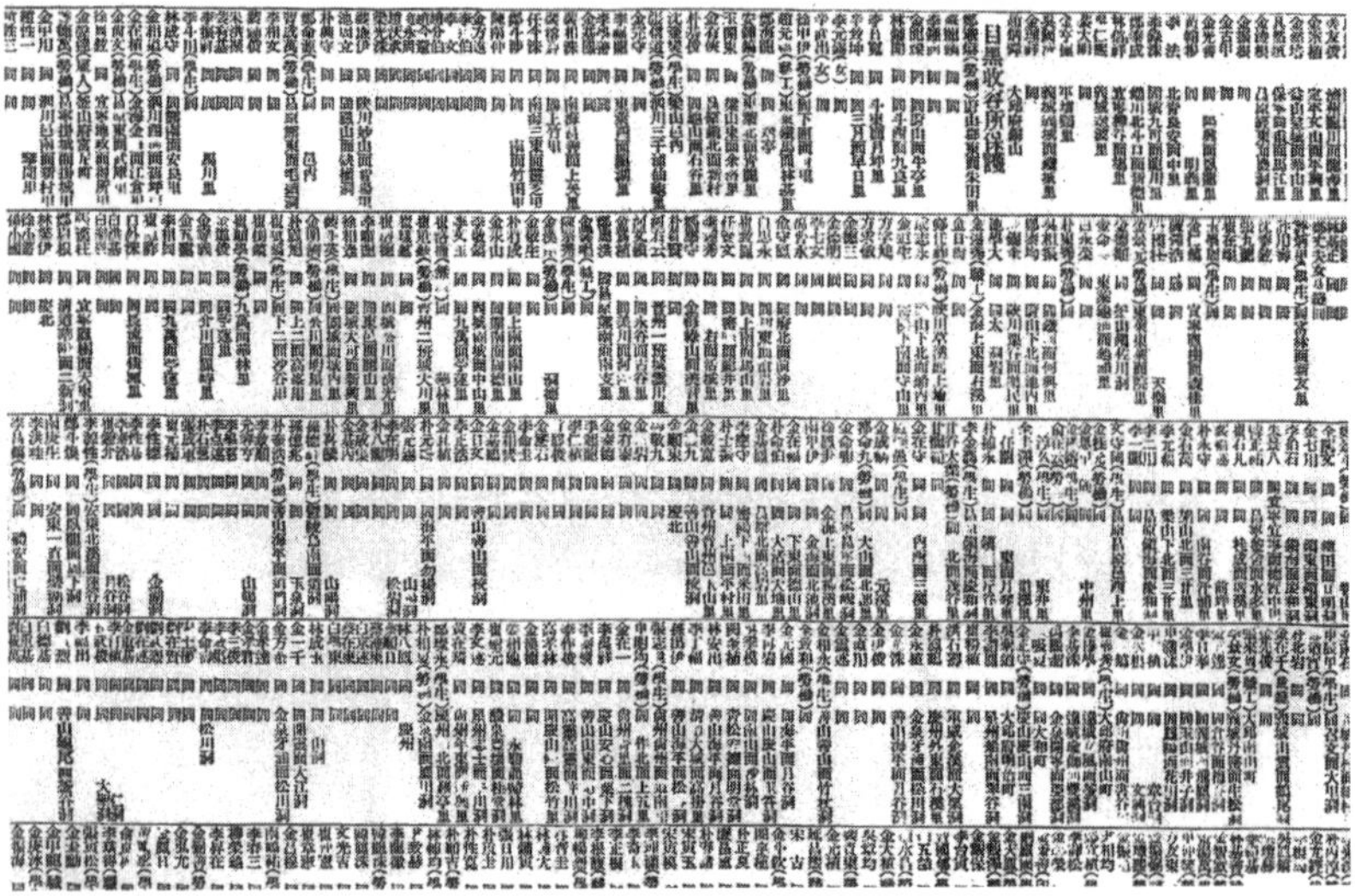

東亜日報　1923年(大正12年)9月24日

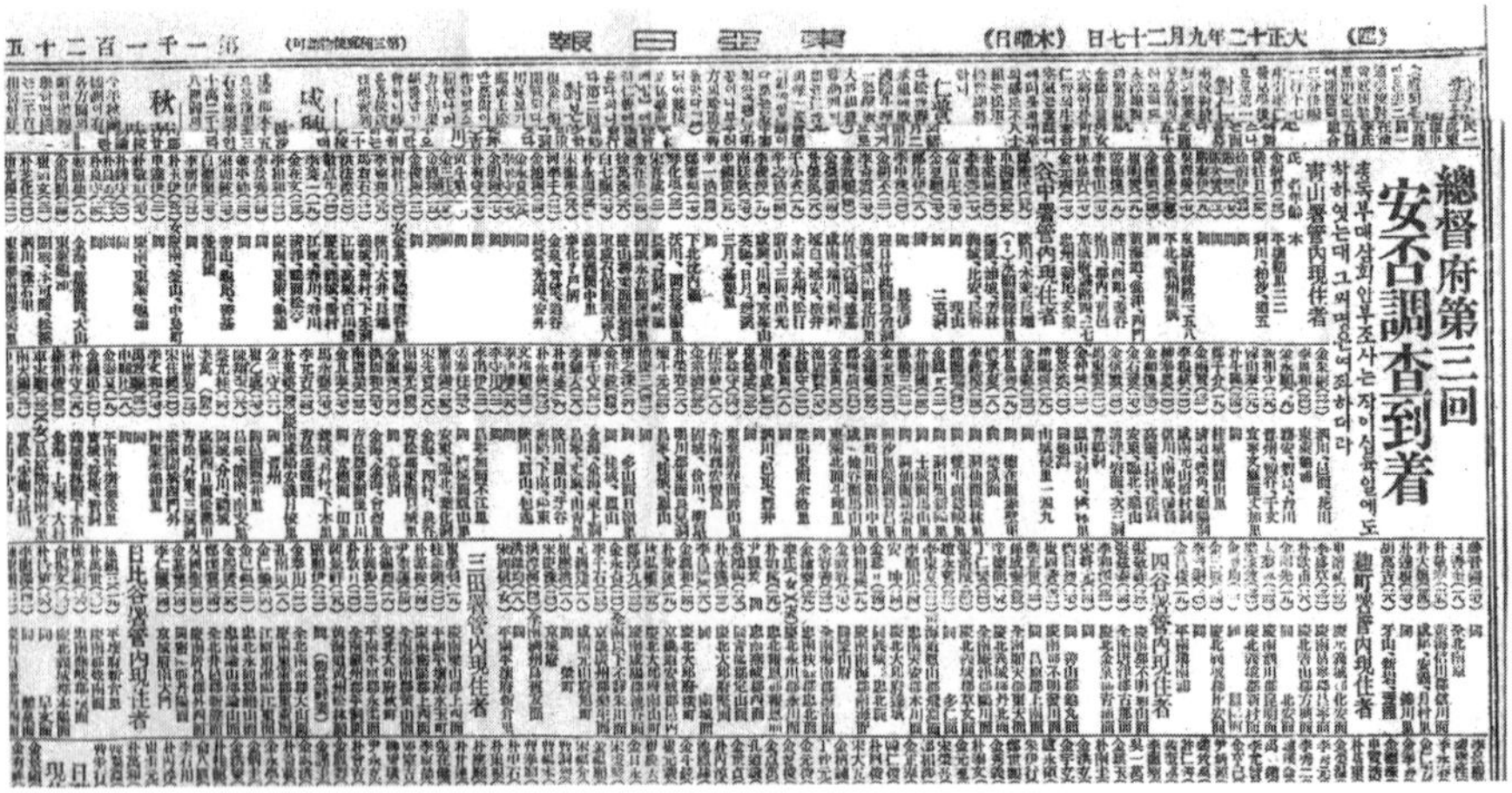

第一千一百二十五號　東亞日報　大正十二年九月二十七日（木曜日）

總督府第三回
安否調査到着

青山警署內現住者

四谷警署內現住者

三田警署內現住者

日比谷警署管內現住者

東亜日報　1923年(大正12年)9月27日

第二次調査を終えて、いぜん展望はなかった。労働者として事件を体験した人が、六〇数年もたって生存しているかも疑問だった。虐殺をのがれて故郷にもどれたとしても、その故郷は植民地朝鮮である。一九二三年から四五年の八月一五日（「解放《ヘバン》」と呼び、祝日）まで、やはり労働は過酷だったろうし、日本の収奪は激しさを増しただろう。

一例が、米騒動以来日本の低米価と安定供給のため、朝鮮で産米増殖計画というのが実施されたことだ。米の生産は上がっても、その米は日本に運ばれて、朝鮮の人の口に入る量は年をおって減っていったのである。日本が戦争を拡大し、働きざかりの男性が「出征」していったあとを埋めたのは、日本の勤労動員の学生や銃後の女性ばかりではない。朝鮮内での鉱工業での労働や、日本への強制連行、戦地への軍人・軍属としての動員があった。軍隊慰安婦として若い女性をかり集めたことは、近年証言があいついでいる。聞くにつれ、植民地下に生きることの苦渋を知らされた。さらに朝鮮戦争もあったし、韓国の平均寿命は日本ほど長くなかった。

しかし、体験者に直接会うことができなくても、第三次訪韓を行なう意味があるのではないか、という議論がされた。それは、六〇数年をへた今日、韓国で何が聞けるかということ自体、同じ年月をへた日本を知ることにもなるし、家族や故郷の村の体験を学ぶことは貴重に思えたからだ。また、私たちの会も学生の会員がつぎつぎ就職し、時間をとって農村を歩く機会はこの時期をのぞいては不可能だった。こうして第三次訪韓を一九八六年（八月二日～二二日、参加者のべ五名）、補充調査として第四次を八九年（九月二〇日～二三日、参加二名）に実施し、訪韓調査を終えた。

私たちの訪韓聞きがきは、証言者が日本を離れてから長い年月をへており、多少場所や日時に記憶違いもあるかもしれない。そういう意味で、日本での証言とは同列には並べることができない。しかし、日本人がこの事件を考えるとき、日本人と朝鮮人のおかれた位相の違いを知ることはやはり大切だと思う。

留学生たちの証言

一九一〇年の「日韓併合」によって、大韓帝国は日本の植民地となった。植民地化がすすむにつれて軍隊が解体され、軍人も加わって義兵闘争が起こされていたが、日本軍とのあいだには圧倒的な軍事力の差があった。「併合」数年後には朝鮮内での闘争は制圧され、朝鮮では軍人である憲兵が警察から戸籍事務まであつかう軍事支配がひかれていた。こうしたなかで一九一九年には三・一《サミル》独立運動がおこされた。

尹克榮さん(ソウル出身)は震災当時二一歳だった。お祖父さんは「併合」まで、李王のスンジ(秘書。正三品の官職)をしており、その後家は没落した。しかし、三・一運動への弾圧を目のあたりにし、田畑を売ってでも子どもを教育して独立するための実力を養いたいという、当時の熱気にはすさまじいものがあったという。学資を出してくれる人がいて、一九二一年に東洋音楽学校に留学、同胞の留学生と高円寺に下宿していた。

震災のあと、好奇心で都心はどうなったかと銀座あたりまで出かけて夜通し歩いた。二日にどの場所でか、握り飯配給の列に加わっていたところ、朝鮮人労働者が引きずり出されて殴られるのを目撃する。誰何されて日本語で答えられなかったのだ。こうした場面を数回見た。帰り道では、「朝鮮人が井戸に毒を入れて日本人を殺す」「あらゆる犯罪をしている。朝鮮人を追い出せ」などの貼紙が、時間がたつにつれて増えていった。何カ所かで尹さんも誰何されたが、なれた日本語と日本の学生とかわらない雰囲気のためにまぬがれることができた。

下宿に戻ったが余震が続くため、何日か近くの留学生一七人でかたまって竹林で野宿をしていた。中野には電信第一連隊があったが、ふいにそこから七、八人の兵士がやってきた。「朝鮮人だろう、井戸に毒薬を入れたことがあるか」と尋問する。「そんなことはしない」と言うと、嘘をつくなと二、三人が殴られ、下宿を捜査された。そのころの学生なら有島武郎の本の一冊ぐらいは持っていたが、『惜しみなく愛は奪う』のタイトルが赤い字のため、「共産党だろう」と銃剣を突きつけられ、みんな電信隊に連行されてしまった。「保護」の名目で二、三日留置、調査されたのである。

帰されても軍隊にいたほうが安全だったほど、周囲は物騒だった。友人たちと「どうせ殺されるなら、一人殺して殺されるほうがよい」とまで話していたが、ある日一人の紳士が訪ねてきた。「すみません。玉と石とを混同してしまいました。あなた方は留学生でもあるし、絶対そういうことはないと思いますが、民衆というものはそうではないものですから、了解してもらいたい。私たちが保護しますから安心してください」と言う。石とは朝鮮人労働者をさすのだろう。軍部からも、「これからはこういうことがないよう自分たちも努力するから、あまり誤解しないでくれ」と言ってきたという。

留学生は朝鮮の有力者の子弟であったり、将来指導的な立場にたつ人たちである。日本への憤りをすこしでも和らげようとしたのだろう。尹さんは「一番殺《や》られたのは労働者だ」と話す。

婚約中の夫「都相鳳《トサンボン》画伯」をおって日本にきた羅祥允《ナサンユン》さん（咸鏡南道《ハムギョンナムド》出身）は当時二〇歳だった。本郷区弓町の榮楽館という高級下宿にいた。主人がいちばん奥の部屋に隠してくれ、宿泊人名簿を見せろと青年団がきても、追いかえしてくれた。つきあいもなかったが、近所の日本人の奥さんも「外に出ると危険だから」と、缶詰などを買ってきてくれた。羅さんは日本にきてすぐに、下宿の主人に頼んで和服を作っている。三年前から留学していた夫は差別をよく知っており、朝鮮人でも行商人や労働者の妻にまちがわれないようにという工夫だった。震災のときもこれに着替えて生きのびたのである。

下宿の窓から外をうかがったとき、前の道を鉄の金剛杖のようなものをもって通る青年たちの話が聞こえた。神田で朝鮮人妊婦の腹を刺したら「アボジ（お父さん）、アボジ」と叫んだ、「アボジって何のことだろう」と笑いながら話していたという。

朝鮮人が日本語を覚えるのがあたりまえで、日本人が朝鮮語に関心をもつという発想のない時代。朝鮮語を知る日本人といえば、圧倒的多数は警察官か特務機関の者だった。

留学生は朝鮮全土から日本にきていた。当時朝鮮内では言論は圧迫され、大学教育も震災の翌年に京城帝国大学がやっとおかれた状況だった。帝国臣民教育をきらって、親が書堂《ソダン》（寺小屋）や私立学校を選ぶことも多かった。アメリカへの留学希望が高かったが、学資の点で日本はまだ留学しやすかったのである。また、朝鮮の南部の人が活路を求めて日本に渡ったように、北部の人は中国東北部（旧「満州」）、さらには旧ソ連、シベリア地方にまで移住する人が多かった。中国東北部でも白頭山《ペクトゥサン》北方の一帯を朝鮮からは間島《カンド》地方と呼んで、ここへの朝鮮人の入植は李朝後期から漢民族より早く進み、自治村をつくっては民族教育を行なっていた。義兵闘争を闘った人びとも落ちのびていて、独立軍が組織されていた。

三・一独立運動は朝鮮全土で起きたが、激しい弾圧によって、多くの犠牲者を出した。朝鮮の人びとは独立のためには運動の指導部が必要なことや、非暴力運動では限界があることを知らされた。このあと上海に大韓民国臨時政府ができ、また共産主義グループも朝鮮内では活動しがたく、中国やシベリアに基盤をつくって各地の同志と連絡をとっていた。とくにロシア革命干渉戦争(日本でいうシベリア出兵)で敗走した白軍やチェコ軍が、武器を売ったことで独立軍の軍事力は増した。一九二〇年代にはいると、朝中国境を越えてゲリラ戦を激しく展開したのである。また、朝鮮内でも爆弾闘争がひんぱんに起こった。これらの独立運動をする人を、日本の治安にあたるものや新聞は「不逞鮮人」「過激派鮮人」と呼んだ。

李性求さん(咸鏡北道《ハムギョンプット》出身)は震災当時、二四歳。普通学校の卒業式に祝辞にきたソウルの学生に夜呼ばれて、「国がなくて何を勉強するか、それがわからなければ韓国の青年ではない」と言われ、ソウルに出る決心をする。しかし、学校は朝鮮総督府の監視が厳しく、先生も生徒も涙を流しながら小声で独立を語るのみだった。李さんは多くの先輩と同じく、卒業ののち、朝鮮と中国の国境を越えて間島地方にいく。

しかし、李さんには日本軍の強大さを考えても勉強をしなければだめだと思えた。一九二〇年に東京にくるとすぐに働きはじめた。製紙工場、新聞配達など、働くのはいとわなかったが、授業料が払えるほどの勤め口では学ぶ時間がなく、時間があれば金にならなかった。悩んだすえに始めたのが朝鮮人参などの行商だった。学校は東京物理学校(現東京理科大)に入っていた。震災当時、李さんは帰省する金もなく、夏休みのあいだに働いて学資を稼いでいた。小石川区に住んでいたが、郊外のほうが部屋も食べ物も安いので、夏のあいだは池袋の長崎村(北豊島郡)に下宿をうつしていた。

九月二日の朝、下宿先を出ると、近所の人から「李くん、井戸に薬を入れるとか火をつけるとか言って、朝鮮人をみな殺しているから行くな」と止められた。「そんな人なら殺されてもしかたがない。私はそんなことしないから」と言って忠告を聞かなかったのがまちがいだった。
雑司ヶ谷をすぎたあたりで避難民に道を尋ねたら、「朝鮮人だ！」と殴るのだ。ちょうど地下足袋を『東亜日報』にくるんでいたが、そのなかにノロ★狩りの記事があって、「銃」という漢字を見とがめられたのである。大塚警察署に青年たちに連行された。

「警察に行っても話にならない。明日殺すんだ、今日殺すんだ、という話ばかり。信じなければいけないわけは、半分死んだような人を新しく入れてくるんだ。あ、これは私も殺されると思った。あんまり殴られて、いまは腰がいたくて階段も登れない」

［**李性求**］

一週間から九日して「君の家はそのままあるから、帰りたければ帰れ」と言われた。不安だったが、安全だからと晩の六時ごろ出された。池袋あたりまできて道に迷ったが、普通の人に聞いたら大変な目にあう。わざわざ娘さんに聞いたが、教えてくれてから、「あそこに朝鮮人がいく！」と叫んだ。青年たちが追いかけてきたが、李さんは早足で行くしかない。「朝鮮人がいく！」。その声が大きく聞こえる。当時はその青年たちに捕まったらその場で殺される。このときの恐怖といったらない。のちに朝鮮に帰ってから学校に勤めたが、うしろから生徒の走る音が聞こえると、身体がいつも硬直したほどだ。
目についた交番に飛びこんで巡査にしがみついた。青年たちは交番のなかでも李さんをこづき、蹴《け》飛ばした。警察官にも殴られた。大塚警察署でもらった風邪薬が発見されると、今度は毒薬

★**ノロ**　シカ科ノロジカ属。朝鮮半島にも生息した

だということになった。飲んでみせるとやっと信用され、帰された。自分の村に着くと、近所の娘さんたちが「よく無事で」と、フロを沸かしたり夕食を作ってくれた。

朝鮮に帰っても物理や数学は学べない。だから一九二六年に卒業するまで日本にいた。行商していると、「おまえたちが火をつけたり井戸に毒を入れたり、悪いことをしたからいらない」という人もいたが、「ひどい目にあわせてすまない。いらなくても買おう」という人もいたという。

慶尚南道・北道を歩いて

震災当時、働きにきていた人に会う方法は簡単に見つからなかった。私たちの唯一の手がかりは「安否調査」の名簿だった。一九二三年の九月一四日から一〇月八日まで、『東亜日報』は断続的に東京近辺で収容されている人や帰還した人などの原籍・氏名を報道した。「朝鮮総督府調査報告」第一～一二回(第一一回は見当たらない)★★と、「東亜日報社東京特派員調査」六回である。特派員には同紙の編集長李相協《イサンヒョプ》自らがなっている。この人は朝鮮総督府警務局『治安状況　秘』(一九二三年、前掲『現代史資料』6所収)で、東京在住の朝鮮人宗教者、留学生らと連絡をとって、「虐殺事件の真相調査に着手」していると目されていた。

この「安否調査」は当時の朝鮮総督府警務局長の回想に、生存者名簿を全部の新聞に発表したというものと同一だろう。朝鮮内にも事件が伝わって「険悪な空気が充満」しつつあり、また、日本に渡ろうとする家族を制限したことへの非難は大きかった。これをかわすために発表されたのだ(『五十年ところどころ』丸山鶴吉、大日本雄弁会講談社、一九三四年)。またさきの『治安状況　秘』には、約六〇〇〇人の安否調査を発表したとある。震災の前年末、日本への渡航のとき証

★★**朝鮮総督府調査報告**　朝鮮日報などを見ると、総督府調査は一～一六回あるようだ

明書を持たなくてよいことになって、出稼ぎにはずみがついた矢先の事件だった。

この安否調査の名簿は各地で関心をひいた。犠牲者の名簿とかんちがいされたわけではない。あやうく難を逃れて収容された同胞の名が、五〇〇〇あまりもめんめんと続くのである。何十代も前の祖先が同じという、同族への帰属意識の強い民族である。あちこちの人の名前をさしては親戚かもしれないと話す。あるクリスチャンの女性からは、「悲しいことを思い出させたら、家族がどんなに泣くか」と言われた。

「日帝時代《イルチェシデ》」の残虐な傷跡を、六〇年もすぎて聞いてまわるという私たちの行為の問題とともに、韓国内の問題もあった。

朝鮮戦争は停戦したままで、大韓民国と朝鮮民主主義人民共和国は準戦時体制下にある。バスの車内広告にも、水田に立つ看板にも「間諜申告は１１３」と、スパイの密告★の電話番号が書かれていた。得体のしれない者がうろうろして、協力してくれる人に迷惑をかけてはならなかった。実際私たちが商店で道を尋ねて目的のお宅にいくと、ほどなくお巡りさんが何度か駆けつけてきた。とくに農村部では公的な機関なりを通していかないと、相手の人に不安感を与えてしまう。

こうした問題をかかえつつも、日本と韓国で多くの人の協力をえ、また、当会の会員からも多くのカンパが寄せられ、第二次、三次、補充調査と聞きがきを続けることができた。

訪問できたのは慶尚南道の泗川《サチョン》郡、密陽《ミリャン》郡、梁山《ヤンサン》郡、慶尚北道の慶山《キョンサン》郡、善山《ソンサン》郡だった。かならずしも「安否調査」の郡別内訳からすると、人数の多いところばかりではない。つてのあるところに訪問が限定されたためだ。すべての訪問が夏から初秋にかけてだったので、湿気は少ないものの、強い陽射しに緑がまぶしかった。田園風景の視界には、かならず低い山が見える。

★**スパイの密告**　当時の韓国政府は国民に対し「北の工作員」を密告するよう呼びかけていた。現在は、南北の対立関係は残るものの、以前のように日常的にスパイ申告を促すような雰囲気はなくなってきている私たちの訪問地はすべて平野ないし盆地で、おもに米や果樹を作っている農村だった。山がちのところや漁村では、またちがった話も聞けたのかもしれない。第二次・三次の訪韓で私たちがお会いできたのは、体験者一名と体験者の親族一九名である。

釜山から高速バスで一時間半、晋州《チンジュ》でまたバスに乗り換えて泗川郡に入る。あたりは一面田んぼである。ここに住む体験者の尹秀相《ユンスサン》さんには、第二次調査の最終日に会って以来三度会った。当時、苦学をしに日本にきていた人だ。一九〇五年生まれというから、はじめて会ったときが八〇歳だったが、朝から田の草取りを終えていた。儒教の国、韓国でも、とくに農村では高齢者を大事にする。尹さんは学識に人柄もあってか、近所の人が何かにつけては話をしにきた。それを、小柄な奥さんがこまごまと世話をやく。何度も日本から人が訪ねたり手紙がくるのでいぶかしがられたようだが、尹さんは私たちの活動を理解し、近所の人に好意的に説明してくれた。

尹さんは一四歳のとき三・一運動に参加した。普通学校四年生だった。友だち四、五人と語らって、朝礼の前に大極旗(韓国の国旗)をあげ、独立宣言文を読み上げる。そして「独立万歳」を叫びながら、運動場を駆けまわって町に出た。日本人の校長らが涙をながして「止めてくれ」と言ったが、きかなかった。軍隊まで出てきて、尹さんは三週間拘留される。晋州の農業学校に行ったが、そこでも日本人校長の排斥運動を起こして退学させられる。ソウルに出たあと、東京に向かったのは震災の年の一月だった。

下関から東京まで、汽車で二〇時間もかかった。淋しさをまぎらわすためハーモニカを吹いていたら、「うるさい」と叱られ、あわててお尻のうしろに隠したまま、忘れて降りてしまった。はじめは四谷区で新聞配達をし、そのうち本所林町の苦学生寮に入って、納豆を売り歩きながら研数学館に通った。牛込区矢来町(現新宿区)の新聞店に移ったのは震災の一週間前のことである。店主は武田孝十郎さんといった。

朝鮮には地震がない。だから初めての体験だった。避難者の列に加わって靖国神社に行ったら、午後一時半にはもう一度大きな揺れがあるとマイクで言う人がいた。時刻をすぎてもそれほど大きな余震はないので、武田さんの家に帰ろうと四谷見附あたりまで歩いたときのことだ。一台の車が止まって、降りてきた紳士に「出身はどこか」と尋ねられる。「朝鮮慶尚南道……」と答えると、ちょっと、と連れていかれたのが神楽坂警察署だった。

収容された武道殿のホールには朝鮮人がすでに四、五〇名いた。女の人もいたが、学生風の人はあまりいなかった。翌朝ちょうど武田さんの隣に住む警察官に会ったので、心配させてはと、収容されていることを伝えてもらった。


「午前一一時ごろ武田さんが羽織、袴を着てやってきたですよ。署長さんに『私が保証するから出してもらいましょう』と。身元引受書を書いて印をおして、それで私を連れて帰ったですよ。

武田さんの家にはほかに韓国人が五人おって、二階に閉じこもっておったですよ。すると隣の青年が、『武田さん、お宅の朝鮮人はまじめだと言うが、けしからんことをしたら保証できるのかい。出してもらいましょう』と、一週間ものあいだ、一日に二度ぐらい来たのを、武田さんはていねいにみな帰してしまったですね。『私が責任をおうし、そういうはずのない朝鮮の学生さんだから勘弁してくれ』と。

それで二週間目に総督府でなにか見舞いを持ってきたですよ。それでいよいよわれわれが街頭を歩くことができたですよ」

［尹秀相］

閉じこもっているあいだ、近所の一五歳ぐらいの男が、その日のできごとを尹さんたちに話しにきた。

「『今日私も朝鮮人を二人やっちゃった』と、われわれの前ですらすらっと。聞きたくもなかったけれど、止めろとも言われないし。妊婦の腹を裂いて腹の中の胎児まで、それを自分でどうしたとかそういうことも言うじゃないですか」　［**尹秀相**］

尹さんは五年後に故郷に戻ったとき、同郷出身の人が九人ほど犠牲になったと聞いた。一人が二〇〇円の慰謝料をもらったらしい。その人たちはみんな未婚者で三〇歳近かった。大阪に働きに行ったが仕事口がなくて、東京に出たのが震災の少し前。地理もわからず、話もうまくできず、うろうろしていたのだろう。遺族が「熱い、熱い」と夢にみたと聞いた。その遺族もいまはここにはいない。

「安否調査」では、一部の人の年齢がわかる。思いのほか一〇代が多く、中心は二〇代だった。犠牲になった人たちもこれくらいの世代であろう。親も兄弟も亡くなれば、子どものいない人はほとんど記憶から忘れられていく。人の命を奪うということは、その人がどのように生きていたかという記憶まで奪ってしまっていた。この泗川郡では震災後に出された「治安維持令」違反で、虐殺事件を伝えた人が一人検事送致されている（前掲『治安状況　秘』）。

このあとの話は体験者の家族、親族の証言である。一年前に亡くなった、という体験者もいた。

まさに遅すぎた聞きがきである。

たとえば傷をおって故郷に帰った人がいる。金聖守《キムソンス》さん（当時二四歳ぐらい）がその一人だ。密陽では農業をやっていたが、「安否調査」では職工となっている。いとこの話では金さんは苦学のため東京に来ていた。火事になって、下宿の主人の娘を抱えて避難していたところ、消防服の男一〇人ほどに呼びとめられた。「オマエチョウセンジンジャナイカ」。子どもを抱えたまま刀で切りつけられ、首がぱっと切れた。主人が「私の子どもを抱えていっしょに逃げてくれているのに、なぜ殺すんだ」と言ってくれなかったらそのまま死んでいたという。

善山郡の金相海《キムサンヘ》さんは当時二四歳。働きにきていた。息子さんが覚えているのは、頭に傷があって黒く盛り上がっていたことだ。刀でやられた傷らしい。

「安否調査」によると、善山郡海平面から東京に来ていた人のうち、四四人の無事が確認されている。そのうち三一人が警視庁の目黒収容所（競馬場★）に収容されていた。ここへはおもに巣鴨、千住警察署から送られていたから、このあたりで検束されたのかもしれない。李性徳《イソンドク》さん、李《イ》性基《ソンギ》さん、金元国《キムウオングク》さん、金基丙《キムギビョン》さん、林安出《イムアンチュル》さん、朴石乭《パクソクドル》さん、みな働きにいって事件にまき込まれた。この人たちの親族に会ったわけだが、名前でもわかるとおり、いとこ同士の人もいる。

弟さんの話では、金元国さんは二一歳ぐらいで日本に行った。そのころ海平面では凶作の年は食べ物がなかった。日本に行けば金が儲けられると、一軒に一人は日本に行っているほどだった。密航した人もいた。同じ面で飯場をやる人がいて、お兄さんはそこで土方仕事をやっていた。仕事にしたがって場所を移り、東京、大阪、下関あたりが主だったらしい。関東大震災の知らせが海平面に伝わったとき、家ごとに心配して泣いたりしていた。しかし、この面では犠牲者はいなかった。日本から「この部落の人は全員ぶじだった」という手紙がきて、それでみな安心した。

★ **目黒競馬場**　目黒区下目黒にあった競馬場（一九〇七〜三三年）が収容所とされた

数カ月後には兄もみんなも帰ってきたが、すぐまた日本に働きに行ったという。

李性徳さんは二二、三歳で東京に行った。目黒の収容所に入れられたが、半月後に家族に手紙を出し、数ヶ月後に同じ村の人と帰ってきた。すると刑事が家や近所をまわっては、どんな話をしたか、なにか不穏な話をしていないか聞くのである。日本に対する批判や虐殺の話でもしていれば、次から日本への渡航証明書は出なかったし、捕まることもあったと弟さんは言う。警察の署長や高等警察は日本人で、下っぱは朝鮮人、日本人警察官も朝鮮語を研修していた。そうやって口を封じても、ひたひたと虐殺があったことは伝わっていったという。

驚いたことには、おおぜいの人が事件を体験して帰ってきているのに、その後、体験者自身も家族もまた日本に渡っている。「よく日本に来る気になりましたね」と聞いたのは愚問だった。農業では食べていけなかったという。だから渡航証明書が出なければ、死活問題だった。

恨《ハン》をとくために

「お父さんはいま、生きていらっしゃれば九六歳です」と、朴徳守《パクドクス》さんの長男は語りはじめた。長男といっても六八歳の白髪の方である(一九八六年現在)。朴徳守さんは三三歳のとき、余震のさめやらぬ東京に向かったままゆくえがわからなくなった。そのため、朴さんにはお墓がない。遺骨がなくては墓も建てられないのだ。韓国で親の墓を建てないといえば、親不孝の代名詞ほどの意味をもつ。そこで子どもたち三人で、慶尚南道梁山郡にあるお母さんのお墓のとなりに、一九七四年になってから「慰霊塔」を建てた。塔にお父さんの来歴と、震災のとき犠牲になったということを、小学生でも読めるようにハングルで刻み、子孫に伝えることにしたのである。

息子さんは『釜山日報《プサンイルボ》』の記事で私たちが証言を求めていることを知り、連絡してきてくれた。新聞社の人と宿をたずねてくれたが、お父さんの複製写真と友人から送られた弔文も持ってきてくれた。

「**お父さんが亡くなったのは、私が五つのときでした。幼かったし、一緒に暮らしていなかったので、顔も覚えていません。たった一枚残った写真も、幼くて意味のわからなかった私がいたずらして傷つけてしまったのです。これはあとで複製してもらいました。お父さんの話はお母さん、おばあさん、親戚の人から聞きました。そのころは部落全体の人が知っていたんです**」

［**朴徳守の長男**］

朴徳守さんは慶尚南道梁山郡の出身だった。貧しくて進学はしなかったが、漢文にも日本語にも達者だったという。日本で土木の請け負いをしていて、故郷には年に一度戻るような生活だった。震災のときは群馬県で仕事をしていたが、部下の一人が金を持ち逃げしてしまい、震災下の東京に一人で向かった。

「**年上の方など、みんな止めてくれたそうですが、年も若いし、正義感も強い、日本語はわかるし地理もわかる。何のさまたげがあるかと自信満々で東京に行きました。しかし、その後消息がわからなくなってしまったのです。**

この手紙は四ヶ月ぐらいしてから、同郷の年上の方がお父さんの長兄に送ってくれました。交通も通信もマヒしているし、東京は恐怖地帯で捜しにいけば殺される。行

って確かめることもできなくて、どこかに生きていれば帰ってくるのではないかと四ヶ月待って、あきらめて慰問の手紙をくれたんです。当時いろいろの方から慰問の手紙をもらって、お母さんやおばあさんは慰められたものですが、いま残っているのはこれだけです」

［朴徳守の長男］

手紙は巻紙に墨で書かれ、漢字、ハングルまじりのものだった。「老体は傷を受けなかったのに、あの方は天に昇ってしまいました」という書き出しではじまる。異郷の地で朴さんの遺骨を捜しだせない無念をのべ、遺族に不安があれば無惨な死にさらに「恨《ハン》」をいだかせてしまう、と家族を気づかうのだった。「最後の絶叫をあげながら、後ろ髪を引かれる思いで筆をおきます」と手紙は結ばれていた(編者訳)。

朴さんが最後に家族とすごしたのは震災直前、おばあさんの病気見舞いにかけつけたときだった。残された家族の悲しみは深い。

「私は幼いころ、お父さんにもう一度会えたら死んでもうらまない、それぐらいに思っていました。友だちが『アボジ(お父さん)！』って呼びますね。それが悲しかった。夜、庭に出るでしょう。北斗七星に『お父さんに会いたい』と祈ったこともありました。

夜中に私たちが寝てから、お母さんがひとりで泣いていたこともあったそうです。お母さんはまだ二八歳で、五歳の私と姉と弟

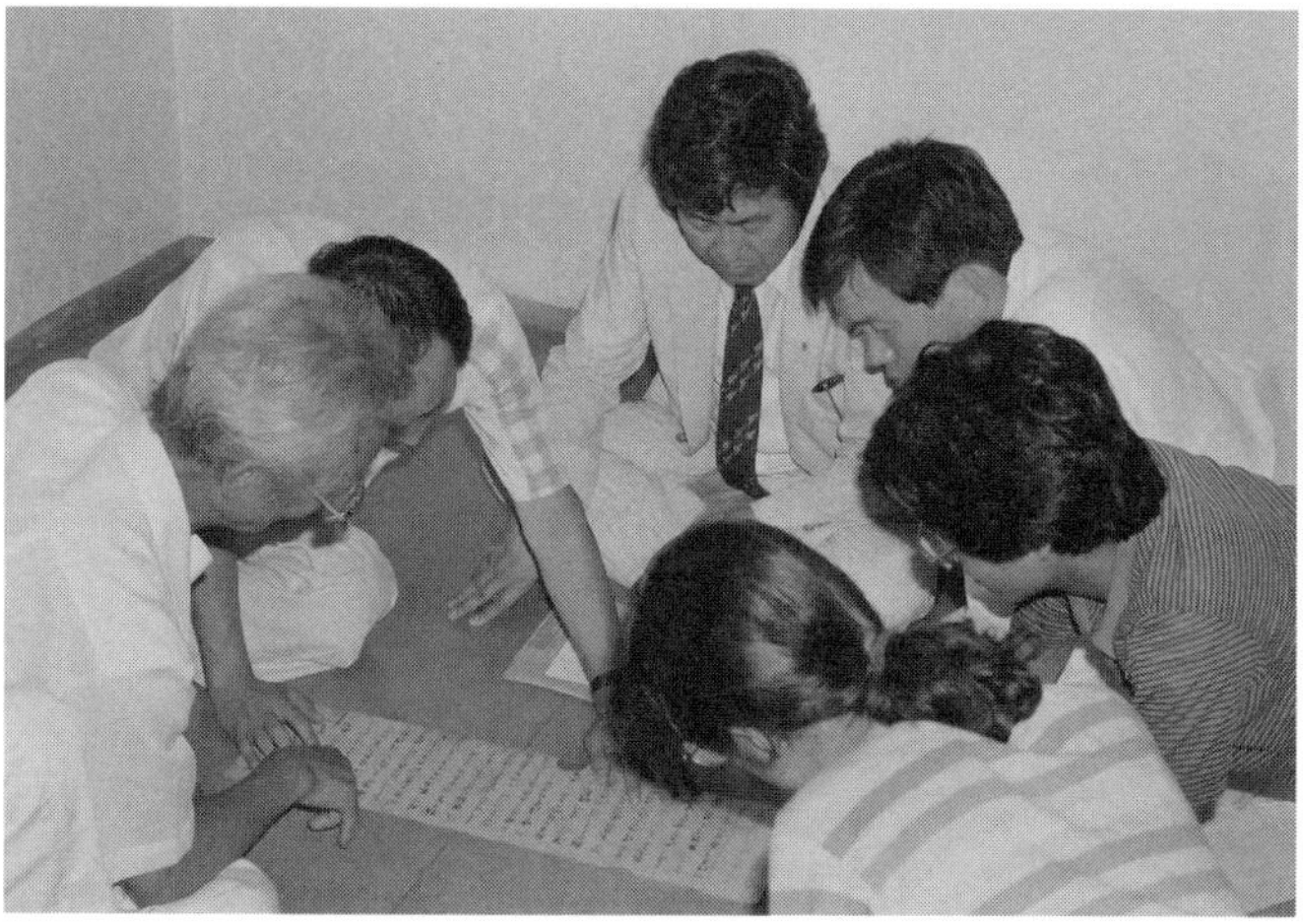

朴徳守さんの遺族へあてた手紙を読む

を三人産んで犠牲になったです。これから先、子どもをどういうふうに教育できるか心配もあったでしょう。家庭の柱のお父さんがいなくなって、病気で亡くなっても『うらみ』は深いのに、ただ『亡くなった』とだけ聞いただけなんですから」〔朴徳守の長男〕

朴さんの村は貧しくて、普通学校にも一〇〇軒のうち二、三人ぐらいしか行けなかったという。ほとんどが小作人で、釜山近郊の地主は日本人のカザマという人と、東洋拓殖会社（農業面での植民地経営のための国策会社。土地買収と日本人移民をおもな業務とし、巨大な地主でもあった）が有名だった。朝鮮人地主もいた。梁山郡から日本におおぜい働きにきていて、朴徳守さんともう一人、洪《ホン》さんという人も帰ってこなかった。

こうした話を息子さんは流暢な日本語で語ってくれた。成長して息子さんたちも日本に渡っている。一九三八年ごろのことだ。この年は朝鮮にも「陸軍特別志願兵制度」がしかれ、朝鮮の若者たちも戦争にかりだされた。

「お父さんもお金のために日本に行ったんだから、なんとかして私たちも一生懸命学んで働いて、人なみの人間になって父の『うらみ』に多少とも恩返しして、その霊を慰めるしかないという覚悟で行きました。韓国で農業をしていては、学校に通う経済の余裕はないですから。年上の方は『日本なんか行くな』とおっしゃったけども、お母さんは子どもの将来だからと承諾してくれて。東京の池袋、田端、川崎。新聞配達もやったし、いろんな稼ぎかたがた、学校は東京の主計商業学校に通いました。

日本にいたときは、毎年九月一日には震災記念堂に参拝しました。お父さんの遺骨

がないから。川崎などで同胞と会ったとき、関東大震災の話になれば自然に虐殺の話になりました。当時は日本人に虐殺されたとか話したら、逮捕されるからうっかりは話せませんが、そのころ日本にいた方もおおぜいいましたから。

地震それ自体で死んだのならやむをえない。しかし、混乱を利用して、前もって朝鮮人が悪いことをするんじゃないかと思って、人為的に殺したことは、人間としてやってはいけないことをやったんじゃないかと感じています」

［朴徳守の長男］

息子さんは東京がはじめて空襲を受けたとき、お母さんから「帰ってこい、帰ってこい」と手紙をうけて故郷にもどった。そして翌年解放を迎える。「その喜びはどの民族も同じでしょう。全国いたるところ歓迎いっぽう。大極旗を出してね、万歳《マンセ》を叫んだり」。

私たちは一九八九年九月、補充調査として梁山郡の朴徳守さんの「慰霊塔」をたずねた。あいにく息子さんとは会えず、おおまかな道順だけを電話で教えてもらった。

釜山からバスで行く。古寺と滝が山の上にある道の中腹、池の先の左手というのが目印だった。面事務所のある集落から、山道に入るところまではタクシーを頼んだ。牛を見、田んぼをみわたしながら二〇分も歩いただろうか。林の中を小高く整地したところに、朴徳守さんの「慰霊塔」はあった。隣には五二歳で亡くなった妻の李さんが眠る。ゆるやかに流れる川と、きらきら光る水田の広がりが見下ろせる場所だった。

塔の三面に刻まれた碑文の最後を紹介しよう。自分の親にも敬語をもちいるのは朝鮮の習慣である。

「人の息子としてお父様のお墓を準備できない悔しい気持ちを絶つために、三〇《ママ》年間恨《ハン》をおってきたのを礼法にしたがって、お母様のお墓のとなりに壇を建て、魂を鎮め、その来歴をしるし、お父様の恨を解いてさしあげるのである」

（編者訳）

恨《ハン》という言葉は日本語の「相手をうらむ」といったせまい意味ではない。息子さんは話のなかで日本語に訳して「うらみ」と使ったが、どちらかといえば自分のなかに重なった無念の思いというのに近い。閉ざされた恨《ハン》は、ハンプリといって、解き放たれることを願っている。

朴徳守さんの碑

碑がみおろす故郷の風景

あとがきにかえて

なぜ今もこだわるのか、過ぎた過去ではないか。


あまりにもひどい話だから。

同じ人間でありながら、最後まで人間らしく扱われていないから。

加害者の側の誠意が示されていないから。

私たちは加害者の側だから。

生命の尊厳は人間の最高の権利だから。

殺人に手を貸したり、自ら手を汚したりしないことが人間の誇りだと思うから。

殺された人たちの名誉を回復し、置き去りにした私たちのなかの人間の誇りをとりもどしたいと思うから。


荒川の旧四ツ木橋下手の私たちが試掘したところからは、震災時に虐殺された朝鮮人の遺骨は発掘できなかった。しかしあれから一〇年、ここを起点にして調査は広がっていった。「試掘」と聞いて集まってきた老人からも、六〇年のあいだ胸の底にそっとしまわれていた話が取り出された。このとき集まってきた若い人たちの幾人かは聞きがきに歩き資料も探した。調査が進むにつれ、虐殺の現場となったり、死体が積まれていたりしたところは、旧四ツ木橋の下手だけでなく、雨宮ケ原をはじめ墨田区の北部全体にわたっていたことがわかった。資料によれば小松川も大島もそうだった。

広がった聞きがき調査のあと、いま再び私たちの心は旧四ツ木橋のあたりにもどっている。多数の朝鮮人が殺された現場であり、埋められたり掘り返されたりしたところ、この旧四ツ木橋あたりに碑を建てたいと思うからである。

この間の私たちのあゆみをふり返ると、さまざまなことが思い返される。

一九八二年、私たちの会は準備会のまま試掘を終わり、その年の一二月、会は正式に発足する予定となった。これまで忙しいなかを仮代表を続けてきた山田昭次先生は集会のあと、喫茶店で「絹田さん、総会で指名されたら会の代表をやりなさいよ」と言われた。「こんな大きな荷物を背負うなんてとてもできません。先生、続けてやってください。お願いです」。躊躇する絹田に山田先生は、「人間、身の丈に合った着物を着て舞を舞えばいい。無理をしなくていい。北海道では小池喜孝さんが民衆史の掘りおこしをやっている。北海道には北海道の歌がある。荒川は荒川の歌を歌えばいい。みんなで力に合った歌を歌えばいいんだから」と言われた。「会の代表なんてできません」。絹田は泣いていた。

あれから一〇年、集まった人たちと運動を支えてくださった人たちといっしょに「荒川の歌」を歌うことができただろうか。いや本当はこれから力を試されるんだと思う。

試掘の次の年（一九八三年）、関東大震災時の朝鮮人虐殺事件の記録映画『隠された爪跡』が呉充功監督の手によって作られた。この映画は、在日朝鮮人と日本人の青年たちの協力で完成したものである。試掘の場面を導入に、体験者の証言をおりまぜて構成された映画で、地元で上映会をもつのにこれ以上のものはなかった。体験者も数名参加しての座談会では当時のようすを話してくれたりした。「日本人として心が痛む」「二度とこのようなことがくり返されてはならない」という老人たちの言葉が胸に沁みた。この映画は今もあちこちの集会で上映されている。

また追悼式では、四つの寺のお力に支えられてきた。いま思えばこの四カ寺との縁はそれぞれに深い。短く紹介したい。

墨田区の多聞寺さんでは、絹田が荒川放水路開削の聞きがきをしていたころ、買収された用地の契約書を複写させてもらった。

万福寺さんは放水路用地の真ん中になり、立ち退いた寺だった。寺といっしょに立ち退いた木下川村の聚落《しゅうらく》の地図もここで複写させてもらった。

正覚寺さんは放水路とは少し離れているが、震災時の虐殺事件について人道的な立場からご理解くださった寺である。

江東区の浄心寺さんには「震災時に亀戸警察署で殺された日本人、南葛の労働者がまつられている」と聞いて、絹田はたずねていった。ちょうど秋のお彼岸の前で、ご住職自ら墓地の掃除をしておられた。そして「父は特別な思想など持ってはいないけれど、この寺が亀戸署に近く、またあまりにも気の毒なことなので供養をお引き受けしたと言ってました。私も父の志をついでやっています」と言われた。

このような出会いがもとで、その後、再度おうかがいして追悼式へのご参加をお願いしたとき、四つのお寺は人道的な立場から朝鮮人の追悼式を快く引きうけてくださった。こうして四カ寺は宗派をこえて式の流れや追悼の言葉、読経のことなどについて話し合ってくださったのだった。

それから毎年、荒川の木根川橋下手の河川敷で、にわかづくりの祭壇を前にして追悼の儀式が行なわれてきた。九月はじめの追悼式は、焼けるように暑い日もあれば大雨の日もあった。

雨といえば忘れもしない。河川敷での追悼式が行なわれるようになって五年目くらいのときだった。その日は暑いほどのよい天気だったのに、式の準備がすっかり整ったとき、一天にわかにかき曇り、式が始まると同時にスコールのような大雨となった。逃げ込むところもない広い河川敷。木根川橋の下に行こうにもかけ出したとたんにびしょ濡れとなるほどの雨だった。受付用に借りたたった一張りのテントのなかにみんなが入り、身を寄せ合った。司会者が「進行すべきか中断すべきか」迷ったとき、多聞寺の住職さんが「みんなでテントを移動してやりましょう」と言われた。突然テントに足が生えて動きだした。そして祭壇にうんと近づけて式は続けられた。

雨は地面に叩きつけ、さっきまでほこりを巻き上げていた河川敷はたちまちぬかるみと化していった。テントに入っていてもみんな肩から背中へ水が通ってしまった。見れば住職さんたちの衣は雨で色が変わり、白い足袋もぞうりも土色に汚れている。予定どおりに式は進んだ。式のあともなお続く雨のなか、住職さんたちはワゴン車のなかで着替えをして帰られた。

私たちは、このあと八広図書館で懇談会を予定しており、あわただしく祭壇やテントを取り片づけて図書館へと向かった。あの時の住職さんたちのお召物は駄目になってしまったのではなかろうか。会からは一通の礼状をお送りしただけで、クリーニング代も差し上げられずに失礼してしまったのだった。

なおこのとき、近くの小学校から参加してくださった先生は、土曜日の午後なのであいていた黄色い傘を何本も借りてくださった。このことも忘れられない。

こんな私たちの会にもかかわらず、毎年九月の第一土曜の午後を住職さんたちは追悼のためにできるかぎり空けていてくださるのである。この四カ寺のご協力によって追悼式が続けられていることに深く感謝している。

そのうえ、去年から教会の牧師さんも参加してくださることになった。会の者が以前お会いしたことのある牧師さんにこの追悼のことをお話したところ、牧師さんも参加してくださることになり、追悼式にお言葉をいただいた。

墨田区の東駒形教会、本所緑星教会、曳舟教会の三人の牧師さんである。地域の寺と教会がともにこの追悼に参加してくださることは本当にありがたいことである。亡くなった人たちへ、より多くの人の気持ちを届けることができるだろう。


聞きがきでは韓国へも四回調査に行った。これは体験者や遺族などの思いを私たちの胸にきざむ旅となった。韓国からの留学生や労働者のうち、亡くなっている人たちの多くは労働者という。低い山なみや民家を見ながら、バスに揺られて見知らぬ地をたずねる会のメンバーの胸をふとよぎったものは、犠牲者たちの胸の中にも常にこうした故郷の風景があったのではあるまいかという思いだった。生きてふたたび見ることのできなかった彼らの故郷。そこでのテープや聞きがきは、持ち帰って時間をかけて整理した。海のむこうの人たちの思いをともに聞こうではありませんか。

一方、私たちは江東区大島八丁目の、震災時の中国人虐殺問題とも出合っていた。一人でも調査を続けてきた人たちがいたことには励まされた。その後、いっしょに調査に歩いた高梨輝憲さんは、「中国人追悼」の夢を実現できないうちに、昨年八五歳で旅立ってしまわれた。奥さんに本の計画を話すと、「遺した資料をぜひ本に入れてやってください。主人も喜びます」と言われた。大島八丁目の昔の略図や日記風のメモなどをいただいている。証言を聞かれるほうにも聞くほうにも時はもう待ってくれないと、しみじみ思う。

私たちの会とも資料の交換をしながら、ほとんど一人で中国人虐殺の調査をしてきた仁木ふみ子さんは、岩波書店から『関東大震災中国人大虐殺』という本を出した。巻末に「闇に葬られてきたこの事件の全貌を明らかにして国民の常識にしたい願いが、私に筆をとらせた」とある。そして「王希天と中国人労働者の殉難記念碑を作り、温州の遺族たちが中等教育を受けられるように」と、募金を呼びかけている。

思えば私たちの会がなんとか活動を続けてこられたのも証言者や地元の方がた、それに同じ問題で取り組んでこられた先輩がおられるからである。

地元で大変お世話になってきたのは墨田区の八広図書館である。毎年、追悼式の祭壇をしつらえるために机を借りたり、また映画会や懇談会のために部屋を借りたりしてきた。九月の図書館では、本の特集コーナーに関東大震災関係の本が集められ、大洪水、大震災、大空襲と、天災にも人災にも悩まされてきた地域の図書館としてその時期にふさわしい対応がなされている。そのうえ、職員のみなさんが親切なのがありがたい。追悼式のあと、供えた花の一部を図書館に持って行き、子どもたちにあげたりして予算の乏しい私たちの会からのせめてものお礼としている。

同じ課題に早くから取り組んでいる千葉や埼玉の人たちに学ぼうと、追悼碑めぐりをしたこともある。一九八四年一〇月、「千葉県における関東大震災と朝鮮人犠牲者追悼・調査実行委員会」の案内で、船橋、八千代、習志野の各市をまわった。千葉は東京方面へ出動する軍隊の拠点であり、朝鮮人が検束されて収容された習志野収容所がある。ここから軍は思想的におかしいとにらんだ朝鮮人を連れ出して殺害した。また近くの村民に朝鮮人を払い下げて殺させた。さらに東武野田線の工事で働いていた朝鮮人を自警団が殺した船橋事件などがある。

遠くはなれているので車四台に分乗してめぐった。船橋市馬込霊園には「関東大震災犠牲同胞慰霊碑」がある。一九四七年の三・一記念日に当時の在日朝鮮人連盟によって建てられた。八千代市高津では軍隊から渡された朝鮮人を殺してしまった現場★に、地元の人がひそかに供養の塔婆を建てている。いまで

★**現場** 一九九八年、地元住民と高津観音寺住職、追悼・調査実行委員会の努力で、ようやく六体の犠牲者の遺骨を掘り出し、翌年観音寺内の「朝鮮人犠牲者慰霊の碑」に納めた。以後、碑の前で毎年慰霊祭が行われている。

は毎年、高津観音寺と地域の人びとが供養を続けている。地元の人びとと調査実行委員会の努力には頭が下がった。

翌八五年には埼玉の熊谷、本庄、神保原を訪れた。埼玉の日朝協会の方に地図を描いてもらったが、ここも場所が離れているので早朝車で東京を出発した。

震災の時、川口など県の南部で警察などに収容されていた朝鮮人が群馬県などへ護送される途中、数百人の群衆によって殺された。それは九月四日から五日にかけて、熊谷、本庄、神保原の各地でおこり、警察署を襲撃するまでになり、軍の出動によって治められた。

碑や墓は事件直後に建てられたものとしては、本庄市長峰墓地、大宮市常泉寺、寄居町正樹院のものがある。「長峰墓地の碑は「鮮人の碑」という差別的表現に批判が出て、戦後建てかえられた。戦前に建てられたものが熊谷寺《ゆうこくじ》大原墓地、児玉町浄眼寺《じょうがんじ》、戦後のものが神保原安盛寺にある。追悼式は市や町や仏教会が主催して毎年九月に行なわれている。

車で走ったが帰りはとっぷり日が暮れてしまった。早くから碑を建て供養をしているところもあるのに、あちこちで犠牲の多かった東京はその話も現場も忘れられそうだ。朝からお線香をあげた一つひとつの碑が思い出される。

私たちは東京の日朝協会等実行委員会が毎年行なっている墨田区横網町公園での朝鮮人犠牲者追悼式典、国民救援会による亀戸事件犠牲者の追悼式、千葉の高津観音寺の慰霊祭には会員が手わけしてお参りするようにしている。

現代の問題でたたかっている「民族差別と闘う関東交流集会」では、一九八七年に「朝鮮人虐殺事件を学ぶ集い」をもった。このとき私たちの会に証言を寄せてくれた浦辺さんがスライド上映のあと、話をしてくれた。感銘を与えた話だった。

一九八八年、歴史教育者協議会の全国大会の「人権と民族」の部で報告し、江東歴教協のシンポジウムにも参加した。

これからもこういう交流を大切にして学ばせてもらいたいと思う。

私たちの会にいろいろな意見をいただいたなかに、会の名称変更のご要望があった。それは「……発掘し慰霊する会」の「慰霊」を、「追悼」に改めてほしいというものだった。私たちはなにげなしに使っていたが、「慰霊」とは「霊」の存在を信じ、人が「霊」を慰めることができるという一つの宗教観念だった。このあたりのことを、私たちは『慰霊と招魂』(岩波新書)などの著書をもつ、宗教学者の故村上重良先生をお招きして教えていただいた。私たちは市民の会として特別な宗教をもつものの集まりではない。また、信仰をもつ人も、もたない人も、どなたも参加いただくためには、無宗教用語を使うのがふさわしいと考えるようになった。長いことかかってしまったが、出版という形で私たちの活動をお伝えする機会をえ、「関東大震災時に虐殺された朝鮮人の遺骨を発掘し追悼する会」として気持ちを新たにしたいと思い、名称変更のご報告とする。

会の名称についてもう一つ。「虐殺という言葉は聞いてしのびない」と、かつて遺族の方に言われたことがある。私たちはその心中にまで配慮がおよばなかった。けれども、証言をきいていくと、「虐殺」という言葉でしかあらわせないのがこの事件であったのだと思う。ご遺族の方には申し訳ないが、この言葉を使わせていただきたい。まだ私たちはこの言葉を避けたり薄めたりすることで、背中の荷を軽くするわけにはいかない。

この事件の事実を伝え、このようなことをふたたび起こさない時代となるよう、私たちも心あらたに取り組んでいきたいと思う。

最後になってしまったが、証言をしていただいた皆さんには、心からお礼を申し上げます。また、筆は及びませんでしたが、証言をするお年寄りを支えたご家族の方がた、ありがとうございました。Ⅳ章でふれたとおり、証言者の中にはいやがらせを受けた方もいる。私たちも実名での証言をお願いしたいのはやまやまだったが、そうした恐れがある以上、連絡のとれなかった方や希望をする方は、仮名にせざるをえなかった。本書に収録した証言者の半数以上が亡くなられている。「記録に残したい」と訪問のつど語ってはきたが、まとめの作業が遅くなりすぎたのは申し訳ないことだった。ただ証言整理には正確を心がけた。お年寄りが語ってくれたことは、仮名であれ生命《いのち》をもっていることを理解していただきたい。

当時の地図を重ね、資料を読む作業が続いたが、はっきりしないことも多い。誤りも散見しよう。ご教示を願うしだいである。また、新たな証言があればお聞かせ願いたい。

私たちは多くの先生方を招いて学習会をもった。少人数の素人を前に、熱心に教えてくださった加藤文三、姜徳相、小池喜孝、田原洋、故村上重良、山田昭次の先生方、ありがとうございました。

本書をつくるにあたり、加藤先生、姜先生、山田先生にはとくに助言をいただいた。また、資料収集を手伝ってくれた早稲田大学院生の望月雅士さんをはじめ多くの方がた、拙い文章を本の形にまとめてくれたフリー編集者の国安真理さん、出版の機会をくださった教育史料出版会の橋田常俊さん、この方たちとの出会いなしには本書はできなかった。心からお礼を申し上げます。

代表　絹田　幸恵

（以下は一九九二年の呼びかけ文である）

朝鮮人殉難者追悼碑の建立にむけて

異郷の地で肉親や同胞が殺されたとき、残された者の悲しみはどんなに深いでしょう。殺された人はまた、暗闇の世界から生命の尊さを叫び続けています。

関東大震災（一九二三年）の時には、戒厳令のもとで日本の軍隊や警察、デマを信じた人びとによって、多数の朝鮮人が殺されました。

当時、日本は大韓帝国を「併合」していました。「土地調査」という名目で日本に土地を取り上げられた朝鮮の農民たちが、生きるために仕事を求めて多数日本に渡ってきていたのでした。そしてこの大地震に遭遇し、避難の途中などで殺されたことは、史料にもあり体験を話してくださった方の記憶に今も残っています。

その場となった荒川の旧四ツ木橋のたもとも、今はすでに橋が変わり、土手も変わって、当時のことは忘れ去られようとしています。しかし、埼玉や千葉などでは、早くから現場やその近くに碑を建て、追悼を行なってきました。

「ちゃんとしたお弔いをしてあげたい」という証言者の志をうけて、私たちもここ九年間、今の木根川橋近くの河川敷で追悼式を行ない、九月の陽射しにやかれながら、にわか作りの祭壇に花を手向けてきました。

私たちは七〇周年にあたる一九九三年には、碑の建立を果たしたいと思っています。このことを通して、失われた生命の尊さをかみしめ、追悼の心を形にあらわし、次の世紀を両民族の和解と友好のうちに迎えたいと思います。

どうぞ、お一人でも多くの方の御賛同・御協力をお願いいいたします。

一九九二年七月

呼びかけ　関東大震災時に虐殺された朝鮮人の遺骨を発掘し追悼する会
代表　絹田幸恵

賛同人　雨宮栄一（東駒形教会牧師）　岩田浩盛（僧侶）　岸田正博（多聞寺住職）　寺内照恒（僧侶）
野村盛彦（浄心寺住職）　森山忞（本所緑星教会牧師）　遊佐健治（曳舟教会牧師）
（アイウエオ順）

第Ⅱ部

荒川土手を越えて

Photo／裵昭

第Ⅱ部のはじまりに

「関東大震災時に虐殺された朝鮮人の遺骨を発掘し慰霊する会（一九九二年「慰霊」改め「追悼」に変更し、略称も「追悼する会」とした）」の立ち上げは、荒川河川敷で試掘した一九八二年九月から三カ月後の一二月三日のこと。八〇名の参加の下に、結成総会が開かれた。

発掘作業の結果、遺骨を発見できなかったという無念な思いをどう昇華するのかを、その後の会報を辿ることで軽くなぞる。

会報は、手書きで月一回発行だった。事務局の下、聞き書き班・資料研究班・発掘準備班・学習会班・編集委員班と分けての活動体制を作った。会報には、聞き書き成果・渡韓調査・『隠された爪跡』上映会・学習会・追悼式・会計・資料集などの作成と紹介・千葉、埼玉の事件の学習会やフィールドワーク等の各報告がある。後から会に加わった者は、毎号の中身の濃さに圧倒された。「試掘」に集った者たちの事件を調べ学びあう真摯な様子が一字一字手書きされた文字からうかがえる。

熱にうなされるような活動の日々から、落ち着きを取り戻し始めたころ……。

一九八六年年頭のあいさつで、聞き書き班の落合博男から「会の目的を『遺骨を発掘』から、『追悼碑の建立・聞き書きのまとめ』に向けて討議しよう」との提案がなされ、具体的な話し合いが進められた。

五年後の一九九一年「追悼碑建立」を提起し、建設省（当時。現国土交通省）に建立の相談を具体的に始めた。

その頃の会は、一応の調査研究作業もひと段落ついて当初の熱気も収まり、実質活動メンバーが六人となり、一時は三人にまで減ってしまうなど危機的な時期もあった。現在も少人数で切り盛りしている。

二〇〇九年の碑建立まで実に一九年を要した。建設省・墨田区への交渉や働きかけに多くの時間を割かれたのだ。力及ばず、最終的には公的な土地での建立を諦め私有地での建立に舵をきった。

結果的には、この長い時間は地元の市民の理解・協力を得るための大事な時間となった。どんな時間だったのかを紹介したい。

第Ⅰ章　地域に根ざすことを願って

▪地域デビューへのプロローグ

一九八二年の試掘は、地元の方の証言があって実現した。

そして、試掘を支える近隣の小中学校の教員たちがいて、父母や生徒への働きかけがあった。その後の毎年の追悼式にも近隣の教師と生徒の参加が続き、遠巻きにではあったが、近隣の方々の関心が寄せられていた。この試掘は地元に大きな衝撃を与えた。「遺骨が出なかった」という結果があったとしても、「関東大震災時に虐殺がおきた場所」という認定がなされた。元々、ここは事件があった場所としての記憶がまだ残っていた。

試掘現場の近隣の八広《やひろ》――東墨田あたりには朝鮮学校や皮革産業の町があり、人権教育が奨励されている地域であった。その人権教育の一環として、追悼する会のメンバーが小中学校の教員の研修や生徒の学習に招かれたこともあった。

また、小中の教員たちの協力により、追悼式は、近隣の小中学校からテントなどを借りて行なわれたこともあった。

■グループほうせんかの立ち上げ、すみだ国際交流ネットワークへの参加

折よく、一九九〇年の追悼式に墨田区内で近代の歴史や在日外国人問題を学びあう市民グループ「もう一つの会」からの参加があり、区内在住の在日韓国・朝鮮人や日本人市民とつながった。

私たちは一九九三年八月に、社会教育関係団体「グループほうせんか」を発足させた。より墨田地域に根ざして活動するためである。今や「ほうせんか」が愛称としてすっかり定着した。

一九八〇年代後半、民間レベルの国際交流活動が盛り上がっていた。一九九〇年には、墨田区内でも、「すみだ国際交流ネットワーク担い手会議実行委員会」が発足し、翌年には、「かけがえのない地球そして生命。人間共生の知恵を求めて」というテーマで、「すみだ国際交流ネットワーク会議」（すみネット）をすみだリバーサイドホールで開催した。「もう一つの会」も参加していた。

グループほうせんかは、一九九三年から参加した。この「すみネット」との出会いは、当会が墨田地域へ大きく踏み出すかけがえのない機会を与えてくれたので、少し詳しくお伝えしたい。

当時、東京都も国際交流を推進していて、墨田区に専門職員を派遣していた。「すみネット」は、行政に協力してもらうが、運営は自主性を通した。

「すみネット」は、一〇年間毎年大きなイベントを開いた。毎回、テーマや進行についての話し合いが綿密に開かれ、初めて出会う者たちが、何が必要で何をなすべきか検討を深めた。実行委員会での会議が学びの場であり、相互に理解を深める場だった。そして第二回目のテーマは「まず知ることからはじめよう」に決った。第三回目以降は、「ひろげよう　すみだから」「もっとコミュニケーションふかめよう」「とどけようすみだから」「ひびき合う心と心」「知ることから分かりあうことへ」「国際化の

中の子育てと地域作り」「安心が見える国際まちづくり」「人にやさしい国際まちづくり」へと発展していった。毎回、豊かなテーマで学び、多民族の文化交流を深めた。一〇年の間にはたくさんの報告が行なわれたが、その中で、関東大震災や在日の歴史、外国人無年金問題、就職差別、東京都外国人管理職選考受験拒否事件などの在日外国人の人権や処遇問題も取り上げられた。

朝鮮学校による文化発表を二度行ったが、子ども達が舞や歌を披露する姿に感動し涙する実行委員たちがいた。委員たちは、知らないできた朝鮮学校や生徒たち、生身の韓国・朝鮮人と出会い、歴史と出会うこととなった。ある中心的な委員は関東大震災時の朝鮮人に関するデマを信じていて朝鮮人を攻撃していた。しかしその方と何時間にもわたって話し合う中で在日朝鮮人の歴史などを知ってもらい、やっと信頼関係が生まれたこともあった。

一〇周年には実行委員七四名、スタッフ九六名という大所帯にまで広がったし、毎回の参加者が一〇〇〇人を超えるまでに盛り上がった。

そして、一〇年の学びから行動へ発展し、二〇〇〇年一一月には「在日外国人医療相談・結核検診会」を開催した。その後、日本語を分からずに入国した外国人中学生の学習の場を設け、その後小学生の日本語学習支援も続けている。当会からもメンバーが参加している。

やがて実行委員の方々が、追悼する会＝グループほうせんかが開催する毎年九月の追悼式に参加して下さるようになった。そのお一人が二〇〇〇年の追悼式でご挨拶くださったときのスピーチを紹介して、地域でつながることの喜びを伝えたい。

「追悼式に参列して」　安藤美智子

この追悼式のお知らせをいただきながら、これまでこの場に参列する機会を何時も逸していました。二〇世紀が間もなく終わろうとしている今年、幸いにも今日、参列できましたことに感無量です。先ほど式が始まり、李松子さんの美しいアリランの歌が流れました。胸がいっぱいになりました。優しく、悲しく私を揺り動かしました。幼い日の光景が走馬灯のように甦ってくるのです。

私はこのアリランの歌を歌ってよく遊んだものです。私は台東区で育ちました。私が七歳の時亡くなった祖母は、私を膝の上に乗せ昔の話をよくしてくれたものです。その一つに関東大震災の話がありました。凄い揺れ、火災、人の逃げまどう光景を祖母は、まるで映画を見ているかのように話すのです。スリルのある怖い話は子ども心にすごく魅力的でした。その中に必ず『朝鮮人が井戸に毒を入れたって、デマがとんでねー』というくだりがありました。子どもにとって、この部分は何も怖いことはありません。怖いのは、凄い地震とか、燃え盛る火とか、火がついたままもがき苦しむ人とかです。『朝鮮人がねー』というところは、私には全く関心のないことでした。

私の家の近所に朝鮮の人の家族が住んでいました。優しい一家で、近所の子ども達は、皆その家族が好きでした。かくれんぼの時は、路地に囲まれているようなその家の小さな玄関に隠してもらったりしました。その家族に美しいお姉さんがいました。アリランの歌をいつもきれいな声で歌っていました。アーリラン、アーリラン、アーラアリーヨというところがなんともいい気持なのです。私はすっかり覚えてしまって口ずさみながら遊んだものです。そのお姉さんがお嫁に行く日が来ました。私は玄関から出てくるお姉さんを見に行きました。それまで見たこともない美しい花嫁衣裳です。私はびっくりして立っていました。するとお姉さんは、私に優しく笑いました。その時の光景が今も瞳に焼きついています。その時からです。私はアリランの歌はお嫁に行くときの歌なのだと思い込みました。

祖母が語ってくれた関東大震災の朝鮮人の話と、朝鮮の美しい花嫁姿の優しいおねえさんとは、私の中でばらばらで、何の脈絡もなく、何も考えることもなく、過ごしていました。

墨田区で暮らすようになって『すみだ国際交流ネットワーク会議』が始まり、愼さんや西崎さんたちと知り合いました。お陰で『風よ、鳳仙花の歌をはこべ』を読む機会も頂きました。読み凄い衝撃でした。祖母の『朝鮮人が毒を入れた』という話には、実は続きがあり、裏には当時の日本の社会の拭いきれない恥部が隠れていたことを知りました。この年齢近くになって、関東大震災の本当の怖いところはここだったのだという事が分かったのです。これほど恥ずかしく思ったことはありません。そして、私に良い思い出しか残さなかったあの朝鮮の優しくきれいなお姉さんも戦時下の日本社会で、どんなに苦しい立場に置かれた事か…。

ありのままの歴史を知ることを、避けてはならないと痛感しました。いまこの場に立ち、関東大震災の追悼碑建立の目的が一日も早く果たされますことを、皆様とともに心から祈念いたします。


毎年の墨田区最大のイベントに「すみだまつり」がある。二〇〇一年の「まつり」には、ソウルの西《ソ》大門《デムン》区の区長はじめ役員の方々が来日して、会場の錦糸公園の駅に近い場所にむくげを植樹した。この訪問は二〇〇三年に墨田区と姉妹都市提携をする準備のためだった。姉妹都市提携には、「すみネット」の初代代表の小林容三さんが大きくかかわった。

小林さんは戦争中、学校でひとりの韓国人と同級生だった。一八年後その同級生と再会した折、それぞれに小学生のサッカーチームを指導していたことからサッカー交流を始め、墨田区と西大門区を行ったり来たりして子どもたちを交流させていた。その功績を知った日韓親善協会の金さんから頼まれて、小林さんは姉妹都市提携の橋渡しをした。

その時に西大門区からのお客様たちを、墨田区の依頼で愼民子《シンミンジャ》が中川児童館の子どもたちとプンムル（朝鮮半島の農村部で古くから行われてきた民俗芸能）で接待した。その縁で、当会も「まつり」に参加するようになった。国際交流テント内に「ほうせんかブース」を設け、事件の概要を紹介する写真展示をして、会で制作したパンフレットをはじめ、ほうせんかとむくげの種や苗木を配って、宣伝に努めることができた。ここでの出会いもたくさんで実に有意義だった。

第Ⅱ章　河川敷での建立を目指して

■地元との相談開始

追悼碑を河川敷に建てるには、どうしたらよいのだろう。今ある碑や花壇などは、どうしてできたのだろう。そんなこともわかってなかった私たちは、建設省の荒川下流工事事務所に聞きにいった。一九九二年一一月のことだった。

応対してくれた所長は、「一民間団体に河川敷の占用許可は出せない。すでにあるものは、歴史的経過のあるものか、不法占用」「地方公共団体等が、必要と認めて申請するときはあらためて検討する」ということだった。

荒川放水路は一級河川であり河川敷は国有地のため、占用などは治水を第一に河川法で定められている。都市部は特に広々とした空き地がないから、地方自治体が占用許可を受け、河川敷が運動場などに使われることもある。しかし台風などの時、建造物の撤去が必要となればすぐ連絡がつき対応ができる主体でなければ困る……。

河川敷の試掘後、大雨になると土手に異変が出ないか心配していた私たちである。治水の大事さは理解できた。

すぐに、墨田区の総務課に伺った。総務課長にはまず、「関東大震災時の虐殺事件の事実を認識していただきたい」との要請から行なった。回答は、「こうした事件があったことは推定できる」という歯切れの悪いものだったが、墨田区の『関東大震災体験記録集』(一九七七年)で虐殺事件をうたった短歌が掲載されなかったり、「朝鮮人」を「外国人」と書き換えたりしたことについては、「現在だったら、こうはしないだろう、時代の進展に応じて認識は変わっている」とのことだった。

追悼碑建立への協力については「区民から反対されるおそれもある、地元の人たちの要請がなければ難しい」と言い、「一〇年間、一民間団体として追悼式を続けてきたのに、今なぜ急に行政を巻き込もうとするのか」という率直な質問も出された。私たちが墨田区に一度の挨拶もせずにきたことへの疑問と受け止めるしかなかった。

追悼碑建立を考えてから、これまで挨拶もしてこなかった墨田区の区議会議員と向島地域の町内会長にも、追悼式の案内等を送ることをはじめていた。

中でも、すみだ国際交流ネットワーク会議で知り合った武部穣さんが、グループほうせんかの監事になって下さったのは心強いことだった。東京日韓親善協会連合会理事・事務長、墨田日韓親善協会常任理事・事務局長の肩書きも添えて、次のような挨拶を会報に寄せてくださった。

一九九四年　新春のご挨拶を申しあげます。

二年前、すみだ国際交流ネットワーク会議でシンさんを知り、数年ぶりに「追悼する会」の絹田代表と再会、そして役員の皆さんに同志として連帯、いま年齢(七〇歳)を忘れ、運命的使命感に胸を熱くしています。

墨田区内の協力者も交えての「追悼碑建立の相談会」は五回目になっていた。墨田区は、旧四ツ木橋付近の荒川河川敷で多くの朝鮮人が殺された事実は否定できないとしつつも、区として追悼に取り組む考えはないと繰り返し述べていた。しかし、墨田区としても、建立に反対がなく、多数の区民の賛成があれば追悼について考えるとのことだった。

私たちは墨田区の中で理解を広げる努力をする一方、南北(韓国・朝鮮)双方の民族団体にもご挨拶を重ねてきた。いっそう幅の広い活動となるよう、超党派の区議会議員・都議会議員にもご理解をえられるようにしようと話し合った。

▪追悼の広がり

一九九五年の追悼式は、三〇〇名の方々が参列してくれた。相変わらず、河川敷に停めたワゴン車に板をもたせかけ、布を貼っただけの仮の祭壇である。

追悼碑建立の賛同人となってくれている、ご住職を代表して亀戸の浄心寺・野村盛彦住職、本所緑星教会の森山忞牧師にもご挨拶いただいた。

また、武部さんの紹介で、墨田区選出の東京都議会議員のお二方も来てくださった。

山本賢太郎都議は、次のように話された。

三年前に絹田先生とグループほうせんかの幹部の皆様にお目にかかりました。それは七二年前、関東大震災の際、非業な死にあわれた朝鮮人の方々の霊を慰めるために、追悼碑を荒川のこの近くに作りたいと、こういうことでございました。
人間、国は違っても、国境を越えて悲しみは同じであります。そして供養しなければならないこと、これは人間として当たり前のことです。私どもは当たり前のことをさせていただいているわけでありります。力を合わせ、手を取りあって、来年はもっともっと盛大な追悼式ができますことを念じまして、ご挨拶といたします。

ついで、石井義修《よしのぶ》都議にもご挨拶いただいた。

私は日本人として、私たちの先達の行った行為に対しまして、心からお詫びを申し上げる次第でございます。無実の罪によって亡くなられた方々のご冥福をお祈り申し上げる、お祭り申し上げる、そういう意義を込めてこの記念碑はぜひとも建立されなくてはなりません。もう一つはこの東京にもやがて大きな大震災がまちがいなくやってくるわけであります。同じ地震がやってきたときに、同じあやまちを絶対くり返してはならない、そのような意味でもこの記念碑はぜひとも建立されなければならないと思います。

宗教、思想信条などさまざまな方が河川敷に集まり、李松子《リソンジャ》さんの歌う「鳳仙花」にあわせてそれぞれの思いで仮の祭壇に次々と献花していく。一人ひとりが旧四ツ木橋周辺で亡くなった朝鮮人犠牲者に心のうちで、語りかけていた。
この河川敷と、人びとの暮らす町とは大きな堤防でさえぎられて追悼式は見えない。私たちは一九九二年に出版した本の題名を『風よ　鳳仙花の歌をはこべ』とした。「どうか、この鳳仙花の歌にこめられた追悼の思いが、風にのって土手を越え、静かに、確かに町のなかに届いて欲しい」と思ってつけた題名だった。犠牲者追悼の碑が建つには、もっともっと多くの人が、ともに声をあげて下さる必要があった。

この追悼式にはじめて参加して下さった坪田精一さんは、一九三一年生まれ。堤通でスーパーを経営し、自治会長でもあった。坪田さんは、次のような文章を会報に寄せてくれた。

父親は震災時三三歳(一八九一年生まれ)。終戦直後、父親のもとに一人の朝鮮人が訪ねてきた。『お父さんに、震災の時、一週間押し入れにかくまってもらった』『街角で顔をジロジロ見られ、いろいろ尋問された』と言っていた。私は事の意味がよくわからなかった。しかし気になっていた。

私が小学三年生の時、朝鮮から移住してきた金正黙《キムジョンムク》という子がいた。お互い身体が小さくすぐ仲良しになった。金君は言葉がわからないし発音もおかしいので、冷やかされ、からかわれ、そしていじめられていた。私もいじめられっ子だったので、良く慰めあった。

ある時、教壇に一人ずつ立って、調べてきたことわざを発表させられた事があった。金君は、「渋い柿は、米びつに入れると甘くなる」ということわざを言った。親に教わってきたのでしょう。ところが、うまく発音できない。「シビイカキ……」とか言った。教室中大騒ぎになって、はやしたてた。金君は、どれだけくやしかったか、……私は、かばったり……守ったり、してあげられなかった。

三年前、追悼式の案内状をもらった時は警戒心を持った。行きたいけれど、何の目的かわからず不安だった。しかし、戦後お礼に来たおじさんのことがあったし、事件の犠牲者と金君に謝罪したかったので、今年やっと参加した。

参列者が少ないと思った。日本人がもっともっと集まるべきなのに、残念だ。兄や親に当たる人びとが、何を考えてやったのか。(朝鮮を)領土にしたことに、根本的な原因があったのではないか。当時の地図は、朝鮮も台湾も赤く塗ってあった。

亡くなった方に申し訳ない。生き残った人も友人も、苦労したはずだから…。

近頃の報道を聞いて、(国が)罪を認めないのに、すごく腹が立つ。悪いことは悪いことと謝るべき。謝らないでいるとますます分が悪くなるのに…。

ありがたい、地元の方からのメッセージだった。突然、追悼式案内が送られて気味が悪かったと思う。にもかかわらず今年は追悼式に参加して、心のなかをひらいて教えて下さった。坪田さんは、後にのべる「関東大震災時の朝鮮人殉難者追悼碑建立に関する要望書」でも、共に要望して下さった方の一人である。

▪再び行政交渉へ

一九九七年、久しぶりに建設省荒川下流工事事務所を訪ねた。管理課の占用調整係長が対応してくれた。が、建設省の基本的スタンスは、九二年に所長が話した時と変わらない。一九九四年にいくつか変更があり非営利団体も占用の主体と認められたが、しっかりした管理能力がなければならない、ということだった。

私たちから、追悼碑建立ができるためには、どんなハードルがあるか尋ねてみた。係長は内容について コメントする立場に無いとしつつも、「国の土地に建てる当否の判断は必要になってくる。判断の主体は実際のところわからないが、国だと厚生省や文部省の福祉や戦没者慰霊や歴史教育を扱うようなところ、その委任事務機関である東京都や墨田区等がそうでないかと思う。本件追悼碑が、公共的なものであるという認識を保証してくれるような公的な団体が申請者としてふさわしいと思う」との答えだった。

追悼碑にこだわらなければ、堤防にレリーフを付けるのはどうか、植樹・花壇ならどうか等々、細々と伺ったが、占有許可が出せる相手とならば、方法論はいろいろ相談も可能だろうが、「追悼する会が考えていることの一番の障害は、その歴史認識が社会的コンセンサスをえられるかということになると思う。建設省は河川法から要請される主体の適格性と構造物としてどうかで判断するが、一番の問題は適格性だと思う」と教えてくれた。担当者の立場からは、精一杯ふみこんだお話しだったとは思う。

私たちに国の責任を問うていく力はなかった。仕事や介護のかたわら、わずかなメンバーで打合せ、ようやく追悼式を行ない会報を出していた。犠牲者追悼の一点でつながれた方々と、墨田区でがんばるしかなかった。

また、墨田区総務課に出向いて、私たちの考えていることを以下のようにお伝えした。

- 旧四ツ木橋あたりと建立の場所を考えているのは、新聞資料でも犠牲者の存在が確定できる東京で数少ない場所だからであること
- 恒久的な追悼碑の管理は私たちにはできず、碑を寄贈させてもらって墨田区から申請をして欲しいこと。したがって、碑の寄贈団体や碑文・形式等は行政が困らないような幅を持つべきと考えていること

今回、総務課長は行政各課と協議の上、返事は「墨田区議会のご判断をあおいで欲しい」とのことだ

った。

一九九八年追悼式に前後して、東京都議会の山本賢太郎都議からは、墨田区の自由民主党と自民区議団の幹事長を、石井義修都議からは同じく区議会公明党の幹事長を紹介いただき、挨拶と追悼碑建立の協力のお願いに伺った。続けて、区議会各会派にも同様のご挨拶・協力をお願いしてまわった。

追悼する会の代表・絹田幸恵は六年前に難病・パーキンソン病の確定診断を受け、教員の仕事も早期退職していた。一人で外出することや、大きな声で話すなどは難しくなっており、この年の追悼式では、絹田は椅子に座り、用意してきた挨拶を矢野恭子が代読していた。これ以上負担はかけられず、代表代行をたてることを追悼式でみなさんに了承をいただいた。

■要望書から陳情へ

一九九九年は、墨田区の総務課長や区議会各会派の幹事長も交代されていた。再度、挨拶と説明に伺い、一二月二日、墨田区議会議長にあてて、「関東大震災時の朝鮮人殉難者追悼碑建立に関する要望書」を出した。内容は、「墨田区が荒川河川敷等の占有申請主体・追悼碑の管理主体となっていただけるよう」、「その他、建立の方法等について墨田区が私たちと協議下さるよう」、墨田区議会から働きかけをお願いしたいというものだった。

要望者代表には、グループほうせんかの西崎雅夫と追悼する会の絹田幸恵がなり、要望者には一九名の方々が名を連ねて下さった。追悼碑建立の賛同人となって下さったご住職・牧師さんのほか、すみだ国際交流ネットワーク会議で出会った方々、証言者の家族、また墨田区のさまざまな活動のなかで出会った方々だった。また、墨田区の韓国・朝鮮二つの民族団体もそろって一緒に要望して下さった。要望書は区議会に周知いただく効果しかないが、各会派の幹事長に会派のなかで検討下さるようお願いしてまわった。山﨑昇区長にも、墨田区が荒川河川敷等の占有申請主体・追悼碑の管理主体となるよう同様の要望書を出した。

絹田は一九九九年の追悼式に出席できず、翌二〇〇〇年一月には療養生活を支えてくれていた夫が亡くなった。本人の入退院も増え、二〇〇〇年の追悼式で絹田が代表を辞任した。後任に代表代行をつとめてきた矢野恭子があたることになった。

二〇〇〇年一一月には、墨田区議会に対して、グループほうせんかで「関東大震災時の朝鮮人殉難者追悼事業に関する陳情」を行った。

関東大震災当時、流言蜚語のもと関東一円で多くの朝鮮人が殺害されました。埼玉・千葉・神奈川では早くから現場やその近くに、殉難者を悼む碑がいくつも建てられています。

私たちの活動は、一教師が荒川放水路開削工事の歴史調査をしていたところ、関東大震災の時旧四ツ木橋の周辺で、「軍隊が朝鮮人を機関銃で撃った」、「自警団が朝鮮人を殺害した」と、地元の体験者から話を伺ったのが原点でした。東京では資料も乏しく各地の事件が忘れ去られてしまいましたが、旧四ツ木橋周辺(墨田区側)は、当時の新聞各紙で朝鮮人多数のご遺体があったと確認できる、数少ない場所の一つです。

「後からお花や線香をあげる人がいた」、「ちゃんとしたお供養をしてあげたい」という体験者のお気持ちをついで、私たちは毎年九月に追悼式をしてまいりました。けれども任意団体の活動には限界があり、このままではいずれ風化してしまいます。

墨田区内には、被服廠《ひふくしょう》跡(横網町公園)の他にも、関東大震災や東京大空襲の犠牲者を悼む碑などが、亡くなられた場所、ご遺体の多くあった場所などに、建てられております。私たちは、震災時の朝鮮人殉難者を悼む碑等も、ぜひ旧四ツ木橋周辺に建立できたらと願って参りました。

そのための基金は多くの方々のお志で集まりつつありますが、任意団体では用地確保や管理が困難です。横網町公園の碑や埼玉・神奈川のいくつかの碑のように、公有地の提供や建立への賛助など墨田区のご協力で、追悼碑・モニュメント・植樹など追悼事業が実現できるよう願っております。

異郷の地で弔われることもなかった方々を忘れず、追悼する事業は、二一世紀の両民族の相互理解と友好をふかめる礎となるでしょう。そして、悲惨なことを二度と繰り返してはならないとの誓いは思想信条を越えて、共通の課題であると存じます。

墨田区議会のリーダーシップを持ちまして、旧四ツ木橋周辺の関東大震災時朝鮮人殉難者追悼事業が早期に実現できますよう、陳情いたします。

陳情事項

一、墨田区のご協力により、関東大震災時の朝鮮人殉難者追悼碑の建立等、追悼事業が早期に実現できますようお願いいいたします。

河川敷であっても花壇や植樹という形なら可能性が高くならないか、逆に追悼碑であれば場所に条件を付けすぎては建立の可能性が低くならないかと思案の末、「追悼碑建立等追悼事業」という幅のある陳情の内容とした。一〇月二一日署名活動を開始し、合計で一五二〇筆の賛同署名がよせられ、その署名をそえて一一月二二日陳情を出した。また、旧四ツ木橋での事件概要や各地の追悼碑等の状況資料なども持参して、区議会各会派に説明に回った。

■継続審議、のち不採択

二〇〇〇年一二月七日、墨田区議会企画総務委員会の議事録をたどってみる。

まず墨田区の総務部長からこれまでの対応状況などの説明があったあと、追悼碑建立に「行政が関与するには、設置自体に公共性・公益性が高いことが必要であるし、また当区が設置等を肩代わりする形になろうが、そうした関与をしなければならない必然性も乏しいと考え」、墨田区としては協力は難しいと説明してきたと話した。

これに対し、江木義昭区議（民主クラブ）が、「隣の民族との間の、私たち日本民族自身が加害者の立場に立った深刻な歴史的事実を後世に伝えていくことは、大きな公益性を持つ仕事であろう。区として、何ゆえに公益性が確認できないと判断しているのか」問うてくれた。

総務部長は、これは河川管理者の許可を要する案件だが、許可の要件としては、治水・利水上の支障がないだけではなく、必要やむを得ないものに限り、公益性の高いものを優先するという考え方だ、としたうえで、「自治体が設置管理を申請する場合でも、公益性が高いかどうかの判断が必要になろう。…墨田区が果たして設置する必要があるかどうかといった点についても疑義があるところであるし、公益性となると、多くの区民にとって利益があるのかといった判断が必要になってくる。そのあたりについて、総合的に判断した結果、公益性は高くはないと判断した」と言い切った。

また、高柳東彦《はるひこ》区議（日本共産党）は、墨田区が私たちの肩代わりをする必然性はないとの答弁に対し、「当時、墨田区内に多数の朝鮮人の方が暮らしていたのは事実であろう。その人たちに犠牲が出ている。今で言えば区民から犠牲が出ている。それを放っておいていいのかどうか」と反論し、東京大空襲の犠牲者については、東京都がモニュメントをつくって追悼するのに必然性・公共性があって、こちらにはないというなら、どこがちがうのかと問うてくれた。

槐勲《えんじいさお》区議（公明党）は、「……私は、こういう事実があったのかどうかが当然議論になると思い、一昨日と昨日、知り合いの区民の人にいろいろ聞いてみた。大正前半生まれの人は、もう八〇、九〇だから、数が少ない。あるご婦人は、当時三歳であったが、数年たって、朝鮮人がいっぱい荒川の土手に並べられて、鉄砲で撃たれた。大きい穴を掘って、そこに死体を埋めていた、とても見ていられる状況でなかったと両親が話しているのを聞いている。もう一人は、やはり親からそれはきちんと聞いていると。逆に、朝鮮人が攻めてくるというので、みんな押し入れに隠れて怖い思いをしたとか、現実に、関東大震災の混乱の中で、そういう残虐な行為が行われたのが事実であるのは間違いない」と、自分で体験者に聞いた話を区議会議事録に残してくれた。

さらに河川敷でなければだめなのか、もっともっと工夫や研究をして、「できるならば追悼碑等を建てて、二度とこういうおろかなことは起こさないという教訓のためにも、これからの世代の人たちのためにも必要性がある」、検討を続けてほしいと言ってくれた。

この日は結論が出ず継続審議となった。

翌年二〇〇一年三月二六日、企画総務委員会が再度開かれた。総務部長から、次の説明があった。

- 旧四ツ木橋付近で虐殺の事実があったかどうかは、「あったと断定するのは非常に難しい」。体験談はいろいろあるが、公的な資料とか記録には心証をえられるものは今のところ見当たらない
- 横網町公園内に慰霊碑があるので、地域にこだわらず一緒に慰霊できないのかと陳情者と話し合ったが、旧四ツ木橋付近での出来事を風化させたくない、場所は多少広げても良いが、横網公園の碑とは一緒にできないとの話だった

・河川敷以外での公園などに設置は認められないかの点は、「例え追悼碑などが宗教的色彩のないものであっても、歴史的事実が明らかでないことや、任意団体では設置管理主体として問題があること、あるいは地域や公園利用者などが広く受け入れられるものでなければならないことから、いろいろと問題が多く、認めがたいという結論である」
・区として設置管理ができないのかの点では、陳情者は資金面から公共用地を利用したい考え方は変わってない。公共用地の提供あるいは区による設置管理は、陳情者の活動を否定するのではないが、「心の内面や価値観に関するものについて、行政が関与するのは非常に難しい面が多くあるし、また、区が設置者となる必然性も見当たらないことから、区が設置管理の主体となることも現状では困難であると考え」る

墨田区の報告を受け、各区議からの発言のあと、不採択としたいという議長発議に賛成の起立多数となり、不採択で陳情は終わった。

しかし不採択となるなかで、次の区議の発言はありがたかった。

政府としては他民族虐殺をやったという公式記録は残せないでしょうから、出てこない。過去墨田区に住んでいた方が虐殺された。こういう問題を墨田区の歴史としてきちっと発掘し検証していく、場合によっては追悼もしていくというのは立派に公益性もあり、公的な仕事だ。採択ができなければぜひ継続審議に

――高柳東彦区議

歴史的事実として関東大震災の際に、朝鮮人の方たちが大量に虐殺されたという事実があるわ

けで、旧四ツ木橋跡での立証責任を相手方に求めるのは逆ではないか、むしろ告発されている方が、違うというなら反証を掲げるべきだと思う。採択が困難ならもう一度継続して皆さんとともに考えていきたい

——江木義昭区議

墨田区内から全国から、署名を寄せて下さったり応援していただいたのに、虐殺された犠牲者を悼むことについて、墨田区に「公益性が高くない」等と言わせてしまったのは、犠牲者にたいして本当に申し訳がない気持ちで一杯だった。「朝鮮人犠牲者を追悼することが、多数者の意志だ」というところまで、私たちは運動をつくることができなかった。一緒に傍聴していた在日韓国人の身体は、怒りで震えていた。

大日本帝国が朝鮮を植民地にしたからこそ、父母の代に日本に渡り、自身は二世として日本で生まれ、三世・四世となる子ども達も日本で育っている時代が、二〇〇一年、この陳情の頃だった。何世代経っても在日外国人に対し参政権を付与しない日本であるが、在日韓国・朝鮮人の区民に対する配慮もない墨田区の発言だった。関東大震災から敗戦までは二二年、その後五〇余年は人権を尊重する日本国憲法のもとで日本は再出発したはずなのに、墨田区からは虐殺事件犠牲者への哀悼の意一つなく、再発防止の意志すら述べられなかった。公的な事実認定もできず、再発防止にどんな対策をするのか行政の責任が問われないようにするためだろうか。

犠牲者の事を私たちが追悼しているだけでなく、陳情をおおぜいの方の力を借りて行ない、墨田区民の代表である区議会議員や行政職員にも共に考えてもらう機会となった事を、当時はせめてもの成果と考えるしかなかった。事件を知ってもらい考えてもらう人が増えなくては、虐殺事件の再発を防止する事はできないのだから。

▪不採択後の模索

二〇〇一年、墨田区議会への陳情が不採択となったあと、河川敷にむくげを三本植えた。その後、むくげの花とほうせんかの花壇の前で追悼式を行ってきたが、このむくげは「不法占拠」の状態だった。二〇〇五年、河川敷のむくげに関して荒川下流工事事務所に相談したところ、翌年には「二〇一〇年夏までに撤去する」旨の誓約書を書くことになった。一方で墨田区長にあてて、「『関東大震災韓国・朝鮮人殉難者追悼のむくげ』を、八広水辺公園に植樹させてくださるよう」要望した。

墨田区の担当からは、「追悼事業への協力ということなら、すでに二〇〇一年墨田区議会で不採択となっているし、単に植樹ということなら『荒川基本構想』のもとで八広水辺公園は大規模自然地に指定されており、国にも確認したがむくげは植栽可能な種目に入っていない」と言われていた。

それでも二〇〇七年、六一〇筆の要望署名を添えて、墨田区長にあて「むくげの追悼植樹」の要望書を提出した。しばらくして墨田区の都市計画部担当課長より、基準に照らし合わせた結果、要望に沿うことができない旨、正式な回答が来た。

河川敷へのむくげの植樹も断念するほかなかった。

第Ⅲ章　土手下の追悼碑

▪私有地取得

河川敷や土手に追悼碑を建立することが難しいとわかり、私たちは「私有地」での追悼碑建立もやむをえないと思うようになった。数年かけて事件現場近くの土地を探したが、なかなか見つからず困り果てていた。

八広駅から木根川橋へ行く途中の土手下に「たぬきや」という居酒屋があった。私たちは「たぬきや」のご主人Yさんに、追悼式の折に随分長い間お世話になっていた。式の後の反省会場として使わせていただくようになったのは七〇周年(一九九三年)の頃からだった。式への参列者の着替え場所にも使わせていただいたし、反省会には豚足やキムチや馬刺しなどをこだわって用意してくれた。

Yさんは地元民として追悼碑建立の土地探しの相談にも乗ってくれたが、それでも河川敷近くの好位置に土地をみつけることはできなかった。困っている私たちを見かねてYさんは「俺ももう年だから、この店をあんたらに売ってやるから、ここに建てたらいいよ」と申し出てくれた。これで一気に追悼碑建立に弾みがついた。とはいっても土地取得の費用は膨大だったので、ためらわなかったわけではない。だが他に方法がなかったので、有志がお金を出し合って二〇〇七年に土地を取得した。

▪絹田幸恵、死去

二〇〇八年二月二四日、絹田幸恵が亡くなった。一九三〇年生まれの七七歳だった。早くからパーキンソン病を患い、長い闘病生活の末のことだった。

五月、「絹田先生の思い出を語る会」を開いた。会場には絹田が大好きだった真っ赤なバラの花が飾られていた。会は娘である山本葉子さんの挨拶で始まった。家庭での絹田もやはり、派手なことが嫌いで、多くを語らず黙々と事に当たる人だったようだ。娘さんは、「夏休みごとに真っ黒に日焼けしながら毎日出かける母に、ある日聞いたんです。『そんなに毎日どこへ行ってるの？』　母はにっこり笑いながら『荒川放水路の話を聞いて歩いてるのよ』とだけ答えてくれました」という思い出を語ってくれた。そんな母親を娘さんは「地味派手」と評していた。「地味な人柄なのに結果的に大きなことをやってしまう」という意味だという。

私たちの仲間の一人、古川純一がまとめた絹田の小伝がブログ「玉乗りする猫の秘かな愉しみ」で読むことができるのでご覧いただきたい。

絹田は個人的なことはほとんど語らない人だったので、前記の小伝の内容くらいしか私たちも知らない。そしてその小伝の内容でさえも、絹田は「この話は絶対に内緒にしてね」と古川に何度も念を押したという。本当に控えめな人だった。でも芯の強い人でもあった。

絹田幸恵の荒川放水路開削の調査は、『新版　荒川放水路物語』（新草出版。一九九二年、増刷を機に加筆して新版とした）として出版され、土木学会の一九九一年度出版文化賞を受けていた。

私たちは絹田が生きている間に追悼碑を建立することができなかった。痛恨の極みであった。

玉乗りする猫の秘かな愉しみ
聞き捨てにできなかった人〜絹田幸恵先生追悼
https://furukawa.exblog.jp/6942885/

■碑建立への具体的道のり

「追悼碑建立」の場所を、幸いにも、長年追悼式を開催してきた場所のすぐ近くに得ることができたので早速改修工事に入った。居酒屋の宴会場部分は残し、残りは追悼碑建立の用地とした。宴会場部分を残したのは、そこにメンバーの西崎が住むためだった。いきなり追悼碑を作ろうとして地域で反対されるわけにはいかなかった。

近所の人々は、「追悼式」を知っていた。でもそれは不信感を伴なっていたと思う。のちに「反対運動したほうがいいんじゃないか」という意見があったことを教えて下さった方がいた。「本当のことだから問題ないでしょ」と、その方は言って下さったとのこと。結局、反対運動は起きなかった。

追悼碑ができる一年前、二〇〇八年に西崎が移住し、隣近所や町会長に「来年、追悼碑を作ります」と丁寧に話をしてまわった。都合六年間そこに住み続けて近所付き合いをしながら追悼碑を見守ったことになる。

次いで賛同人である地元のお寺のご住職に石材店を紹介してもらい、追悼碑に関するあらゆることを相談にのってもらった。「暖かい感じの自然な石がいい」「むくげや山つつじなどの緑あふれる空間にしたい」等々、結局私たちのわがままをすべて聞いてもらった。一年以上かけて、追悼碑と庭が完成した。

追悼碑建立の少し前、私たちは石材屋さんとかなり打ち解けて話をするようになっていた。そんなある日「実は私もここでの朝鮮人虐殺のことを知人のとび職の親方からよく聞いて知っていたんです」と言われてびっくりした。「私の親方がとび職の親方と友だちで、そのとび職の親方がよく昔話をしていた、そんな際に何度も聞いた。だからこの仕事をさせていただいたのも何かの縁でしょう」と心の内を語ってくれた。

この話に出てきた「とび職の親方」は、会の発足のきっかけを作った証言を絹田にしてくれた井伊さん(仮名)だった(井伊さんは軍隊に命じられて虐殺された朝鮮人の遺体を埋める穴を掘らされた人だ)。多くの人の想いが追悼碑建立につながっていることを実感した出来事だった。

▪チャリティコンサート・ほうせんかの夕べ

二〇〇九年四月二九日「第一回ほうせんかの夕べ」(コンサート)を開催した。「みんなで作ろう追悼碑!」の合言葉のもと曳舟文化センターに六〇〇人が集った。長年河川敷で追悼の歌を歌ってくれたソプラノ歌手の李松子《リソンジャ》さん、『京成線』という歌で河川敷に埋もれた悲しみを歌い続けている歌手の李政美《イヂョンミ》さん、大阪で歌に演劇に活躍している趙博《チョパギ》さん、コメンテーターとして辛淑玉《シンスゴ》さん、朴慶《パクキョン》南《ナム》さん、そして病を押して駆けつけてくれた故・永六輔《えいろくすけ》さん。出演者の皆さんが歌と語りで会場に感動の嵐を巻き起こした。

永六輔さんは、一九八二年の会の発足の時にカンパを送ってくれていた。様々な草の根市民運動に広く深く関心を持ち続けておられたことに今さらながら驚かされた。

このチャリティコンサートの収益を含め、二〇年近くかけて募った追悼碑基金が七〇〇万円を超えた。目標の一千万円には届かなかったが、それでも追悼碑を建立して周囲を整備するには十分な金額だった。

なおこの「ほうせんかの夕べ」は実行委員会を作って取り組んだが、ボランティアスタッフが七〇人もいた。そのほとんどは「すみネット」の方々で、舞台

ほうせんかの夕べ(2009年4月29日)。ほうせんかの夕べの出演者、スタッフが勢ぞろい

監督、司会、会場整理、記録、会場内外の大看板作りなどを担ってくれた。実行委員長も「すみネット」の大森良雄さんが引き受けてくれて、当日の挨拶もしてくださった。

翌二〇一〇年には小室等さんらに出演していただき、追悼碑建立報告を兼ねて「第二回ほうせんかの夕べ」を開催した。

■ついに追悼碑建立

碑文の検討には長い時間が必要だった。碑の表面の「悼」の一字は、長年追悼式を続けてきた私たちの気持を端的に表していたのですんなり決まった。だが裏面の碑文は、石に刻める文字数に限りがあったので検討の結果、解説板を別途設置しそこに歴史的背景(日本の植民地支配や独立運動への弾圧等)をきちんと表記することにした。

二〇〇九年九月の追悼式を間近に控えた八月二九日に除幕式を行った。賛同人のひとり、亀戸浄心寺の野村盛彦住職が碑への「魂入れ」を行ってくれた。野村住職は「絹田さんと出会って、もう四〇年近くになります」と語っていた。本当に長い間、絹田と会を支え続けてくれた。

この日は南北両民族団体の民団・総聯からも参列と挨拶をいただいた。並んで献花していただいた時には、その場にいた私たちにも想いの深さが伝わって来た。

除幕式の後の交流会で、参加者の一人が「碑は河川敷には建たなかったが、ここに建ったおかげで住民のみなさんの目につく、地域に仲間入りした形になり、語り伝えるチャンスを逆に与えられた気がする。河川敷の奥に立派な碑があっても、説明する人もなくただ何かが建っているよりは、住民の中に、みんなの心の中に沁み込みやすい位置に入ることができた」と言ってくれたことが何よりもうれしかった。

ほうせんかの夕べの司会(右端)と着ぐるみの募金集めのスタッフら

碑文

①石碑　表

悼　関東大震災時　韓国・朝鮮人殉難者追悼之碑

石碑　裏

一九二三年　関東大震災の時、日本の軍隊・警察・流言蜚語を信じた民衆によって、多くの韓国・朝鮮人が殺害された。東京の下町一帯でも、植民地下の故郷を離れ日本に来ていた人々が、名も知られぬまま尊い命を奪われた。この歴史を心に刻み、犠牲者を追悼し、人権の回復と両民族の和解を願ってこの碑を建立する。

二〇〇九年　九月

関東大震災時に虐殺された朝鮮人の遺骨を発掘し追悼する会

グループ　ほうせんか

②解説板

関東大震災時　韓国・朝鮮人殉難者追悼碑　建立にあたって

一九一〇年、日本は朝鮮(大韓帝国)を植民地にした。独立運動は続いたが、そのたび武力弾圧された。過酷な植民地政策の下で生活の困窮がすすみ、一九二〇年代にはいると仕事や勉学の機会を求め、朝鮮から日本に渡る人が増えていた。

一九二三年九月一日　関東大震災の時、墨田区では本所地域を中心に大火災となり、荒川土手は避難する人であふれた。「朝鮮人が放火した」「朝鮮人が攻めてくる」等の流言蜚語がとび、旧四ツ

市民の手で建てられた追悼碑

木橋では軍隊が機関銃で韓国・朝鮮人を撃ち、民衆も殺害した。

六〇年近くたって荒川放水路開削の歴史を調べていた一小学校教員は、地元のお年寄り方から事件の話を聞いた。また当時、犠牲者に花を手向ける人もいたと聞いて、調査と追悼を呼びかけた。震災後の十一月の新聞記事によると、憲兵警察が警戒する中、河川敷の犠牲者の遺体が少なくとも二度掘り起こされ、どこかに運び去られていた。犠牲者のその後の行方は、調べることができなかった。

韓国・朝鮮人であることを理由に殺害され、遺骨も墓もなく、真相も究明されず、公的責任も取られずに八六年が過ぎた。この犠牲者を悼み、歴史を省み、民族の違いで排斥する心を戒めたい。多民族が共に幸せに生きていける日本社会の創造を願う、民間の多くの人々によってこの碑は建立された。

二〇〇九年　九月

関東大震災時に虐殺された朝鮮人の遺骨を発掘し追悼する会

グループ　ほうせんか

その後一〇月にはハングル版解説板を追加設置し、また、国から翌年までに撤去を求められていた河川敷のむくげ三本を移植した。同時につつじ・山つつじ・きんかん・なんてん・あじさい・やつで等も植えて、緑あふれる追悼碑となった。一一月には追悼碑・敷石のまわりに砂利を敷いて、追悼碑関連工事が完了した。

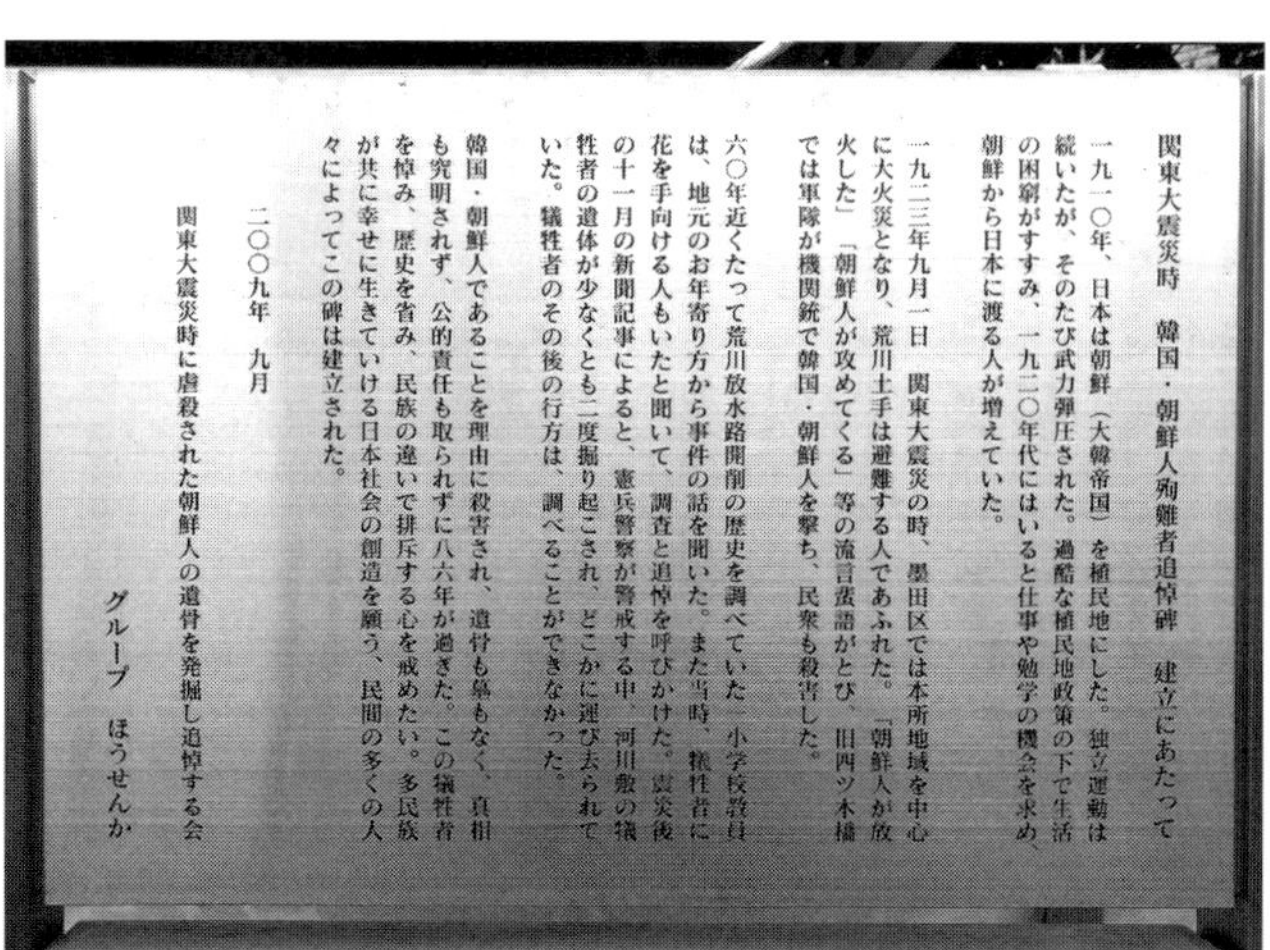

解説板

▪その年の追悼式

二〇〇九年の追悼式は追悼碑建立報告の場でもあった。長年会を支え続けてくれた賛同人の方々や、折にふれて相談にのってくれた都議会議員の石井義修さん、両民族団体、韓国からのメッセージ、かけつけてくれた国会議員の白眞勲《はくしんくん》さんの言葉など、盛りだくさんの内容となった。用意した三〇〇本の献花用の花が足りなくなった。本当に多くの人に支えられてきた会であることをあらためて実感した。

追悼式の受付で、「私の母方の祖父が関東大震災の時に朝鮮人を殺した話を、何度も聞かされた」と話し始めた人がいた。

葛飾区四つ木から来た六六歳のその男性は、おじいさんが年を取ってちょっとボケたみたいになってから何度も語った話を教えてくれた。「だまってろよ」がお祖父さんのまくら言葉だったそうだ。

川の反対側すぐの所に住んでいるんだから、追悼式を続けていることは知っていたけど、気楽に考えていたので参加しなかったんだ。でも読売新聞読んで碑が建ったのを知ってやってきたんだ。（おじいさんのことを）知ってもらいたいという気持ちもあった。

「家族を助けるためにやったんだから、いいじゃないか。でも、だまってろよ」「五、六人は殺した。村の者数人で（朝鮮人の）うしろから鉄の棒で叩いて、気を失ったのを返事をしないからと、何度も叩いた」とおじいさんは得意気だった。そして、だまってろよって言うんだ。じいさんは、自慢話のように語っていたよ。

（地震の後）川向こう（本所～浅草方面）が真っ赤に燃えて、朝鮮人が火をつけたと聞いて、おっかない気持ちから逃げるため、恨みを晴らすためにやったと思う。、当時八歳だった母は、市川からの軍隊の足音がうれしかった、ホットしたと言っていた。

事件の後、ごく普通の生活に戻ったんだよ。そして、だまってろよだ。慰安婦の問題もだまってろよだったんだ。人の言うことを、信じてやるのはよくない。当時、四つ木小学校のすぐ近くにあった、晒《さら》し工場（今はマンション）の社長は、村の人たちを工場に避難させる時、顔見知りの朝鮮人も一緒に助けたと聞いた。助けた人もいたのに……。

おじいさんが悪かった。烏合の衆として、やってしまったんだから。　（　）内は編者注

追悼式の受付の場でここまで生々しい話を聞いたのは久しぶりだった。八六年前の出来事なので直接語れる人はもういないが、子や孫の世代の中には心に重石を抱えるようにして生きてきた人もいるのだ、と改めて教えられた出来事だった。

■その後の碑の周辺

追悼碑ができてから、多くの人が訪れさまざまな想いを語ってくれた。三人だけ紹介する。

父は震災当時は二二歳で請地に住んでいた。「震災の後、日にちは分らないが、近所でも有名な剣道家が、三人の朝鮮人を斬ったのを見た。朝鮮人は命乞いをしているようにぺこぺこしていたが、剣道家がアッチへ行けというように手を振り、朝鮮人が走り出すのを後ろから斬った。まわりが蓮田だったので、遠目からも見えた。剣道家は、裁判にかけられたが、どうなったかはわからない」。

明治三年生まれの祖母から聞いた話です。「関東大震災の時、旧四ツ木橋の上で朝鮮人を並べて

サーベルで刺し殺して川に投げ捨てた。当時はまだこの辺は水道がなくて、みんな井戸だった。その井戸に毒を入れたというんで、朝鮮人がやられたそうだ」。当時の警官は威張っていた。こういうサーベル持って。サーベルで殺したと言っていたから、警官がやったんじゃないかな。祖母は四ツ木橋の向う側(葛飾側)に住んでいた。

場所がなかなかわかんなくってね。この碑は河川敷にあったのを移動したの？　違うの？　新しく作ったんだ。寺島警察署の近くに住んでいたので、たくさん殺されていたのを見たと父親が言っていた。「火をつけた」っていう話が伝わって、みんな棒やなんかを持ち出して、殺したってね。昔はひどいことをしたもんだね。

また、聞き書きではなく、さまざまな文献から証言を集める作業を西崎が行なった(資料③④としてまとまっている。269ページ参照)。こうして集めた証言の中から、旧四ツ木橋に関係する二つの自伝を抜粋して紹介したい。ひとりは当時六歳だった水野明善《あきよし》(のち会社経営者・文芸評論家)、もうひとりは当時一五歳だった鈴木寛定《ひろさだ》(のち喜劇役者・伴淳三郎《ばんじゅんざぶろう》)。二人とも震災当日の夜、旧四ツ木橋周辺にいた。

水野明善一家は浅草橋場の家に火災が迫ったため、家族四人(父・母・自分・生まれたばかりの妹)で大八車に家財を積んで白鬚橋を渡り、一日夕方に旧四ツ木橋に着いた。橋桁に蚊帳を吊って父親を除く三人は中で眠っていた。夜半、そこに「けたたましいばかりのざわめき」が近づき、やがて橋上から蚊帳を伝って白い毛布の上に血が滴り落ちてきた。身震いが止まらない母子のもとにやがて父親が戻ってきて、こう言った。

「やった、やったぞ、鮮人めら十数人を血祭りにあげた。不逞鮮人めらアカの奴と一緒になりやがって。まだ油断ならん。いいか、元気でがんばるんだぞ」

（水野明善『浅草橋場―すみだ川』新日本出版社、一九八六年参照）

そして父親はまた向島側に駆け戻っていったという。

この水野明善の父親は、震災の直前まで本所相生署に勤める高等警察官だった。

もうひとりの伴淳三郎は、山形県米沢生まれで、当時一五歳。東京蔵前で住み込みで働き被災。火事にまかれ、たまたま通りがかった荷馬車に乗せてもらって一日夕方旧四ツ木橋辺のずいき畑にたどりついた。そこで見聞きしたことを彼は次のように記録している。

畑の中は避難民でいっぱいだった。そんなところへ、どこから流れてきたのか、『朝鮮の人が暴動を起こした』というウワサが広がりはじめたんだ。大人は朝鮮の人を押えるんだって、ほとんどの人がずいき畑から〝出動〟しちまった。〔略〕

その翌朝、見せられたものは〔略〕阿鼻叫喚の地獄絵図だった。

朝鮮の人と思われる死体が地面にずら一っと転がっている。その死体の頭へ、コノヤロー、コノヤローと石をぶっつけて、めちゃめちゃにこわしている。生きた朝鮮の人を捕えると、背中から白刃を切りつける。男はどさりと倒れる。最初、白身のように見えた切り口から、しばらくして、ピャーッと血が吹くんだ。俺はそれを目撃して震え上がっちゃった。

そうこうしているうちに、映画館へ朝鮮の人が逃げ込んだといって騒いでいる。それってんで皆で追っかける。朝鮮の人はたまらず屋根へ逃げのびる。それを下から猟銃で、ババババーンと打ち落とす。その死体をめがけて群集が殺到する。手に手に持った石を、死体めがけて投げつける。死体はたちまちハチの巣のようにメチャメチャになってしまう。

まあ、ひでぇもんだった。日本人は、こうした昔の残虐行為を忘れちゃったのかね。朝鮮の人たちの怨みというのか、排日感情っていうのかな、そのころのことに根ざしているんじゃないかと、俺は思うんだ。

その後伴は家族のいる熊谷へ行くために日暮里駅めざして白鬚橋を渡るのだが、その時自警団に囲まれ白刃を突きつけられる。焦っているのでどうしても「東北弁」が出てしまい、危い所だったことも自伝『伴淳《ばんじゅん》のアジャパー人生　芸道・色道50年』（徳間書店・1975年）には書かれている。

また足立区の柳原で起きた朝鮮人虐殺事件に関連して、旧四ツ木橋での軍隊の動向をうかがわせる新たな史料発掘も行われているので紹介したい。

二〇一五年に上梓された藤野裕子『都市と暴動の民衆史――東京・1905―1923年』（有志舎）には、旧四ツ木橋より少し上流の南葛飾郡南綾瀬村柳原で起きた朝鮮人虐殺事件について、被告人供述が収められている。それによれば、九月二日柳原にもだいぶ兵隊がやって来て、「……（朝鮮人が・編者注）日本人を殺したり悪い事ばかりするので、四ツ木橋方面でだいぶ軍隊のために殺されたと言うような話」を聞いたため、逆に流言蜚語を真実と思いこみ、自分も朝鮮人が来たら格闘しても村の人や避難民のために害を除こうと決心したという。

この史料は、加害者である日本人を弁護した弁護士・塚崎直義《つかさきなおよし》が、作成した裁判記録を東京弁護士会に寄贈していたものである。東京弁護士会・第二東京弁護士会合同図書館収蔵の訴訟記録が、関係者の大変な努力でマイクロフィルム化され早稲田大学図書館にて利用できるようになったという。

旧四ツ木橋での軍隊による虐殺は公的史料にはないが、このように「見つからない公的史料」を補う努力がなされている。

▪「朝鮮人を助けた」話との出会い

長い活動の中でたくさんの出会いがあった。そうした方の中には、朝鮮人を助けたことを誇りに思う祖母を語ってくれた人たちがいた。祖母が母に「繰り返してはいけないこと」を伝え続けていた。お一人だけ、二〇一〇年の追悼式での話を紹介したい。

「木下川でのこと」北川京子

「北川サヨさんはね。日本人から追いかけられて逃げて来た朝鮮の女の人と赤ちゃんを、押し入れに匿って自分の着物を着せて逃がしたのよ」「悪い日本人がいるのよ」

私が生まれる前に亡くなった祖母の事を、母は子どものころからこの様に伝えていました。小さいころから何度も聞かされてきたので、恐怖に震え赤ん坊を抱きしめた白いチマチョゴリ姿の若いお母さんが、母が子供のころから住んでいた八広の家の押し入れにいる姿を、自分も見たような気がしていました。しかし、母は大正一四年（一九二五年）生まれなので生まれていなかったのです。

祖母は明治二四年（一八九一年）生まれですから震災の頃は三〇歳くらいで、当時住んでいたのは南葛飾郡吾嬬町大字木下川（現在の東墨田）。九歳の長男を頭に母のすぐ上の姉二歳まで四人の子どもの母親で、夫は皮革工場を営んでいました。乳飲み子をかかえて逃げてきた朝鮮人のお母さんは、祖母と同じ世代だったようです。無我夢中だったのだろうと思います。

かつて、『木下川《きねがわ》地区の歩み』（一九九四年、東京部落解放研究会発行）を作成するために聞き取り調査をしていた時に、古老から震災の時自警団を組織したと聞きました。また、その時かくまった男性と、一緒になった女の人がいたという事も聞きました。荒川土手のすぐそばの町、木下川ではたくさんの事が起きていたのだと思います。

生きる権利を奪われること、死んでもなお存在が無視されていくことの悔しさ、憤りを強く感じました。

■法人設立・賛同人終了

私たちの活動を広く紹介するために二〇一〇年春にホームページを立ち上げた。あまり更新ができていないが、会や事件に関する基本的なことが分るように構成されている。またブログもあり、こちらは新しい情報も随時更新されている。

碑建立の翌年、これまで「グループほうせんか」として墨田区を中心に活動してきた組織を「一般社団法人　ほうせんか」に改編した。私有地での碑の維持管理は長期にわたるので、継続性のある体制が必要だったからだ。

法人設立は古くから会にかかわってきた少数のみで行った。法人運営の経験のない私たちには、まずは運営経験を積む必要があったからだ。私的な団体による追悼碑の維持管理には限界があるが、今はできるかぎりやり続けるしかないと私たちは思っている。

この法人設立に合わせて、これまで長い間会を支えてくださったお寺や教会の方々に「朝鮮人殉難者追悼碑建立の賛同人の終了」のご挨拶をした。これからもさまざまな相談にのっていただくつもりではあるが、「賛同人」という肩の荷は降ろしていただこうと会で話し合った結果である。本当に長い間会を支えてくださった。深く深く感謝したい。

一般社団法人　ほうせんか
関東大震災時に虐殺された朝鮮人の遺骨を発掘し追悼する会
https://moon.ap.teacup.com/housenka/

第Ⅳ章　その後の活動

■毎年の追悼式とほうせんかの夕べ

碑建立以降の追悼式で特徴的なことを記録しておこう。

二〇一三年は関東大震災九〇周年だったので、私たちは河川敷での追悼式を大規模なものにしようと計画した。河川敷に仮設舞台を作り、追悼式の後に河川敷で「第三回ほうせんかの夕べ」をやろうというものだった。

追悼式では李松子さんに追悼の歌をうたってもらい、長年墨田区で国際交流ネットワークを築いてこられた安藤美智子さんと、辛淑玉さんのあいさつをいただいた。その後は「ほうせんかの夕べ」と題して、歌手・演奏者として李政美さんと竹田裕美子さんと矢野敏広さん、朴保《パクポ》さんと朴実《パクシル》さん、語り手としてエッセイストの朴慶南さんにも参加してもらい、歌声の絶えない一日となった。歌の後には子どもたちを中心とした総勢三〇人以上の「プンムル（風物）隊」が会場を練り歩いた。そのまま夜まで河川敷で交流会を行ったことも忘れがたい。

また、この年から関東大震災時に江東区大島で殺された中国人の遺族たちも式に参加するようになった。朝鮮人虐殺も中国人虐殺も同じ状況下で起きた出来事であり、追悼・事件解明には共に手を携えて行こう、という熱い連帯の挨拶がこれ以降毎年続くことになる。

なお、一九九一年から二〇一三年まで、二三回も長年追悼の歌を歌っていただいた李松子さんの追悼式参加は、この年で最後となった。残暑の河川敷、長時間にわたる正装での参列、献花が終わるまで何度も繰り返し歌っていただいた追悼の歌「鳳仙花」。本当に大変なご負担だったろうと申し訳な

虐殺事件から90周年に開催された追悼集会で歌う李松子さん（上）、李政美さん（2013年9月7日、荒川河川敷にて）

く思う。でも李さんは愚痴ひとつ言われることもなかった。そこには李さんの特別な想いがあったようだ。ある年の追悼式でお父さんのことを李さんは次のように語った。

「殺したのも助けたのも日本人」　李松子（声楽家）

私の父が朝鮮から渡ってきて、川崎あたりで土木作業をして生活していたが、震災に遭い、日本人の親方が「朝鮮人が攻めてくる、どうしよう」と相談されたので、父は「大丈夫、攻めてきたら『この日本人は悪い人じゃないから』と、自分が話をして何とかしてあげる」と話したそうです。それが次の日くらいになって、親方から「どうも日本人が攻めてくるらしい。お前大変だぞ」と言われ、親方の家の押入れに入り布団の後ろにかくまってもらった。

四日ほど押入れにいたが、親方が「もうこれ以上かばいきれない、殺されるからお前逃げろ」と言われ、すぐ側から船に乗ったと聞きました。私が小さいころ聞いたので詳しい話はわからないのですが、船に乗って着いた先は北海道・室蘭でした。それから仕事を探して北海道を転々とし、最後に炭坑で働いて落盤にあって五〇歳で、長女の私が中学一年で亡くなったのです。父の命日も九月で、父のことだけでなく父をはじめ大勢の方々のことを思って歌っている。父を助けてくれた親方がいなければ、私も今いない。殺したのも日本人、助けたのも日本人と思っている。

この場をお借りして李松子さんには深く感謝させていただきたい。

二〇〇九年と二〇一〇年と二〇一三年の九〇周年の「ほうせんかの夕べ」では、それぞれ二〇代の若者たちが司会をしてくれた。そのうちの一人の感想を紹介したい。

「九〇周年を終えて」元村紀代美（二〇一三年司会者）

「ほうせんかの夕べ」の司会進行役として参加させて頂きました。野外でのコンサートは眠る魂と生きる人々に直接語りかけているようでした。私はたまたま、現在この事実を知る巡りあわせがありましたが、多くの日本人はこの出来事を知りません。私達は生きていくうえで、知らないことがたくさんあります。この荒川の朝鮮人虐殺だけでなく、このような恐ろしい歴史こそ語り継ぎ、一人ひとりがそのことについて考えることが同じことを繰り返さず、人種関係なく、人と人が共に生きていくために必要なことだと思います。

会が終了し、日も落ちかけた頃、会場から程離れた所で練習していた少年野球の少年たちが自転車で帰るところでした。「今日、何か、ここでコンサートしてたよね」。今はその理由がわからなくても、今日ここで流れた音楽や歌声が少年たちの心に残り、もしその理由を知る時が来たなら……。

今日のことを思い出しいろんな人の意志や悼む心を感じて欲しいと願います。

二〇一四年以降は、河川敷で追悼式を行い、その後近くの公民館で「ほうせんかの夕べ」を行う形が続いた。式で追悼の歌を歌っていただいた歌手・伴奏者の方々は、二〇一四年（趙博）、二〇一五年（李政美・矢野敏広）、二〇一六年（朴保・磯部舞子）、二〇一七年（趙博・矢野敏広）、二〇一八年（朴保・柴田エミ）、二〇一九年（李政美・竹田裕美子・矢野敏広・SwingMASA）、二〇二〇年（趙博）の各氏である。

■追悼式での挨拶

毎年の追悼式では来賓を招いてお話しいただいてきた。以下に何人か紹介したい。

二〇一四年

「二度と起こらないように」金道任《キムドイム》（虐殺被害者遺族）

今年は九一周年になってしまいました。私の母は、自分の大事な大好きなお兄さん（当時三三歳）を亡くしてしまったんですね。今でも私の心の中に、お兄さんを亡くしてすごく悲しんでいたお母さんが住んでいます。関東大震災の時に、朝鮮人だ、中国人だっていうだけで、悪いことも何もしていないのに殺されてしまった。どんなにつらく、死んでも死にきれない思いで死んでいった人たちを思うと、今でも本当に心が張り裂けそうです。

どんな時代でも命は大事です。その大事な命を無残に虐殺してしまった。こんなことは二度と繰り返されてはならない。これからも私たちは、二度と起こらないようにがんばっていきたいと思います。

金道任さんには翌年も追悼式で話していただいた。金さんは本書「第Ⅰ部　第Ⅴ章」に出てくる朴徳守《パクドクス》氏の妹の末娘。一九三六年生。母から兄の思い出を聞かされて育ち、毎年九月が近づくと悪夢に悩まされていた。テレビ記者の取材から、旧版『風よ鳳仙花の歌をはこべ』を知り、河川敷での追悼式にも参加してくれるようになった。詳細は金道任「閉ざされた恨《ハン》は解き放たれることを願っている」、関東大震災七〇周年記念行事実行委員会編『この歴史永遠に忘れず』所収（日本経済評論社、一九九四年参照）。

二〇一五年

「また犠牲者を出さないためにレイシズムを止める」　梁英聖《リャンヨンソン》（反レイシズム情報センター代表）

私は一九八二年生まれの在日コリアン三世です。この場で三世の立場で本来なら、無念に亡くなられた方に普通、「安らかにお眠り下さい」というべきでしょう。しかしどうしてもいま、僕の口からそうは言えません。

私がやっている反レイシズム情報センターは、ヘイトスピーチをはじめとしたレイシズム・民族差別を受けた在日コリアンの相談を引き受け、差別の実態調査を行っています。今も全国で休日になると「朝鮮人殺せ」とか「出て行け」とか、言葉にするのも嫌になる、そんなデモが数十人からひどいと二〇〇人も集まって行われており、本当に身の毛もよだつ思いです。それが「朝鮮人を殺そうぜ」と言って笑ってやっていても逮捕もされない、政治でも取り締まる法律の一つもないのが現状です。

この状況を作ったのは誰なのか。この状況を変えられていない私たちの立場から、「安らかにお眠り下さい」と言えるのかどうか。私たちが為すべきことは、死者に思いをはせるということを実行することとです。

私はヘイトスピーチの状況を本当に悲観的に見ています。いつどのようにして第二の殺人事件暴行が起きるかとすごく心配しながら生きています。具体的には言いませんが、在日の若い人が病んでいることも多いし、ひどいと極度の自己否定からむしろヘイトスピーチ、差別をする側にまわる人さえいる。この状況をどう変えるのか。そのためには、関東大震災での朝鮮人虐殺の記憶をきちんと明らかにして、国家に責任をとらせること、これが絶対に必要なんです。本当は追悼行事は国会議員が何人も来て、国の主導でやるべきことです。〔略〕

関東大震災では、地震が起きてパニックになって、朝鮮人が井戸に毒を投げるといったヘイトスピーチに怖くなって朝鮮人を殺した、というだけではありません。国が意図的にヘイトスピーチを全国的に流布させ、また命令して殺してもいる。そして事実を隠し、今まで真相究明をしていないこと、そして今でも国の側から朝鮮人への差別を扇動していることを放置しているからこそ、大の大人がへらへら笑いながら「殺せ」と言って数十人数百人集まって、不気味なデモをやって誰も止められないでいるのではないでしょうか。日本はいま、最悪の社会になっている。レイシズムが扇動を通じて暴力に転化すること、これは何としても止めなくてはなりません。〔略〕

レイシズムをなくすという闘いと、追悼事業活動は本来はつながれると思います。地道な活動とは思いますが、何とか拡大して、本当にレイシズムを止める・歴史の否定を許さないということをしないと第二のジェノサイドが起こる。また誰か朝鮮人が犠牲になる前に、レイシズムを止める。そうすることで私は死者を追悼したい。

ほんとうに心から安心して、亡くなられた人に「安らかにお休みください」と言いたいです。ほんとうにそう言える日が来ることを望みたいですし、言いたいじゃないですか、悔しいじゃないですか。

二〇一六年

「虐殺体験者だった母は九二歳で声をあげた」 尹峰雪《ユンボンソル》（虐殺目撃者の遺族）

私の母は関東大震災朝鮮人虐殺の最後の体験者でした。十二歳くらいの時に、朝鮮で生活できなくて一族で日本に来ていました。十五歳で品川区大井町の駅前にあった、鐘紡の紡績工場で働いている時震災にあいました。命からがら家に戻りましたが、両親は仕事で遠くに行っていて、母は弟妹と五人で生活していました。余震が怖くて、皆さんと道路にゴザを敷いていたそうです。

その時大井町には、鉄道工事に従事している朝鮮人労働者がいました。母の目の前で朝鮮人労働者が連れて行かれ、反抗した朝鮮人はその場で鳶口で殺された。そういうのを母は目撃しています。最後に自警団が来て、母たち五人の弟妹を「こいつらも朝鮮人だ、連れて行け」って言いました。その時に大家さんの奥さんは日本人でしたが、「この子たちは何もしていない、私と一緒にいたんだ。この子たちを連れて行っちゃいけない」と命をはって助けてくれました。

その時、遠くから父親の友人が心配で訪ねてきてくれました。「日本人でも話しすればわかる。だからお父さんの背広を貸せ」と言って、父親の背広を着て警察に説明しに行くと言ったきり帰ってきませんでした。少したつと表ががやがやするのでそっと覗いたら、さっき行ったおじさんの生首を竹槍の先に刺して、まるで凱旋しているような雰囲気で眼の前を通って行った…。母はそういう話をいつもしていました。〔略〕

母親は関東大震災の最後の体験者として、理由もなく虐殺された朝鮮人労働者の魂がうかばれない、成仏できないでいるため、「じゃあ生き残った私が、おばあさんだけど日弁連の人権救済申し立てをして勧告を勝ち取って、殺された人たちの魂をしずめる役目をしようじゃないか」と、九二歳でしたが立ち上ってくれました。〔略〕

この話は九三年前の過去にあった話じゃないかと思ったら大間違いで、現在進行形の話です。何年か前、新大久保でヘイトスピーチの連中に遭遇したのですが、その中には十歳くらいの幼い男の子が、大人に混ざって「朝鮮人を殺せ、ぶっ殺せ」と言っていたんです。その時私はすごく恐ろしい気持ちになりました。

この子が大きくなって、学校の先生になったり政治家になったりしたら、この日本はどうなるんだろう、その時われわれ在日朝鮮人韓国人は、どのような目に合わなければならないのかと……、非常に腹立たしい思いをしました。

これは勧告の通り、日本政府が自分たちが組織的にやったことを認めて謝罪して、在日朝鮮人中国人、在日外国人に対する過ちを二度とおかさないことを明らかにしない結果が、今につながっていると思います。勧告は勝ち取りましたが、日本政府は聞き入れていませんので、引き続き日本人朝鮮人一緒になって運動しなければいけないと思います。

尹峰雪さんのお母さんの文戊仙《ムンムソン》さんは「関東大震災時における虐殺事件に関する人権救済申立」を日本弁護士連合会に行なった。それを受けて日弁連が調査の上報告書を添えて内閣総理大臣に「国の責任を認め被害者遺族に謝罪すべき」「真相を調査し明らかにすべき」との勧告を二〇〇三年に出した。

二〇一七年

「虐殺事件を天災の中に封じ込めてはならぬ」愼蒼宇《シンチャンウ》（法政大学准教授）

今日は私の父《アボジ》、愼貞吉《シンジョンギル》さんが来て話すはずでした。私の祖父（愼文範《シンムンボム》さん）の兄が愼昌範《シンチャンボム》さんです。朝鮮大学校『関東大震災における朝鮮人虐殺の真相と実態』（一九六三年）の昌範さんの証言には、昌範さんの弟（勲範《フンボム》さん）と義理の兄、古郷から一緒に来ていた十数名の人たちが出てきます。

昌範さんはご自身の経験を長く具体的に書いているわけですが、昌範さんがお亡くなりになってからこれだけ長い月日がたってしまって、昌範さんを記憶しているのは遂に私の父だけになってしまいました。

私は四十中頃を過ぎるまで私の家族の中に起きたことにきちんと向き合ってこなかった、この荒川の場所にも数年前に初めて来た。今日も来てみると、ちょっと何か胸が極まる感じがございます。昌範さんの証言の中で、「……（一九二三年）十月下旬頃総督府の役人がやって来て私達に、これから日赤病院に私達を移すこと、そこに行けば充分手当も受けられること、又この度の事は、天災と思ってあきらめるように等、くどくど述べたてました。…」（『真相と実態』では163ページ）という所です。先日、小池東京都知事が都知事としての朝鮮人犠牲者への特別な追悼辞を止める理由というのが、人災である朝鮮人虐殺を一般的な天災の中に封じ込めようとしているのが見て取れるわけですが、関東大震災の当時から朝鮮総督府の役人が「天災だからあきらめろ」と当事者に向かって言っている。それが良くわかる証言だと思って、思わずうめいてしまいました。

一方で、関東大震災朝鮮人虐殺に関しましては、今でも朝鮮人に対する執拗な差別、攻撃、歴史修正主義が止むことがありません。日本社会は虐殺を忘れようとしているどころか、何度も何度も隠蔽したり、正当化したり、ねつ造しようとして、休まる事がないと、改めて思っています。そういう意味では、今回の追悼式のように、皆さんが、そして私達が忘れないのがいかに大事かと思いました。

家族にとってもそうでして、自分たち家族に起こったことの記憶をたどるということを孫の代になって、私は歴史研究をしていますので今また記憶をたどって、埋められていない部分をもう一度埋め直したいと思って、親戚たちに会って話を聞くことを始めたところです。しかし、勲範さんの家族の方は一人残っていますが、親から関東大震災の時のことを聞いていなかったと言うんです。

昌範さんの弟の勲範さんは語っていなかったのかなあと思いました。頭に十文字の傷があって被害者の一人な訳ですが、どうやったら、勲範さんの記憶をたどることができるのかな、と考えています。

父は一九三五年生まれで、戦後、昌範さんとも勲範さんとも一緒に暮らしていた期間があって、お風呂で傷を見て尋常でないと思っていた。質問するのは怖かったが、昌範さんの息子さんたちから話を聞いて知ったと言います。このように、家族にとってもまだ休まることがない。記憶をたどっているのが、今九四年たっての現在であると思っています。

東京都横網町公園で行われた「関東大震災朝鮮人犠牲者追悼式典」へ都知事がこれまでずっと「追悼の辞」を送ってきたのだが、この年の九月、小池都知事は「追悼の辞」送付を取りやめた。この都知事の対応に怒りを抱いた多くの参列者が集ったのがこの年の追悼式だった。以降毎年、横網町公園では都知事の「追悼の辞」のない追悼式典が続いている。

愼蒼宇さんは、旧四ツ木橋近くで自警団により重傷を負わされた愼昌範さん(第Ⅰ部・92ページ参照)の弟の孫である。その愼さんにとっても、小池都知事のこの行為はとても許せるものではないだろう。

二〇一八年

「追悼する会の努力を韓国社会に伝えたい」 曺光煥《チョグワンファン》(虐殺被害者遺族)

私の親戚のお祖父さんが、日本で行方不明になって九五年。家族・兄弟親戚が日本に来るようになるのに九五年かかりました。私が子どもの時に、自分のお祖父さんから「兄弟が日本で関東大震災の時に殺されたと、当時生き残った方が村に帰って伝えた。長兄は竹槍で刺されて死んだ」と聞いています。

その家は大変なことになりました。何故かというと、韓国では長男は非常に大切にされ、責任も重いです。長男が亡くなったことで、残された家族、特に男の子が一人・娘が二人いたそうです。残された奥様・子どもは大変な苦労をしたそうです。

私の本当のお祖父さんではないけれど、呉充功《オチュンゴン》監督と会うようになって、関東大震災について深く知りたくなりました。

韓国ではまだまだ関東大震災の集まりをやっても、こんなにたくさんの人は集まりません。私は韓国人として恥ずかしい思いをしています。私は韓国に帰ったら皆様の熱心な姿と努力を韓国社会に伝えたいと思います。

関東大震災朝鮮人虐殺を忘れてはいけません。そしてこのような虐殺は二度と繰り返してはなりません。記憶を続けなくてはいけません。

韓国人・日本人力を合わせて関東大震災の記録と記憶を継承できるようにしたいと思います。

この年には、映画監督の呉充功氏の尽力で韓国から二人の遺族が来日し、追悼式でも挨拶をしてくださった。そのうちの一人が曺光煥《チョグワンファン》さん(慶尚南道固昌郡から来日。五七歳)だった。曺さんは、旧四ツ木橋で自警団に捕えられた曺仁承《チョインスン》さん(第Ⅰ部・46ページ参照)の遠い親戚で、父方の祖父の長兄・曺権承《チョグォンスン》さんが震災時に行方不明になっている。

二〇二〇年

「プンムルで犠牲者を弔いたい」慎民子《シンミンジャ》（ほうせんか理事）

私は二世で日本で生まれて、日本で教育を受けて、ずっと日本で生きてきました。私が二〇歳のころ、品川だったのですが、同じ世代の同胞の仲間と出会うことができました。いろいろな歴史の勉強、私たちのおかれている状況、本国の南北の問題、私たちは何者なのかということを学び、そうした仲間と出会えて、私は本当に嬉しかったです。それまでそういうことを共に考えたり、学びあったりする仲間がいなかったからです。

その時に、関東大震災の時のことも知ったんです。たくさんの朝鮮人が、悪いこともしていないのに、ただ朝鮮人というだけで殺されてしまったと言うことを知って、私は「殺される側の人間だ」そういう思いに駆られたんです。私は「殺される側の人間」であって、だから私は日本の学校や日本社会で生きづらかったんだと納得した。そういう二〇代でした。

では、私は黙って殺されるのか。どうしたら良いんだろう。仲間と語らいました。そして私は殺されないために、生き抜くために、まず本名を名乗り、韓国人として朝鮮人として、日本社会の中で前向きに生きていくことで、私を殺さない人間を一人でも増やすことが大事なんだ、そのように結論づけました。

この恐怖は、例えば近所のあの知りあいが、学校の友人が、同じ職場の人間がひとたび何かあれば同じ事が、私を、私の家族を、私の知りあいを殺すかもしれない。この恐怖はとても大きくて、この恐怖をいつも背中に背負って生きている、そんな感じでした。そして私の子どもも、同じように語るんです。同じ同胞の仲間と「俺たちは何かあったら同じように殺される」、そういう恐怖を語り合うと私は息子から言われて、私は「ああ、私は何も変える事ができなかったんだな」と思いました。

それは今の町を歩いていても、「後ろからナイフで刺される」恐怖を感じるという同胞がいます。そのような恐怖が未だに同じようにあるのが、この社会。残念なことだと思います。そしてヘイトスピーチ、小池発言の中で、より一層恐怖を感じる人がいます。

でも私はね、九七年前とは違うと思っています。それは今もヘイトスピーチ、ヘイトクライムをやろうとする人がいる。でもそういう状況の中でも、たくさんのね、私たちを殺さない、殺させない、くり返してはいけないと思っている日本人が大勢いるという、この喜びは何物にも代えられない。私たちは九七年前と確実に違う世界を、社会を持っているのではないかと思います。

いろいろな所で話をしてくる中で、「関東大震災の遺族か」と何度も質問されました。その度に在日は遺族であると答えてきました。在日韓国人であっても、朝鮮人であっても、たとえ帰化して日本国籍をとろうとも、どのような生き方をしようとも、やっぱり同じように遺族であると。

私たちは「朝鮮人として、殺される側の人間だ」ということに違いはなくて、それを乗り越えての安心感を得ることが、私たちの一歩ずつの活動、運動、生活の中でこれを叶えることができてきたのかなと思います。それは、これからも継続しなくてはならない歩みでもあります。

私たちが「殺される側の恐怖」を思ったとき、実は日本人たちも「殺してしまうかもしれない恐怖」、「事件をくり返してしまうかもしれない恐怖」をもった人たちがいることを知ったのがとっても大きな力となりました。とても力強く思っています。その人一人一人が今ここに集まっている方たちです。

今年は「コロナの中、追悼式をやるのか」、遠くから「行かれなくて残念だ」など、一杯お便りをいただいています。そういう人たちと一緒に、この社会をヘイトに負けない、ヘイトクライムに負けない、小池都知事が何を言おうとも、この歴史を変えることはできない、私たちはこの歴史を伝えていくことで、くり返さないことをこうして集って確認しあっているんだと思います。この素晴らしい集いに、一人一人の皆さんにお会いできたことを、とても嬉しく思います。

この場でこの後、プンムル(風物)をやります。今年も三〇人位来ているでしょうか。このプンムルで一緒にやっているのは日本人がほとんどで、在日がなかなか生活に余裕がなくて遊ぶことができないのかなと残念に思いますが、日本人がほとんどです。犠牲者が韓国の田舎で子どものころ遊んでいたかもしれない、楽器を叩いたかもしれない、一緒に踊ったかもしれない。そういうプンムルをここで行うことで、犠牲者たちを弔うことになるのかなと思って集まっています。

私は追悼式ではじめてプンムルをやったとき、笑うことができなかった。思いがちょっと募りまして。でも、この場の目的がもう一つ、未来をどういう社会にしていくのかという目的をもった追悼式であり、プンムルであるので、ぜひ一緒に、共に遊んでいただければと思います。

二〇二〇年は仲間の愼民子が追悼式で初めて語った。在日韓国人二世であり、追悼する会／一般社団法人ほうせんか理事の愼は、この第Ⅱ部の全期間にわたり、中心となって会の活動を活性化させた。愼がいなければ、地域への浸透など今日の会の姿はなかっただろう。

■「ほうせんかの家」開館

二〇一五年追悼碑の隣の家をミニ資料館として整備し、週一度開放することにした。会の事務所や会議室も兼ねているが、フィールドワークなどで碑を訪れる方を案内するだけではなく、ここに人が寄り合い、出会いの場所になることも目標とした。

開館日を担当する一人は、一九八二年の試掘時に、「子どもが通う小学校の教師から声かけられて、子ども用の小さなシャベルを持って親子で参加した」方で、二七年後に定年退職して二〇〇九年の追悼式に参加。その後の活動にスタッフとして参加した。「ここに出会えて、学べて幸せ」と語る。もう一人は、「二〇歳の頃この事件を知り、殺される恐怖に見舞われ、殺されないために生きようと決めた」という在日二世。この偶然にも同い年の区内に住む日韓の二人の女性による開館となったので、二人の名前をとって「かよみん」と名付けた。

ここではまた、「追悼碑除幕式」にたまたま通りがかった〝街の文人〟森田睦さんが、「はがき絵教室」を提案して月一度の開催をし、楽しい学びの場を作って下さっただけでなく新しい参加者も得た。他に「コチュジャン作りや韓国料理を楽しむ集い」「ミニライブ」「映画会」「勉強会」なども随時開催している。

▪追悼碑がある町となって

この街に古くから住んでおられる方は、事件や毎年の追悼式を知っている。

加えて、事件を学びに来て下さる方々の案内も年に何度もあり、道をふさいでしまったりすることもある。新聞やテレビの取材でカメラが回ることもある。そうした「日常」でない光景を遠巻きに見聞きして「碑」の意味を知ったり質問してきたりする人もいる。ここは、「碑のある町」なのだ。

たまたま、通りがかって「碑」を知った方たちとの交流も生まれている。「ｗｅ２１」という、近所で国際貢献するリサイクルショップを運営するボランティアグループの方はビラ配りしていて、碑を見つけて「歴史の一つとして知っていた事件の現場に出会い、驚きおののき目から血を流さんばかりだった」と言った。ある若者は「毎日、通学で素通りしていたこの道の碑ときちんと出会いたくて来た。

町を知るイベントを作るにあたって一九二三年の事件がある町として表現したい」と、学んで劇を作った。二〇二〇年の追悼式にやって来て「僕、マスコミ関係の就職が内定しました」と、報告して力仕事してくれた方。「大学で教えているけれど、もっと偉くなったら改めて来ます」と言った在日の若者。「韓国の放送大学で知って、やっと探し当てた」という韓国からの旅行者は、結婚の報告をしに再度来た。

近所のエチオピア人をささえる方々、地域の記録としての写真を撮り続けている方…、あそこでここで頑張っている方々が寄ってくれて、いい交流の場となっている。

ご近所さんが家の中に入ることが無いのが残念だけれど、立ち話で様々な交流も生まれている。碑のある庭の花壇や通りの掃除をしていて出会った方たちが「きれいね」「ありがとう」と、声かけてくれる。「何のための碑ですか」と尋ねてくださる方などもいる。碑に手を合わせるのが日課になっている方もいる。

「事件」のおぞましさをかみしめ、繰り返さない誓いをともにする空間を私たちは作り上げつつあるのだろうか。この空間は、碑があって、それを受け入れた人たちが作り上げた日本には稀な場所だ。

そして、この空間は現在進行形で生きて、町に語りかけ続けている。

「碑は風化を防げる、風化を許さない唯一のものです。犠牲者の痛みや哀しみ、そして、加害の罪責というものを我々は覚えていきたい」と、呼びかけ賛同して下さった方の言葉を思い起こす。

この町に建てられた碑が、道を行き交う人たちにこれからもずっと語り続けることを願って。

年表 在日韓国・朝鮮人をめぐる近現代史関連年表

1875 江華島事件、武力で開国を迫る

1876 日朝修好条規（不平等条約）締結

1894 日清戦争。日本軍人ら、閔妃殺害、東学農民軍を弾圧（〜95）

1904 日露戦争（〜05）

1905 三次にわたる日韓協約をむすび、日本が内政全般を掌握（〜07）

1909 日本、韓国併合を閣議決定。安重根、ハルピンで伊藤博文を射殺

1910 韓国併合。朝鮮総督府設置。土地調査事業開始

1919 三・一独立運動

1923

関東大震災

9月1日 11時58分▼関東大震災発生。マグニチュード7・9。東京では市内の43％、下町の90％が焼失。警視庁・内務省などの治安中枢機関も焼失

13時10分▼東京の非常警備に近衛・第一師団出動。警視総監も16時半、出兵要請

15時頃▼警視庁の記録上、初の朝鮮人・社会主義者による「放火多し」流言

夜半▼墨田区旧四ツ木橋等で朝鮮人虐殺始まる

9月2日 午後〜夕方▼東京市と隣接5郡に戒厳令一部施行。救護と共に、非行に対しては制止・警告ののち武器使用を認める

17時▼警視庁が各署へ「不逞者取締」を厳に行なうよう命じる

＊内務省警保局長から各地方長官にあて、「朝鮮人が不逞の目的を遂行しようと放火等している。すでに東京府下には一部戒厳令施行、各地も朝鮮人の行動に取締を」の電文を、海軍船橋無線送信所へ伝令にもたせる（打電は3日）／＊自警団結成のピーク。東京では最終的に1593団体となる

9月3日 戒厳令、東京府全域・神奈川県に拡大／江東区大島で軍隊・警察・自警団が数度にわたり、中国人など数百名を虐殺

9月4日 戒厳令、千葉県・埼玉県に拡大（11月15日撤廃）

9月5日 前夜から未明にかけ、亀戸警察署内で軍隊が労働運動家らを殺害／臨時震災救護事務局警備部、朝鮮人暴動が誤認とわかり、虐殺事件の収拾にむけて「鮮人問題に関する協定　極秘」をむすぶ

9月12日 江東区逆井橋付近で僑日共済会会長の王希天を軍人が斬殺

9月16日	東京憲兵隊本部で大杉栄等が虐殺される
10月20日	朝鮮人虐殺事件に関する新聞記事解禁
11月12・14日	旧四ツ木橋付近河川敷に埋められた朝鮮人遺体を警察が密かに発掘し持ち去る
12月14・15日	帝国議会で田淵豊吉・永井柳太郎が朝鮮人虐殺に関して政府責任を追及。首相は回答せず

1939	「募集」という形式で朝鮮人強制連行を開始
1942	官斡旋による朝鮮人労働者「募集」
1940	創氏改名実施
1941	太平洋戦争勃発
1942	朝鮮人への徴兵実施を閣議決定
1944	朝鮮人に対し国民徴用令による徴用開始
1945	日本、無条件降伏＝朝鮮解放。この時点での在日朝鮮人の人口は２３６万人以上／朝鮮半島は米ソ両軍が北緯38度線を境に分割占領
1948	大韓民国・朝鮮民主主義人民共和国成立
1950	朝鮮戦争（～53）
1952	サンフランシスコ講和条約発効、日本は主権回復と同時に外国人登録法を施行し、朝鮮人・台湾人の日本国籍を剥奪
1965	日韓条約締結、大韓民国とのみ国交回復
	１９６０～70年代 朝鮮高校生を襲撃する事件、多発
1982	難民条約批准に伴い国民年金法の国籍条項は撤廃されたが、経過措置がなく35歳以上は対象外に置かれた

追悼する会・ほうせんか関連年表

	１９７５年頃～ 絹田幸恵、荒川放水路開削工事の聞き書き。お年寄りから旧四ツ木橋の朝鮮人虐殺を聞く
1982	7月、「関東大震災時に虐殺された朝鮮人の遺骨を発掘し慰霊する会」準備会結成。9月、初めての追悼式・試掘。12月、会正式に発足。聞き書きをはじめる（～85年頃までに集中。証言者のべ１５０名）
1983	8月～9月、第一次韓国訪問調査（以後85、86、89年の四次にわたり訪韓調査）

在日韓国・朝鮮人をめぐる近現代史関連年表

1980年代　在日外国人による指紋押捺拒否運動が活発化

1980年代後半～2000年代初め　チマチョゴリ切り裂き事件、多発

永住者・特別永住者の指紋押捺免除に

自衛隊記念式典で石原都知事が「三国人・外国人が兇悪な犯罪を繰り返して」いると発言

日韓サッカーワールドカップ開催。日朝平壌宣言／朝鮮民主主義人民共和国が拉致を認める。朝鮮学校などに対する暴言・脅迫などが頻発

2005年～　「韓流」ブーム

追悼する会・ほうせんか関連年表

1984	追悼式に地元の住職・僧侶4名にご協力頂く
1989	河川敷にほうせんかの種をまき始める
1991	追悼式に地元の牧師3名にもご協力頂く。追悼碑建立の趣意書発表。建設省に建立の相談開始
1992	墨田区への追悼碑建立の相談開始。『風よ　鳳仙花の歌をはこべ』発刊。会名の「慰霊」を「追悼」に変更
1993	「グループほうせんか」（墨田区の社会教育関係団体）発足。すみだ国際交流ネットワーク会議に参加
1994	グループほうせんか『渡り川』上映会に墨田区・墨田区教育委員会の後援
1997	再度、建設省・墨田区への相談開始
1999	追悼碑建立要望書、墨田区・墨田区議会へ提出
2000	朝鮮人殉難者追悼事業に関する陳情提出
2001	継続審議を経て、陳情不採択。河川敷にむくげ植樹
2002	追悼碑建立用私有地取得に向け、相談開始（2007年に用地取得）
2005	墨田区に八広水辺公園への「追悼のむくげ植樹」相談開始
2006	国土交通省との話し合いで、河川敷のむくげを2010年までに撤去することとなる
2007	墨田区より、河川敷緑地（八広水辺公園）へのむくげ植樹につき、国の基準に照らし要望に添えないとの回答が出る
2008	2月、絹田幸恵死去。追悼式で、河川敷付近の私有地に追悼碑を建立することを発表

年	社会の動き	ほうせんか
2009	京都朝鮮学校が「在特会」等により襲撃される。のちに加害者4名は刑事裁判で有罪となった。また民事裁判でも最高裁で「人種・国籍で差別するヘイトスピーチの違法性」が確定した／関東大震災時の朝鮮人虐殺「否定論」「正当化論」を主張する本が出版される	4月、チャリティコンサート「ほうせんかの夕べ」第1回開催、参加者約600名 9月、関東大震災時　韓国・朝鮮人殉難者追悼之碑」建立。追悼式に約300名参列
2010		6月、「ほうせんかの夕べ」第2回開催、参加者約400名 11月、「一般社団法人　ほうせんか」設立。以降、追悼碑の維持・管理を担う
2012	政府は朝鮮高校を授業料無償化から排除を決定	
2013	2013年～ 新大久保・鶴橋等でヘイトデモが多発	90周年追悼式(中国人遺族が初めて参加)に続き河川敷で「ほうせんかの夕べ」第3回を行なう。約450名参加
2015		「ほうせんかの家」開館
2016	通称「ヘイトスピーチ解消法」施行	
2017	横網町公園の朝鮮人犠牲者追悼式典に小池都知事が追悼の辞を送らないことを決定。また追悼式典と同時刻にすぐ近くで保守系の「慰霊祭」も始まる	墨田区議会で一議員が朝鮮人虐殺否定・横網町公園追悼碑撤去の発言をする。区長・区議に資料を提供し理解を得る。 11月、学習会「関東大震災の時に何があったのか」を開催
2018		追悼式に韓国から遺族2名が参列
2019	政府は消費税引き上げに伴う幼稚園授業料無償化から朝鮮幼稚園を排除することを決定	
2020	罰則付きの川崎市ヘイトスピーチ禁止条例施行 東京都が横網町公園での「慰霊祭」の前年の発言が「東京都人権条例」に基づくヘイトスピーチにあたると認定	

⑥ 山田昭次『関東大震災時の朝鮮人虐殺―その国家責任と民衆責任』創史社、2003年

司法省発表の「震災後に於ける刑事事犯及之に関連する事項調査書」における朝鮮人「犯罪」の信憑性の分析や、虐殺された朝鮮人数の検討などを提示した。虐殺事件以後の、国家の事件隠蔽責任にも重点を置く。

⑦ 加藤文三『亀戸事件―隠された権力犯罪』大月書店、1991年

本書第Ⅰ部でも使わせていただいた、事件直後に自由法曹団が遺族・関係者らに聞き取った「亀戸労働者刺殺事件聴取書」収録。南葛飾郡西部の労働運動や震災時の状況も詳しい。

⑧ 仁木ふみ子『震災下の中国人虐殺』青木書店、1993年

仁木ふみ子は、上海でたまたま江東区大島町の中国人集団虐殺事件の資料に出会った。その中には三百余名の犠牲者の名があった。その衝撃からはじまった仁木の研究によって、事件の全体像が明らかにされた。

⑨ 関東大震災70周年記念行事実行委員会編 日本経済評論社
『この歴史　永遠に忘れず』1994年
⑩ 同　80周年実行委員会編
『世界史としての関東大震災―アジア・国家・民衆』2004年
⑪ 同　90周年実行委員会編
『関東大震災 記憶の継承―歴史・地域・運動から現在を問う』2014年

記念集会・学習会の報告。70周年では体験者や遺族も集会に参加し証言した。80周年では、在日韓国人による「感謝の碑」建立や千葉県での犠牲者遺骨掘り起こしと慰霊碑の建立、韓国・中国の研究者の報告などあり。90周年は、現在に続くいっそう多様な視点から報告があった。

⑫ 加藤直樹『TRICK―「朝鮮人虐殺」をなかったことにしたい人たち』ころから、2019年

「虐殺否定論とは認識の誤りではなく、人をだます目的で仕掛けられた“トリック”なのだ。」このことを立証した本である。工藤美代子・加藤康男夫妻の虐殺否定本は、単に本として「存在する」ことによって、一部の人に利用されている。しかし“トリック”でしかないのだ。

資料

インターネット

① 内閣府中央防災会議　災害教訓の継承に関する専門調査会『1923 関東大震災報告書【第2編】』、2008年

インターネット上で、関東大震災当時の基本的な理解がコンパクトにえられる。当時の公的機関が作成した記録に依拠しても、ここまで言えるという叙述である。

http://www.bousai.go.jp/kyoiku/kyokun/kyoukunnokeishou/rep/1923_kanto_daishinsai_2/index.html

書籍

② 加藤直樹『九月、東京の路上で―1923年関東大震災ジェノサイドの残響』ころから、2014年

「90年前の東京の路上でさまざまな人々が経験した現実を『感じる』こと」を目的とした本である。二色を使っていることもあり、とにかく読みやすい。実はかなりむずかしい資料も使っている。最初に読んでほしい。

③ 西崎雅夫編『証言集　関東大震災の直後　朝鮮人と日本人』ちくま文庫、2018年

文化人・庶民・子供の作文・公的史料など約180編が伝える朝鮮人虐殺事件。「何が起きていたのか」を具体的に知るには証言以上のものはない。一読すると当時の空気感まで伝わってくる。

④ 西崎雅夫編『＜普及版＞関東大震災朝鮮人虐殺の記録 東京地区別1100の証言』現代書館、2020年

東京で起きた朝鮮人虐殺事件に関連する証言を網羅して区・地域ごとに分類してある。特定の地域で起きた事件の証言をすぐ知ることができるので便利。証言は具体的であり、何が起きていたのかを実感できる。

⑤ 裵昭『写真報告　関東大震災朝鮮人虐殺』影書房、1988年

一枚一枚の写真は荒川河川敷の発掘とそれを見守る人々の表情を見事にとらえており、まるで現場にいるような感覚を覚える。また習志野の虐殺現場の卒塔婆や在りし日の曺仁承アボジの笑顔も印象深い。

増補新版　あとがき

一九八二年の「試掘」から、三九年の年月が流れた。あの時三〇代だった者は七〇を越えた。学生だった者も六〇になった。

第一部に記録した関東大震災時の朝鮮人虐殺事件の聞き書きは、事件から六〇年近く過ぎていた。今となってみれば、証言を直接聞くことのできるぎりぎりの時であった。あと少し遅かったら、ほかの多くの場所のように犠牲者のことも忘れ去られていたかもしれない。

証言者の中には、見聞きしたことを家族にも語ってこれなかった方もいた。今回、『風よ鳳仙花の歌をはこべ』の増補新版を出すにあたり、当時の日本政府の隠ぺい方針を示した文書を第一部に加えた(67〜70ページ)。このように、虐殺事件を隠してきた国や社会の中では、証言するということすら勇気のいることだった。そして、証言者の多くが事件のすさまじさが伝わらないことにもどかしさを感じ、犠牲者を何とかお弔いできればと語られたのだった。

また震災当時、日本政府は朝鮮人が虐殺の事実を調査しようとしたことも妨害したし、二つの朝鮮人による調査（80ページ）は、いずれも日本国内では発表できなかった。

この記憶を受け継ぐための、活動を記したのが第二部である。

名前さえ知られず、どこに埋められたのかもわからないままの朝鮮人犠牲者を忘れず、追悼の思いを形にして残したかった。そしてヘイトクライム（差別的な憎悪犯罪）を繰り返さず、多民族が共に生きる誓いの場としたいと願った。

私たちは地域の方々の協力を得て、朝鮮人犠牲者追悼事業に墨田区が協力してくれるよう、墨田区議会に陳情したが否決された。日本政府が事件を隠ぺいし続けているのをいいことに、「朝鮮人虐殺はなかった」などと主張する動きも近年出てきている。そうした中で小池百合子東京都知事は、二〇一七年から都立横網町公園での朝鮮人犠牲者追悼式典への追悼文送付を中止した。

戦後七〇年を過ぎても、この社会では民族排外主義や歴史の歪曲が止むことが無いようにもみえて落胆することもある。いまだに課題がたくさんあるのも確かだが、私たちが活動してきた時期は外国人登録証への指紋押捺拒否など、民族差別をはね返してきた時代とも重なっていた。これらの戦いには、韓国・朝鮮にルーツを持つ者たちだけではなく、「日本の政治、日本の歴史の問題だから、日本人が取り組むのだ」と行動する多くの日本人がいた。

私たち追悼する会／ほうせんかも、さまざまなルーツを持つ者たちが、共に追悼事業を続け追悼碑を守っている。この本の第二部にはそうした人々の思いも書き添えた。

荒川の河川敷の中に追悼碑を建てることはかなわなかったが、事件の現場近くの土手下に建てることができた。建立のための長い年月は、地域や近隣の方々の理解をえるための貴重な時間であったし、記憶を掘り起こす時間にもなった。

何よりも街中に追悼碑を建てることができて、道ゆく大人たちだけでなく、近隣の子どもたちにまで興味を持ってもらうことができている。九八年前の記憶が残っている場所で、暖かく見守られていることが感じられるエピソードは数えきれないほどある。

「遺骨を掘り起こすことはできなかったけれど、たくさんの人たちと共に追悼事業を続けてきたこと」を、犠牲者へも、証言を残して下さった方々へも報告したい。

最後に、この数年、訪問者が増えて学びあいの機会が多くなった。中でも大学生や若者たちの訪問が増えていて、それぞれ過去の悲惨な事件にしっかり向き合いたいと率直な意思を語ってくれている。そんな若者たちに出会えた喜びは大きい。

多くの市民の協力で建った追悼碑を、末永く引き継いでいってほしいと思う。

ある日、追悼碑の前に白詰草の首飾りが供えられていた。これはお父さんが日本人、お母さんが韓国人という女の子が供えてくれたものだった。私たちは両民族の和解を願ってきた。「多民族が共に幸せに生きていける、日本社会の創造」を願っている。この本を読んでくださった方も、同じ希望をもってともにあゆんでくれることを切に願う。

二〇二一年七月

関東大震災時に虐殺された朝鮮人の遺骨を発掘し追悼する会

一般社団法人　ほうせんか

索引

人名

◉あ行

◉か行

◉さ行

◉か行

◉さ行

◉た行

索引 IV

◉な行

◉は行

◉ま行

◉や行

◉ら行

ほうせんか

任意団体「関東大震災時に虐殺された朝鮮人の遺骨を発掘し追悼する会」（1982年発足）と一般社団法人「ほうせんか」（2010年創立）の総称。1992年に本書の底本となる『風よ鳳仙花の歌をはこべ』（教育史料出版会）を刊行。

現在はフィールドワークや会報などで虐殺事件を伝え、犠牲者追悼の碑を守り、小さな資料館でもある「ほうせんかの家」を運営している。毎年9月第一土曜日午後には、木根川橋下手の荒川河川敷で犠牲者追悼式を行っている。

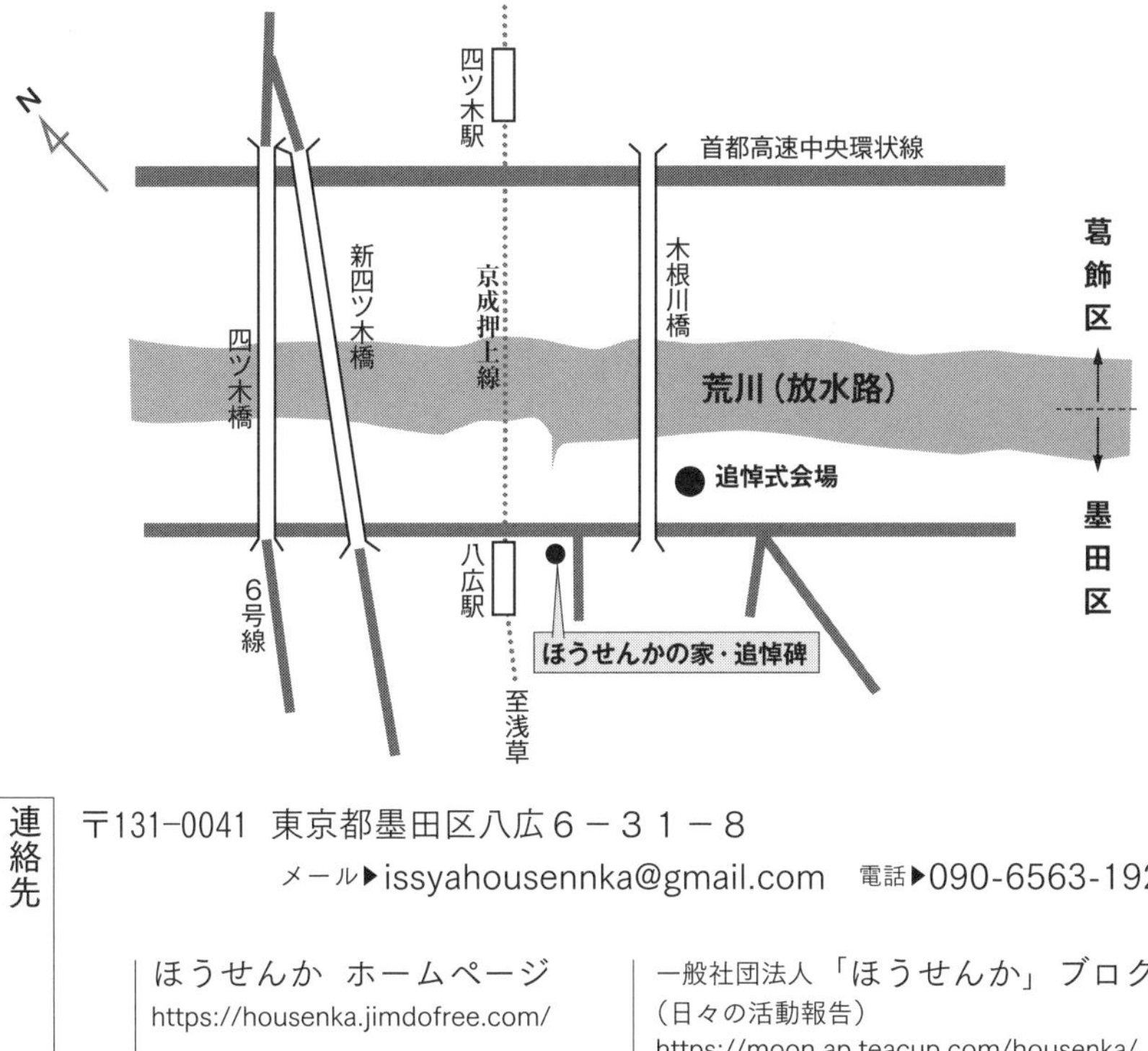

連絡先

〒131-0041　東京都墨田区八広６－３１－８

メール▶issyahousennka@gmail.com　電話▶090-6563-1923

ほうせんか　ホームページ
https://housenka.jimdofree.com/

一般社団法人「ほうせんか」ブログ
（日々の活動報告）
https://moon.ap.teacup.com/housenka/

会報のご案内

ほうせんかでは、会報を発行しています（年４回）。購読料（年間1000円）または会費（年間3000円）をお振り込みください。

郵便振替口座▶「遺骨を発掘し追悼する会」**00180–1–0082276**

増補新版
風よ 鳳仙花の歌をはこべ
関東大震災・朝鮮人虐殺・追悼のメモランダム

2021年7月21日 初版発行
価格2000円+税

編著
ほうせんか
関東大震災時に虐殺された
朝鮮人の遺骨を発掘し追悼する会
一般社団法人 ほうせんか

カバー・本扉 写真
上野祥法

パブリッシャー
木瀬貴吉

装丁
安藤順

発行 ころから

〒115-0045
東京都北区赤羽1-19-7-603
TEL 03-5939-7950
FAX 03-5939-7951
Mail office@korocolor.com
Web-site http://korocolor.com
Web-shop https://colobooks.com

ISBN 978-4-907239-53-4
C0036

mrmt

大反響8刷

九月、東京の路上で

1923年関東大震災ジェノサイドの残響

加藤直樹

1800円＋税／978-4-907239-05-3

エスペラント版◉

2000円＋税／978-4-907239-36-7

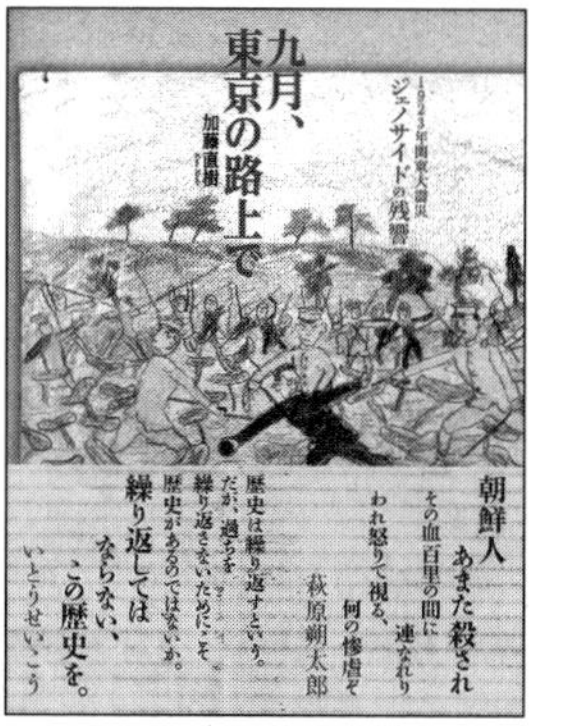

好評3刷

TRICK トリック

「朝鮮人虐殺」をなかったことにしたい人たち

加藤直樹

1600円＋税／978-4-907239-39-8

新シリーズ

いきする本だな

まーくのえともじ
金井真紀

“*I can't breathe.*” の訴えに呼応する
誰もが息しやすい社会を目指して——
ころからの新シリーズ創刊!!

第1冊　2021年5月刊

ヘイトスピーチの入門書にして、
ヘイトをなくすための決定版！

ヘイトをとめるレッスン

ホン・ソンス 著
たな ともこ／相沙希子 訳
朴 鍾厚 監修
2200円＋税
978-4-907239-52-7

続々刊行！
出版予定

日本在住歴15年の黒人男性が感じる
「ここがヘンだよ、日本社会！」

My Name is LOCO and I am a Racist

バイエ・マクニール 著

TEDで大人気！
年齢差別に抗するアクティビストの主著を全訳

This Chair ROCKS
A Manifesto Against Ageism

アシュトン・アップルホワイト 著